A Study on the Relief Procedure after the Judgment
of Civil Procedure Enters into Force

民事诉讼判决生效后救济程序研究

韩 波 / 著

商务印书馆
The Commercial Press

2019年·北京

图书在版编目(CIP)数据

民事诉讼判决生效后救济程序研究/韩波著.—北京：商务印书馆,2019
ISBN 978-7-100-17448-0

Ⅰ.①民… Ⅱ.①韩… Ⅲ.①民事诉讼—诉讼程序—研究—中国 Ⅳ.①D925.118.04

中国版本图书馆 CIP 数据核字(2019)第 082788 号

权利保留,侵权必究。

中国博士后科学基金资助项目
China Postdoctoral Science Foundation Funded Project

民事诉讼判决生效后救济程序研究
韩 波 著

商 务 印 书 馆 出 版
(北京王府井大街36号 邮政编码100710)
商 务 印 书 馆 发 行
北京艺辉伊航图文有限公司印刷
ISBN 978-7-100-17448-0

2019年8月第1版　　开本 880×1230　1/32
2019年8月北京第1次印刷　印张 9¾
定价:42.00元

序　　言

民事诉讼是由法院以审判或调解的方式解决纠纷的重要方式，是维护民商事权利的终极路径。同时，民事诉讼也是民商事法律实施的重要途径。改革开放四十年来，我国民商事法律、诉讼法律在体系的完整性、内容的科学性方面取得了很大成就。这样的立法成就必将产生深远的历史影响。2011年我在韩国驻中国大使馆做的题为《中国特色社会主义法律体系的成果》的演讲中曾讲道，中国特色社会主义法律体系的形成并不意味着立法工作的结束，但立法工作的重点将会发生一些变化。其中一个重要方面是将从创制法律规范逐步转向更加注重提高立法质量，更加注重保障和促进法律规范的有效实施。法律实施、实施效果反馈、法律的修改与完善是与法律制定同样艰巨、同样需要恒久努力的事业。民事诉讼不仅是实施民商事法律规范的重要途径，也是反馈民商事法律规范及民事诉讼法律规范实施效果的基本信息源。民商事法律规范的实施远非想象得那么简单、那么直接，没有符合司法规律或诉讼规律的民事诉讼，民商事法律规范在民事诉讼中的实施将因程序阻力而受到严重影响，甚至根本无法得以实施。对司法规律的认知与共识不仅对于民商事法律规范、民事诉讼规范的实施非常重要，对于实施效果的反馈信息的准确研判也非常重要。

作为复杂的人类意识活动和实践活动，司法是有规律的。司法规律的探寻要从司法的独立性、司法的终局性这些本质性的问题开始。近年来,一个案件、十年讼争、八个判决这样的司法怪现象极大地损害了司法的权威性与公信力,司法终局性问题也受到理论界、立法机关的高度关注。本书作者韩波教授一直关注司法终局性问题。他在中国社会科学院法学研究所进行博士后研究期间,我是他的合作导师。起初他想以"民事审级制度外救济程序研究"作为博士后研究项目。我认为"审级制度外"这一表述的外延不够明确,建议以"判决生效后"的限定语进一步明确研究对象。他接受了建议。经过几次深谈和开题论证会,他确定将司法终局性作为研究方向,并选择民事诉讼判决生效后救济方式的运行状况与改善路径为研究对象。在研究方法上,他期望能将法学理论研究、规范研究、实证研究三种研究方法结合起来,进行一种综合性、立体式的研究。经过为时三年的思考、调研与写作,他完成博士后报告并进一步修改为这本题为《民事诉讼判决生效后救济程序研究》的著作。

法律实施要靠人,人性分析是从中观视角研究法治实践中关键群体行动规律的有丰厚积累又广为人知的理论资源。在法学理论层面,法治实践主体的人性分析应有一隅之地。这本著作从"复杂人"的人性假设出发,对民事诉讼参加者进行"人性扫描",得出的结论是无论从审判人员(法官与陪审员)角度出发,还是从当事人角度出发,错判的可能是现实存在的。这本著作最终建议的民事诉讼判决生效后救济程序完善路径也依据人性分析的路径提出扬善抑恶的调整策略、理性补全的调整策略、缩减诉讼成本的调整策略。这种将人性分析与诉讼活动主体行动逻辑结合研究的论证逻辑结构开阔了研究视域,也很有现实意义。这本著作还从法理层面探讨和分析了我国民事诉讼判决生效后救济程序的价值取向、功能构造，以及与程序运作密切相关的辩论权，与民事诉讼学理中既判力理论形成呼应。对于既判力理论的选择与确立，必然涉及对待判决效力的价值取向选择，不可避免地涉及对判决生效后救济程序的功能期待，还需要与作出判决的程序中对辩论权的保障程度相一致。当事人对已经生效的民事诉讼判决仍有争议，究竟是否应该继续提供救济渠道；如果应该继续提供救济渠道，应该在何种范围内、在何种程度上提供救济？这一问题涉及审判公正性与程序终结性两种诉讼价值的考量与平衡。如果认为审判公正性绝对优先于程序终结性，则应该在民事诉讼判决生效后继续提供与原审程序相当的救济渠道；如果认为程序终结性绝对优先于审判公正性，则在民事诉讼判决生效后不应该继续提供救济渠道，或者仅在极为特殊的非人为因素导致审判公正性丧失的情形下才提供有限的救济渠道。上述两种价值冲突解决办法都有未尽妥当之处。从这本著作的论证思路看，韩波教授认为不应该将审判公正性与诉讼终结性的对立面扩大化，不宜将这二者置于非此即彼的对立位置上，而应该探寻能够使二者结合、统一的影响因素。他认为审判公正性是程序终结性的前提；程序终结性有其独立价值，它是民事诉讼本质性要求中的重要要素，它是现代民事诉讼目的结构的应然性要求，它是民事诉讼效率价值的应有之意。程序终结性与审判公正性可在实践中实现平衡。诉讼判决生效后争议解决的场域中，需要从规范、资源、习性的互动中寻求价值平衡的契机与路径。从另一角度看，从根本上解决问题，需要探寻使二者产生冲突的肇因。经过分析，他认为导致审判公正性与诉讼终结性之间的冲突源主要来自原审程序。只有不断促进原审程序公正性，才能缓解判决生效后审判公正性与程序终结性之间的冲突，直至这两种价值能够实现完美统一。保障并促进当事人有效程序参与是民事诉讼判决生效后救济程序在维系程序终结性与促进审判公正性之间可能寻找到的最佳结合点。说到底，还是要切实保障辩论权。如果法院不能从实质上保障当事人行使辩论权、不能对当事人的诉讼主张予以明确有据且符合法律逻辑的回应，质疑生效判决公正性的当事人行动就会长期存在。

进行这项研究的过程中，韩波教授在北京、天津、广西、河南、河北、贵州、重庆、广东、山东、内蒙古等地进行了实地调研，对律师群体、法官群体进行了访谈，在部分案件的庭审中进行了参与观察。他也进行了规模较大的问卷调查。通过访谈和参与观察、问卷调查，他掌握了判决生效后救济程序实际运行中的"一手资料"。为了更切实地呈现再审运行状况和判决生效后案外人救济程序运行状况，他对再审与案外人救济程序中的案例进行了类型化分析和典型案例分析。他对1986年以来再审运行状况和判决生效后案外人救济程序运行状况的实证分析，还"挖掘"了历年司法统计数据这一重要实证资料。这些实证分析方法的运用，使这本著作的研究结论比较客观。经过实证分析，他得出两个结论：一个结论是，在我国民事诉讼中，再审通常救济程序化问题不仅存在而且非常明显。2002年至2014年，再审通常救济程序化的问题逐步缓减，但再审的案件中反映出诉讼内在功能失灵的问题还很严重，需要通过再审制约功能规范一审、二审的法律程序及事实认定行为，也需要法律职业化建设的进一步推进。另一个结论是，案外人救济程序间的关系正在走出"混沌"，但是，目前第三人撤销之诉与案外人申请再审程序救济有效性方面存在一定问题，案外人申请再审程序新规范的实施效果仍有待观察。

韩波教授多年来一直从事民事诉讼法学的教学与科研工作,最熟悉的、应用最多的研究方法当属民事诉讼法规范分析方法。在进行民事诉讼判决生效后救济程序的研究过程中,无论法理剖析还是实证分析,他都紧密结合了民事诉讼法以及有关民事诉讼法的司法解释。这本著作最后对诉讼判决生效后救济程序完善路径的建议也蕴含了他对民事诉讼法如何进一步修改,法律与司法解释以及司法解释之间如何进一步协调的思考。

对于韩波教授而言,这本著作的完成是一次研究方法上的"锤炼"。他的研究成果能在商务印书馆这家中国出版界的"百年老店"出版,作为他的博士后合作导师,我甚感欣慰。特此为序!

刘作翔[*]

2018 年 8 月 20 日于北京

---

[*] 中国法学会法理学研究会副会长,中国法学会法治文化研究会副会长,中国法律社会学专业委员会副会长。上海师范大学法治与人权研究所所长、哲学与法政学院光启学者特聘教授。

目 录

引言 ·· 1
  一、概念界定 ·· 2
  二、文献综述 ·· 7
  三、研究意义与问题意识 ·· 36
  四、研究思路与研究方法 ·· 37

第一章 民事诉讼判决生效后救济程序的价值分析 ············ 39
  第一节 民事诉讼主体的人性假设与民事诉讼判决
      生效后救济程序的现实性 ································ 41
    一、审判人员的人性假设与错判可能性 ···················· 42
    二、当事人的人性假设与错判可能性 ······················ 44
  第二节 程序终结性与审判公正性之间的关系考量 ········· 46
    一、审判公正性是程序终结性的前提 ······················ 48
    二、程序终结性有其独立价值 ····························· 51
    三、程序终结性与审判公正性可在实践中实现平衡 ······· 56
  第三节 作为民事诉讼判决生效后救济程序衡量标尺
      的辩论主义 ·· 58
    一、辩论主义的界定 ··· 59
    二、规则构成视角的辩论主义及其规范体现 ·············· 64
    三、合作原则及其意义 ······································ 70

　　　　四、中国语境中的辩论主义 ············· 75
　第四节　小结 ································ 80
第二章　民事诉讼判决生效后救济程序的功能与规范分析 ··· 82
　第一节　民事诉讼判决生效后救济程序的功能 ········· 82
　　　　一、民事诉讼判决生效后救济程序的内在功能 ····· 83
　　　　二、民事诉讼判决生效后救济程序的社会功能 ····· 85
　　　　三、程序正当化功能 ····················· 87
　第二节　辩论主义视角的再审程序规范分析 ··········· 88
　　　　一、我国再审规范中的辩论主义第一命题
　　　　　　（确立命题） ······················ 88
　　　　二、我国再审规范中的辩论主义第二命题
　　　　　　（制约命题） ······················ 91
　　　　三、我国再审规范中的辩论主义第三命题
　　　　　　（规制命题） ······················ 98
　第三节　再审程序的规范——功能分析 ············· 102
　　　　一、程序正当化功能可能失效 ·············· 103
　　　　二、纠错功能可能失灵 ·················· 104
　　　　三、权利保障功能可能被"屏蔽" ············ 104
　第四节　判决生效后案外人救济程序的规范
　　　　——功能分析 ·························· 105
　　　　一、判决生效后案外人救济程序的功能 ········ 106
　　　　二、判决生效后案外人救济程序的规范
　　　　　　——功能分析 ····················· 110
　　　　三、走出高成本的案外人救济"迷宫" ········· 119
　第五节　小结 ································ 121

第三章 民事再审制度运行状况的实证分析 ……… 123

第一节 再审收案状况的实证分析 ……………… 124
一、数据显示的再审通常救济程序化问题 ……… 124
二、再审通常救济程序化问题缓减的规范层面
原因分析 …………………………………… 132
三、诉讼资源层面的原因分析 …………………… 143
四、诉讼习性层面的原因分析 …………………… 150

第二节 再审结案数据的实证分析 ………………… 152
一、改判、维持比变化轨迹分析 ………………… 152
二、发回重审率变化轨迹分析 …………………… 157
三、再审调解率变化轨迹分析 …………………… 168
四、不同审判习性间的博弈 ……………………… 172

第三节 再审状况的区域性实证分析 ……………… 176
一、对 A 省与 B 省法院再审状况的实证分析 …… 176
二、对 C 市中级人民法院再审状况的实证分析 …… 183

第四节 再审典型案例实证分析 …………………… 194
一、案例一:争讼 17 年的再审案件分析 ………… 194
二、案例二:执行"僵局"中的股权确认纠纷再审
案件分析 …………………………………… 200
三、案例三:"被拒"的检察抗诉申请案件分析 …… 203

第五节 判决生效后救济程序构造中的再审 …… 205

第六节 小结 ………………………………………… 208

第四章 案外人救济程序实证分析 ……………… 211

第一节 第三人撤销之诉的实证分析 ……………… 212
一、对基础数据的初步分析 ……………………… 212

二、50 例最高人民法院裁判文书的基本情况、
问题与分析 ·············· 213
第二节 案外人申请再审程序的实证分析 ·············· 232
一、对基础数据的初步分析 ·············· 232
二、13 例最高人民法院裁判文书的基本情况、
问题与分析 ·············· 233
第三节 案外人救济程序体系运行的诉讼策略与
过程分析 ·············· 240
一、阶梯型案外人救济程序运行体系 ·············· 240
二、制度供给与案外人的诉讼策略 ·············· 243
三、案外人救济程序构造中的异质性问题 ·············· 245
第四节 小结 ·············· 247

第五章 民事诉讼判决生效后救济程序构造与调整策略 ······ 248
第一节 补充救济与通常救济混同的程序构造 ·············· 249
第二节 调适中的程序构造功能状态 ·············· 252
一、民事诉讼判决生效后救济程序构造在实务中
的功能互补 ·············· 254
二、民事诉讼判决生效后救济程序构造在实务中
的功能冲突 ·············· 255
第三节 规范与资源冲突的程序构造实践样态 ·············· 257
一、适用范围方面的体现 ·············· 258
二、程序运行方面的体现 ·············· 259
三、审理方式方面的体现 ·············· 260
第四节 民事诉讼判决生效后救济程序构造的调整策略 ··· 262
一、扬善抑恶的调整策略 ·············· 262

二、理性补全的调整策略 …………………………………… 272
　　三、缩减诉讼成本的调整策略 ………………………………… 283
　第五节　小结 ……………………………………………………… 285

参考文献 ……………………………………………………………… 288
后记 …………………………………………………………………… 293

引　言

在目前的法律框架内,对法院的诉讼判决不服,存在判决生效前的救济途径与判决生效后的救济途径这两种差异很大的救济途径。根据我国民事诉讼法的规定,除个别类型的案件外(如按照小额程序审理的案件),通常案件要经过两级法院的审理才能宣告终结。这就是作为我国民事诉讼基本制度的两审终审制。在两审终审的审级制度框架内,上诉是当事人寻求救济的行为方式。如果当事人未在上诉期内上诉,法院判决将发生法律效力。当事人在上诉期内上诉将启动二审程序。二审判决一旦送达当事人就会产生法律效力。按照审级制度的原理,判决一旦生效,当事人就不得再行争议。然而,在法治建设未臻完备的场域中,判决生效与当事人的信服还难以完全一致。因此,在判决生效后,为当事人提供救济途径存在现实必要性。判决生效后,对当事人再行提供救济,除因为新情况而需要改变生效判决的情形外,很大程度上意味着原审判决发生错误。按通常的逻辑,错误发生的可能性与司法监督总是相伴而生的。十八届四中全会明确了全面推进依法治国的重大任务,特别指出加强对司法活动监督的重要性。我国民事诉讼中的对生效判决的监督制度包括再审制度与第三人撤销之诉制度。在国家层面上,再审程序、第三人撤销之诉是对生效判决的监督方式,以监督促公正;在纠纷的利益相关者层面,再审程序、第三人撤销之诉是纠纷当事人、第三人在判决生效后寻求权利救济的方式。

在我国的诉讼实践中,长期以来一直存在"终审不终"的弊端。这种弊端常常又被归咎于以再审程序为主体的判决生效后的救济程序。通过一般性的观察,可以发现在我国民事诉讼中进入再审的案件数量大、再审运行过程周期长、再审与二审程序在救济功能方面无显著区别等问题。学界对这些问题的阐述,可以归结于再审通常救济程序化的理论认知。2012年民事诉讼法修改中新增第三人撤销之诉制度,使民事诉讼判决生效后救济程序更为复杂。近年来围绕第三人撤销之诉的学术争鸣与实务探讨甚为"激烈",也引发了对民事诉讼判决生效后救济程序实际状况与构造原理的广泛关注。为此,大有必要将民事诉讼判决生效后救济程序作为一个相对独立的程序构造进行系统、深入的研究。

一、概念界定

(一)民事诉讼判决生效后救济程序的界定

民事诉讼判决生效后救济程序是指在诉讼判决发生法律效力之后,因法定事由,仍然可以通过启动新的审判程序来给当事人或与审判对象存在利害关系的其他民事活动主体提供救济机会的特殊程序。民事诉讼判决生效后救济程序的内涵,可从主体要素、事由要素、时间要素、性质要素四方面加以把握。在主体方面,民事诉讼判决生效后救济程序的启动主体主要是当事人和特定情形下的与审判对象存在利害关系的其他民事活动主体。在事由方面,民事诉讼判决生效后救济程序不同于通常的诉讼程序,不是有争议就可以启动民事诉讼判决生效后救济程序;只有符合法定事由,才可以启动民事诉讼判决生效后救济程序。在时间方面,只有判决发生法律效力之后,才可以通过此种程序寻求救济。如在上诉期内的一审判决,只能通过上诉,而不能通过此程序寻求救济。在性质方面,民事诉讼判决生效后救济程序仍然属于诉讼程序而不是非讼程序,但它是特殊的诉讼程序。在诉讼程序中,它不仅与通常的诉讼程序(一审程序)功能殊异,也与通常的救济程序(二审程序)存在功能差异,它是发挥特殊救济功能的诉讼程序。在民事诉讼判决生效后救济程序的外延方面,包括再审程序与第三人撤销之诉,再审又可分为当事人争议型再审与案外人争议型再审。执行异议之诉(包括许可执行之诉、案外人异议之诉)不属于民事诉讼判决生效后救济程序,因为执行异议之诉的审判对象是与已生效判决无关的执行标的物的归属,完全是与生效判决的判决内容无关的新的诉讼,它只因与生效判决执行的相关性而与判决后救济程序发生关联。

(二) 再审程序的界定

再审程序是指在符合法定事由的条件下,在判决产生法律效力后,给当事人提供的获得再次审理机会的特殊救济程序。

1. 再审程序与审判监督程序

在我国民事诉讼法中,给当事人提供的民事诉讼判决生效后救济程序被定名为审判监督程序。目前,无论在学术界还是实务界,都倾向于将这种判决生效后救济程序称为再审程序。不过,在学术研究过程中,一直存在再审程序与审判监督程序的界定争议。

(1) 一致说

该学说认为,再审程序与审判监督程序实际上是一致的。这种观点通常的表现是,既可以用审判监督程序指称再审程序,也可以用再审程序指称审判监督程序。[1]

(2) 承续说

该学说认为,审判监督程序与再审程序要有区分,因为它们是两个不同的程序。前者仅是开启再审的前置程序,再审程序则是审判监督程序的后续程序。[2]

(3) 再审程序统摄说

该学说认为,再审程序中包含了审判监督程序。审判监督程序仅指享有审判监督权的法定机关、组织和人员行使法律规定的监督权,对人民法院生效裁判的错误进行监督的程序。再审程序还包括当事人申请再审从而启动再审。所以审判监督程序只是与当事人申请再审并行的一种启动再审程序的方式,其是再审程序的一个组成部分。[3]

在本项研究中,笔者对再审程序的界定采"一致说"的立场。就再审程序与审判监督程序的语用习惯而言,再审不仅指再一次审理与裁判的程序。审判监督也不仅指再一次审判与裁判的启动程序,如申请再审的审查程序、职权启动的决定程序。现在的大多数研究者,在用这两个术语时都是将再一次审理与裁判的程序及相应的启动程序结合起来讨论的。这两个术语的差异仅仅在于界

---

[1] 常怡:《民事诉讼法学》,中国政法大学出版社1996年版,第312页。
[2] 江伟:《民事诉讼法原理》,中国人民大学出版社1999年版,第668页。
[3] 章武生:《再审程序若干问题研究》,《法学研究》1995年第1期。

定出发点不同,再审程序侧重再一次审理的程序特性,审判监督程序侧重于权力来源。审判监督程序具有较为浓重的国家干预色彩,淡化了当事人主动参与的民事诉讼本质性特征,故此,本文采用再审程序来指称判决发生法律效力后,在具备法定事由的情形下,给当事人提供的获得再次审理机会的特殊救济程序。

2. 再审申请与申诉

再审申请与申诉也是常常被混淆而需要区别的一组概念。1991年《民事诉讼法》有两个条文用到"申诉"一词,分别是第111条、第164条,前者规定对判决、裁定已经发生法律效力的案件,当事人又起诉的,告知原告按照申诉处理,但人民法院准许撤诉的裁定除外;①后者将申诉作为提起选民资格诉讼的前置程序。② 2012年新修的《民事诉讼法》将原第111条的申诉改为申请再审(第124条)。第181条仍延续了选民资格案件申诉前置的规定;不过,这属于非讼程序中的特殊规定。至此,我国民事诉讼程序中再无

---

① 1991年《民事诉讼法》第111条的规定是:"人民法院对符合本法第一百零八条的起诉,必须受理;对下列起诉,分别情形,予以处理:(一)依照行政诉讼法的规定,属于行政诉讼受案范围的,告知原告提起行政诉讼;(二)依照法律规定,双方当事人对合同纠纷自愿达成书面仲裁协议向仲裁机构申请仲裁、不得向人民法院起诉的,告知原告向仲裁机构申请仲裁;(三)依照法律规定,应当由其他机关处理的争议,告知原告向有关机关申请解决;(四)对不属于本院管辖的案件,告知原告向有管辖权的人民法院起诉;(五)对判决、裁定已经发生法律效力的案件,当事人又起诉的,告知原告按照申诉处理,但人民法院准许撤诉的裁定除外;(六)依照法律规定,在一定期限内不得起诉的案件,在不得起诉的期限内起诉的,不予受理;(七)判决不准离婚和调解和好的离婚案件,判决、调解维持收养关系的案件,没有新情况、新理由,原告在六个月内又起诉的,不予受理。"

② 1991年《民事诉讼法》第164条的规定是:"公民不服选举委员会对选民资格的申诉所作的处理决定,可以在选举日的五日以前向选区所在地基层人民法院起诉。"

申诉。2013年9月23日起施行的《人民检察院民事诉讼监督规则(试行)》中也无"申诉"一词,而是96次用到"申请"一词。请求检察院启动监督程序的语义由申请监督来指称。当事人如果认为已经生效的符合抗诉条件、民事审判程序中审判人员存在违法行为的,可以向人民检察院申请监督,要通过监督申请书陈述自己的监督请求。自此,在民事诉讼中,无论向法院还是检察院请求启动对生效判决的审查再无申诉这种行为方式可言。我国《宪法》第41条规定的申诉权在民事诉讼领域已经由申请再审权与申请(检察院)监督权具体化、程序化。依据我国《宪法》第41条的规定,申诉权可以理解为申请再审权与申请(检察院)监督权的权利来源。申诉权业经具体化、程序化,就没有在具体规则、实践行动层面再使用"申诉"一词的实际意义。

(三) 第三人撤销之诉

第三人撤销之诉是2012年《民事诉讼法》修改时增设的新的民事诉讼判决生效后救济程序,属于典型的制度"舶来品"。目前,只有法国、加拿大魁北克省等少数国家和地区设有第三人异议的制度,我国台湾地区经"引进"与改造也设立了第三人撤销之诉制度。第三人撤销之诉的基本内涵是非因自身原因未能参与影响自身利益的诉讼的第三人基于法定事由可以请求撤销已生效裁判文书的诉讼程序。2012年《民事诉讼法》修改时将第三人撤销之诉置于规定第三人的条文(第56条)之中;2015年2月4日起施行的《最高人民法院关于适用〈中华人民共和国民事诉讼法〉的解释》(以下简称《民诉解释》)又将第三人撤销之诉置于一审程序的体系之中,列于普通程序、简易程序、公益诉讼之后,二审程序之前。这种法律条文的位置安排,容易使人对第三人撤销之诉的程序性质产生误识。第三人撤销之诉在程序功能、程序价值、受理条件、裁判方式上与一般诉讼程序截然不同。第三人撤销之诉与再审程序的性质是相同的,它们同属判决生效后的特殊救济程序,而非通常的诉讼程序,更非一审诉讼程序。

(四)"三加一"诉讼终结机制

通过2012年《民事诉讼法》的修改,我国民事诉讼终于从制度上告别了无限再审时代。"三加一"诉讼终结机制完成了这一历史使命。所谓"三加一"民事诉讼终结机制是指经过一审、二审及向法院的再审申请与检察监督申请,当事人即用尽诉权,诉讼程序彻底结束、诉讼结果形成定局的诉讼救济程序安排。《民事诉讼法》《民诉解释》就再审申请和检察监督申请的具体终结方式作出明确规定。据此,当事人若不服判决,经过一次上诉、两次再审(当事人申请或法院依职权启动的再审、检察监督启动的再审),其救济途径彻底宣告完结。

二、文献综述

2012年《民事诉讼法》修改后,在我国民事诉讼中形成相对独立的判决生效后救济程序系统。对此在诉讼判决生效后继续提供救济的程序系统,目前尚无直接以此程序系统作为研究对象展开的深入的整体性研究成果。与此相关的,分别是研究再审程序、第三人撤销之诉的研究成果。在学术著作方面,主要有三本专门研究再审程序的代表性著作,两本专门研究第三人撤销之诉的代表性著作。

(一) 著作成果

《民事再审程序研究》围绕再审诉权,对再审诉讼标的、再审之诉的管辖、再审的起诉要件和诉讼要件、主观要件和法定事由等理论问题进行了研究;对再审程序背后的传统与现代理念进行了分析,对再审程序及相关或类似制度进行了分析与比较并提出了改革方案。[①]《再审程序》一书对再审的特性、必要性、指导思想、种类,以及再审发起主体、再审发起理由、再审管辖、再审立案、再审审理、再审效力进行了系统阐释。[②]《民事再审原理及程序构造》着重对大陆法系主要国家以及我国民事再审制度的历史发展进行了回顾和梳理。在此基础上对我国民事再审制度的立法状况加以了展望;围绕民事再审制度的构造及原理分析了再审之诉的诉讼标的及程序构造问题。最后,选取了某基层法院近五年来的二十五个再审案件,结合再审原理及构造的相关理论进行了实证分析。[③] 在民事判决生效后的救济途径中,再审程序的应用度最高,再审案件也是最多的。上述三本研究再审程序的代表性著作,采用历史分析、比较分析、原理分析、规范分析、系统分析的研究方法,对民事再审的源流与演变过程、不同法系实现判决生效后救济功能的意识差异、制度演进与制度建构的路径差异、应否提供判决生效后救济途径及如何提供判决生效后救济的原理、我国再审制度法规范的文义解释、再审制度构造的系统性认知进行了扎实

---

① 详见杜闻:《民事再审程序研究》,中国法制出版社2006年版。
② 详见虞政平:《再审程序》,法律出版社2007年版。
③ 详见吴杰:《民事再审原理及程序构造》,法律出版社2012年版。

的分析与论证,为判决生效后救济程序构造的研究提供了重要的知识资源与理论探讨上的启发。上述著作基本上覆盖了对再审制度的纵向、动态研究层面与横向、静态研究层面,不过,这三本著作或出版于2012年《民事诉讼法》修改之前或出版于《民事诉讼法》修改之时。尽管已有当事人申请再审、案外人申请再审的程序分野,当时的判决生效后救济途径仍只有再审一种途径。因此,对于2012年《民事诉讼法》修改中产生的第三人撤销之诉以及由之而生的更为复杂的判决生效后救济程序构造,上述著作是无从展开研究的。近来,对再审之诉概念的理论自治性、对再审申请权是否应纳入诉权范畴的问题,学界也不乏争议。吴英姿教授认为,诉权的绝对性与再审程序的补充性原则是相冲突的,而将作为诉讼权利的再审申请权界定为特殊的程序异议权。[①] 将作为诉讼权利的再审申请权界定为特殊的程序异议权,也有须商榷之处。再审申请不仅仅是提出程序异议,很多情况下申请者是就实体事由(实体认定与法律适用问题构成的再审事由)提出再审申请,特殊程序异议权焉能涵盖"实体异议"? 与程序异议权相应的程序常是职权审查程序而非开庭审理程序,如与管辖权异议、执行行为异议、执行分配方案异议相应的都是职权审查程序,再审程序则由再审申请审查与再审审理程序构成,特殊的程序异议权焉能与再审程序相称? 由上述争议可见,再审原理的探讨,仍有很大空间。

2015年,杨卫国博士出版了学术专著《案外第三人撤销之诉研究》。为明确第三人撤销之诉的启动主体是没有参加原诉讼的有

[①] 吴英姿:《"再审之诉"的理论悖论与实践困境》,《法学家》2018年第3期。

独立请求权第三人或者无独立请求权第三人,作者将研究对象界定为案外第三人撤销之诉。这本专著以探求案外第三人撤销之诉制度的理论基础及适用要件为目标,对案外第三人撤销之诉设立的必要性、性质与功能定位、诉权来源基础、构建模式以及具体的程序设计等做了卓有成效的研究,提出应明晰不同的第三人救济制度之适格主体,系统重构我国第三人权益救济体系,并以民事诉权和民事之诉的合法要件为主线,优化案外第三人撤销之诉之内部制度构成。该著作中表达了作者的独到见解,如该著作中否定第三人撤销之诉的性质是诉讼法上的形成之诉,认为合同法上的撤销权、解除权是案外第三人撤销之诉的实体法基础,认为案外第三人撤销之诉的诉讼标的为案外第三人与原案当事人之间争议的请求法院审判的民事实体法律关系或民事实体权利。案外第三人撤销之诉是"一般"兼"特殊"的救济程序;是"补审"而非"再审"程序;是"本诉"之外的"参加之诉";是一种具有实现纠纷一次性解决功能的复合诉讼救济程序。① 笔者认为,将合同法上的撤销权、解除权作为案外第三人撤销之诉的实体法基础,容易混淆案外第三人以撤销权、解除权另行提起的诉讼与案外第三人撤销之诉的制度目的,况且我国《民法总则》《合同法》《物权法》等法律对于撤销权、解除权的行使主体、除斥期间、行使方式都有明确规定,将民事实体法上的撤销权、解除权作为案外第三人撤销之诉的实体权利基础能否满足对案外第三人进行权利保护的现实需求仍须详加探讨。"补审"的程序性质界定与"参加之诉"的性质界定存在内

---

① 杨卫国:《案外第三人撤销之诉研究》,中国法制出版社2015年版,第1—20、47—62页。

在矛盾。因我国目前对第三人撤销之诉的法律和司法解释的规定,既保护案外第三人的程序利益又保护其实体权利,将案外第三人撤销之诉界定为复合诉讼救济程序是妥当的。该著作以第三人权利保护及案外第三人撤销之诉制度相互结合的系统观念对重构第三人权益救济制度系统的分析与论证是具有启示意义的。

2016年,张丽丽博士出版了学术专著《第三人撤销之诉研究》。她认为,相对于域外立法而言,我国的第三人撤销之诉有着特殊的制度背景,但其在《民事诉讼法》中的规定仅为一款,过于单一的立法设计无疑增加了制度适用的难度,相关程序规则的粗糙以及多种救济程序并存的混乱局面决定了现有制度存在相当大的完善空间。在对第三人撤销之诉的研究过程中应正确认识并处理第三人利益保护与法的安定性、司法权威等多种价值层面的矛盾与冲突。这本著作就我国的第三人撤销之诉制度在原告资格、客体要件、撤销事由、程序构建、法律效力等方面进行了反思、分析与论证,力求实现对第三人撤销之诉制度的精致化构建,促使其由抽象走向具体从而最终形成规范化的运作。这本著作在厘清第三人撤销之诉与相关制度之间的界限并合理安排其法律适用空间方面也进行了分析。[①]

总体上看,在研究第三人撤销之诉的著作中已经有了系统研究的方法论指引,不过,仍局限于案外人救济的程序关联性的分析上,没有在判决生效后的特定诉讼场域展开救济系统的整体性分析,也没有展开对判决生效后救济系统与利益相关人救济系统叠合对接后的复杂情形的深入分析。

[①] 详见张丽丽:《第三人撤销之诉研究》,知识产权出版社2016年版。

(二) 论文成果

在《国家哲学社会科学学术期刊数据库》中以民事再审程序为主题词的学术期刊论文131篇；第三人撤销之诉32篇；案外人申请再审8篇。

1. 关于民事再审程序的学术论文成果综述。在研究民事再审的学术论文中，主要进行了三个维度的研究，分别是对再审的理论认知、对再审的问题分析与改革方案探索、对再审的比较分析。

（1）对再审的理论认知。在这方面共形成六大理论认知脉络：第一，与再审相关的程序正义理论、民事诉讼模式理论。这一理论脉络主要探讨了在再审事由确定中如何考量程序正义与实体正义相称性问题；[①]职权主义模式与再审程序构造的相关性。[②] 第二，再审制度的制度基础与再审之诉的构造。在这一学术脉络上有学者提出我国再审制度的审判监督权、检察监督权权力基础应该置换为再审诉权，并对基于再审诉权的再审之诉构造（诉讼标的、客体、主体、管辖、审理）进行了缜密分析。[③] 再审之诉的持续研究自此开启，学者们从不同角度结合再审之诉的原理对我国再审制度进行了理论分析。在此过程中也涉及对再审之诉本质特征的探讨（特殊的补充性救济程序），论证了对我国再审程序进行诉权化改造的意义、新法以位阶启动结构取代平行启动结构的进

[①] 张卫平：《民事再审事由研究》，《法学研究》2000年第5期。
[②] 张卫平：《论民事再审事由审查程序的法定化》，《法学》2000年第2期；李祖军：《论民事再审程序》，《现代法学》2002年第2期；田海、代水平：《人本主义的再审之诉——谈我国民事再审指导思想的重构》，《西北大学学报（哲学社会科学版）》2009年第1期。
[③] 张卫平：《民事再审：基础置换与制度重建》，《中国法学》2003年第1期。

步意义。① 第三,对再审指导思想的探讨。在这一学术脉络上,有学者探讨了"实事求是、有错必纠"的以往的再审制度指导思想与裁判效力稳定性的关系,提出应兼顾纠错与维持裁判效力稳定性的理论主张。有学者提出民事再审制度存在的价值基础是对私权争议的公正裁判、权利基础是当事人的诉权与处分权、目的基础是对判决既判力正当性的追求的学说观点。② 第四,对再审本质、目的与价值的探讨。在这一学术脉络上,有学者提出再审之诉的本质是原诉,主要目的是为当事人提供最后的诉讼救济机会的学术观点。有学者分析了再审中的价值平衡问题。③ 第五,对再审功能的探讨。有实务部门专家提出再审具有纠错与反向提升诉讼前道工序功能的观点。④ 第六,对再审制度与既判力关系的探讨。在这一学术脉络上,有学者提出进一步改革和完善我国民事诉讼再审程序,应以既判力理论为指导,把握民事诉讼再审程序改革的基本方向,端正民事诉讼再审程序改革的指导思想,正确认识民事诉讼

---

① 黄良友:《论民事再审之诉的客体》,《河北法学》2005年第6期;熊跃敏:《民事再审之诉的构成要件——以再审诉权为视域的分析》,《沈阳师范大学学报(社会科学版)》2006年第6期;张艳丽、姜琨琨:《民事再审之诉及制度构建》,《北京理工大学学报(社会科学版)》2010年第3期;李浩:《论民事再审程序启动的诉权化改造——兼析〈关于修改(民事诉讼法)的决定〉第49条》,《法律科学(西北政法大学学报)》2012年第6期。

② 李浩:《民事再审程序改造论》,《法学研究》2000年第5期;常怡、唐力:《民事再审制度的理性分析》,《河北法学》2002年第5期;杨秀清:《民事再审制度的理论阐释》,《河北法学》2004年第5期。

③ 朱爱莹:《目标·原则·程序:关于重构民事再审程序的探讨》,《江西社会科学》2001年第7期;邵明:《现代民事再审原理论——兼论我国民事再审程序的完善》,《中国人民大学学报》2007年第6期;徐胜萍:《民事再审程序的法理审视》,《湖南大学学报(社会科学版)》2008年第6期。

④ 王信芳:《民事再审制度功能实现的路径思考》,《法学》2009年第10期。

再审程序的功能定位的观点;有学者提出既判力论是保障民事判决终局性的诉讼终局点的理论。民事再审是和既判力法律效果相排斥的制度,动摇了民事判决的终局性。既判力与民事再审制度相衡平的支撑点是民事判决终局性的相对性的观点。①

（2）对再审的问题分析与改革方案探索。在这方面,学者们集中讨论了再审制度的去留、再审启动方式、再审事由等问题。第一,关于再审制度去留,有学者提出审判监督程序在获得司法正当性方面的意义已无法与三审程序相提并论,三审程序以其高位性、权威性、程序性、统一性和确定性等特点,可以在纠正法律错误的同时,解决司法判决冲突并矫治由此引起的司法信任危机。② 另有学者认为,在追求实质正义和真实的大众认知已经很强烈的情况下,进一步限制再审的适用而不是放弃再审制度仍然是最佳选择。③ 第二,关于再审启动方式,取消法院依职权发动再审,完善检察机关的抗诉监督是比较有代表性的观点。④ 也有学者认为应当取消法院依职权再审的启动方式,但认为对于民事检察抗诉的权力应该限制并逐步取消;最终应建立仅存当事人申请再审的"一元启动机制"。⑤ 也有仅论完善检察机关的抗诉监督的观点,如有学者提出对涉及公共利益的民事案件,检察院应有发动再审的权力;

---

① 王合静:《民事判决的终局性——既判力论与民事再审制度的衡平》,《河南省政法管理干部学院学报》2005年第3期。
② 傅郁林:《审级制度的建构原理——从民事程序视角的比较分析》,《中国社会科学》2002年第4期。
③ 张卫平:《民事诉讼法修改中的若干问题》,《中国法律》2007年第4期。
④ 李浩:《民事再审程序改造论》,《法学研究》2000年第5期;易萍:《民事审判监督程序的不足与完善》,《山东法学》1999年第6期。
⑤ 常怡、唐力:《民事再审制度的理性分析》,《河北法学》2002年第5期。

对于一般民事案件,检察院不能发动再审,也不宜提起或参加诉讼的改革建议。① 第三,关于再审事由,学者与实务部门专家探讨了裁判遗漏诉讼请求的事由是否可纳入使得原裁判缺乏正当性根据的事由?"原判决、裁定认定的基本事实缺乏证据证明的"、实体性事由是否可纳入使得原裁判缺乏正当性根据的事由?复合性事由(绝对性与相对性复合的事由)是否可纳入使得原裁判缺乏正当性根据的事由?② 有学者研究了抗诉的事由与申请再审的事由同构化问题、申请再审与请求抗诉的次序、再审管辖、再审时限、申请再审的先行程序、检察机关的调阅案卷权。③ 有学者指出,"适用法律确有错误"还包括:①本应适用此法却适用彼法,或者应当适用此法的此款,却适用了此法的彼款或彼法的彼款;②漏引、多引、错引法条,如引用《民法通则》第159条(《民法通则》共156条),或者当事人未出庭但代理人出庭时依据《民事诉讼法》作出缺席判决等;③引用法条模糊不明,原判决、裁定无明确的法律根据,如裁决有"依据相关法律的规定……"等文句;④引用法条未具体到款、项、目。④ 有青年学者认为,面对我国目前二审与再审中发回重审

---

① 章武生:《论民事再审程序的改革》,《法律科学》2002年第1期。
② 胡夏冰:《"遗漏诉讼请求"能否作为再审事由》,《人民法院报》2009年6月16日;张卫平:《再审事由规范的再调整》,《中国法学》2011年第3期;郑金玉:《民事实体性再审事由与法院诉讼责任范围》,《河南大学学报(社会科学版)》2011年第3期;汤维建、韩香:《民事再审事由分层(类型化)理论研究》,《政治与法律》2012年第2期;朱金高:《再审事由的深度透析》,《法律科学(西北政法大学学报)》2013年第5期。
③ 李浩:《民事再审程序的修订:问题与探索——兼评〈修正案(草案)〉对再审程序的修订》,《法律科学(西北政法学院学报)》2007年第6期。
④ 肖建国:《民事再审事由的类型化及其审查——基于解释论的思考》,《法律适用》2013年第4期。

制度的单一运行范式及再审发回重审率在规范框架内持续走高的非合理现状,应将再审发回重审与二审发回重审制度予以强制性剥离,确立再审发回重审的非依附性地位,并分别对开启再审发回重审之门的规范性事由和再审发回重审可运行的程序性阶段进行双重限制。① 有学者认为,当前再审案件收费范围过于狭窄,负担规则机械单一,影响诉讼费用制度的功能发挥;为此,应基于再审事由和程序类型合理界定收费范围,确立败诉方负担为主兼顾考量过错因素的负担规则。② 有学者经实证分析后认为,目前我国民事审判监督制度的运行状况还只能说是差强人意,在程序设计和实际操作的方式方法以及制度运行的条件等方面,仍然存在着许多问题和有待于改进的地方。理想的状态是穷尽了法定程序的裁判极少发生错误而真正地具备终局性,而且一旦启动再审这种事后的救济程序,总能够精准地做到依法纠正错误,保证当事人的权利得到切实救济。达此理想目标,民事审判监督的制度建设和实际操作的健全规范尚需时日。③ 从理论的周延性、建议的全面性而言,最成体系的再审改革方案还是前面理论认知部分梳理到的再审之诉的改革方案。不过,也须注意我国民事再审程序在民事诉讼法中的法律术语是民事审判监督程序,从立法理念到规则设计乃至实施路径,再审程序赖以运行的是一套监督构造。甚至来自

---

① 李潇潇:《民事再审发回重审的独立特质及双重限制模式构建》,《法学家》2016年第3期。
② 廖永安、王聪:《我国民事再审案件受理费制度检视——以再审之诉的功能为视角》,《湘潭大学学报(哲学社会科学版)》2018年第1期。
③ 王亚新:《民事再审:程序的发展及其解释适用》,《北方法学》2016年第5期。

当事人的申请再审行动也可以被理解为来自当事人的监督行动。将再审程序的监督构造转换为权利维护构造,符合尊重当事人程序主体地位的民事诉讼基本原理。要在我国现在所处的社会转型期、法治建设初级阶段、法律职业伦理培塑期、审判技能的培养期、审判权威的成长期完成这一构造转换,不能不关注对于职权性再审启动方式的现实需求以及它们的实际运行状况。辨明上述围绕我国再审程序建构原理的不同见解、争议,确定对再审事由进行进一步的细化解释、再审发回重审的进一步规制、再审收费制度的依据重构及规则精细化的路径选择,都需要将学理论证置于判决生效后救济的特殊系统中加以思考,并以对我国再审程序运行状况的实证分析结果为应有的参考依据。

(3)对再审制度的比较分析。有学者研究、比较了法、德、日三国民事再审程序,得出的比较结论是这三个国家再审程序的具体制度虽然有所不同,但三国都将再审规定为一种规范的再审之诉,对提起再审的法定事由都作了明确、具体的规定,而且对当事人提起再审之诉都作了严格限制。① 有学者就日本民事再审程序的程序构造、法定事由、再审的补充性与驳回再审后的权利救济和再审案件的管辖等四个问题进行了比较和研究。② 近来,对再审之诉概念的解读路径,学界也不乏争议。吴英姿教授认为,德国、日本等大陆法系国家民诉法上的"再审之诉"虽然有"诉"之名,但其属性是一种区别于通常诉讼的特殊性质的请求,即一种"非常规"

---

① 徐胜萍:《法、德、日三国民事再审程序的比较研究》,《山西大学学报(哲学社会科学版)》2001 年第 6 期。
② 张丽霞:《日本民事再审程序中值得借鉴的几个方面》,《河南社会科学》2002 年第 1 期。

救济手段。其非常规性表现为,当事人启动这一程序要符合严苛的条件和非常重的证明负担,以至于为启动这种救济途径不仅要付出很高的成本,而且启动失败的概率很高。这样的制度安排目的很明确,就是为了避免再审程序对既判力构成威胁,压低当事人通过再审获得额外救济的预期。但我国学者在解读再审之诉时,因带有明确的对策指向而出现选择性认知偏差。论者运用诉的种类、诉讼目的、诉讼标的等关于诉的一般原理解析大陆法系的再审之诉,可能有违大陆法系德、日等国民事诉讼中再审之诉概念的原意。另外,吴英姿教授在论述案外人申请再审权与既判力相对性的冲突时援引了《法国民事诉讼法》第591条、第592条的规定,指出对于第三人异议之诉的判决,当事人可以提起上诉。可见,第三人撤销之诉本质上属于普通诉讼,不是再审程序。① 再审之诉究竟是不是一般意义上的诉?显然,再审之诉与旨在获得确定判决的通常诉讼程序中的诉是极为不同的。不过,诉是一种抽象意义的请求,学界导入再审之诉概念意在将当事人及利益相关人请求启动的再审程序与职权启动的再审程序相互剥离,尊重当事人的处分权,维护当事人的程序主体地位,维持诉讼法理的逻辑一致性。为维护生效判决的既判力、维持法秩序的安定性,在再审之诉原理阐释时,确须注意再审之诉启动的严格限定性与通常诉讼程序中诉的启动的自由性之间的显著差异。此外,因为在法国民事诉讼中对于第三人异议之诉的判决,当事人可以提起上诉,就推演出第三人撤销之诉本质上属于普通诉讼而不是再审程序的第三人撤销之诉性质界定,有进一步商榷的必要。法国的第三人异议程序规

---

① 吴英姿:《"再审之诉"的理论悖论与实践困境》,《法学家》2018年第3期。

定在"非常上诉"的章节中。这种立法体例安排隐含着第三人异议程序是与向最高司法法院上诉、再审程序并列的判决生效后的特殊救济程序的程序性质界定。不能因为当事人在此程序中有上诉权就忽视了此程序在设置目的、管辖、审理对象、裁判方式、裁判内容、起诉时限等方面与通常诉讼程序的差异。可见,围绕判决生效后救济程序的比较法知识理解与理论概括方面,仍有很大的研究空间。

2. 关于第三人撤销之诉的学术论文成果综述。我国学界关于第三人撤销之诉的研究分为两个阶段。一个阶段是 2012 年《民事诉讼法》修法前,另一个阶段是《民事诉讼法》修改后。在前一个阶段,对第三人撤销之诉的研究是基于立法论的立场展开的;在第二个阶段,对第三人撤销之诉的研究主要是基于解释论的立场展开,也有学者的研究是整合两种立场展开的研究。

(1) 立法论立场的研究成果综述

我国较早在学术刊物上发表论文主张在我国民事诉讼中设立第三人撤销之诉制度的是胡军辉、廖永安。他们认为,我国民事诉讼法(2012 年《民事诉讼法》修改前)对第三人所提供的救济措施不力。而在物权纠纷、债权纠纷、代表诉讼、人事诉讼、股东诉讼中,侵害案外第三人权益的现象普遍存在。我国民事诉讼法(2012年修改前)规定的再审程序不能给予第三人很好的事后救济;因为我国并不承认既判力相对性原则,第三人也很难运用另行起诉方式维护其自身的利益;关于执行异议制度的规定存在诸多不足,远未形成系统、严密的救济体系。因此,建立第三人撤销之诉具有必要性。案外第三人撤销之诉有四种类型。我国有必要建立独立型的第三人撤销之诉。① 我国民事诉讼立法有其必要确立第三人撤销之诉制度的观点得到了一些呼应。② 较早倡导第三人撤销之诉的学者基于建立独立型的第三人撤销之诉的倾向,提出第三人撤销之诉的程序建构设想,如对于第三人撤销之诉的客体问题,认为应注意:对生效的仲裁裁决也应当允许作为第三人撤销之诉的客体;应当规定第三人不得就身份关系所作的判决提出撤销之诉;第三人撤销之诉只能针对判决的主文提起,判决理由不能成为撤销之诉的对象。③ 另有学者认为,应将第三人撤销之诉设置于再审程序。将其设置于执行程序作为执行救济法之一很难满足维护案外第三人合法权益的需要;如果将其作为独立的程序,那么势必加大我国的立法成本,增加法的实现方面的难度。④ 由于已经新设了案外人申请再审制度,学界对于设立功能类似的第三人撤销之诉普遍缺乏深入探讨其必要性的热情。从2008年到2012年修法前,学界对于第三人撤销之诉的性质、功能以及我国导入第三人撤销之诉制度的法规范基础、实务需求、运行环境,讨论得不是特别充分。但是,2012年修改《民事诉讼法》时立法机关增设第三人撤销之诉的决定并非"突发奇想",还是在一定学术研究积淀以及立法机关对虚假诉讼发展态势极为严重的预判的基础上作出的。同时,在民事诉讼法中增设第三人撤销之诉程序隐含了吸纳案外人申请再

---

① 胡军辉、廖永安:《论案外第三人撤销之诉》,《政治与法律》2007年第5期。
② 李洁:《论我国设立第三人撤销之诉的必要性》,《韶关学院学报》2008年第2期。
③ 胡军辉:《案外第三人撤销之诉的程序建构——以法国和我国台湾地区的经验为参照》,《政治与法律》2009年第1期。
④ 周艳波:《民事诉讼案外第三人撤销之诉的程序定位》,《法治论丛》2009年第1卷。

审程序的立法意图,潜在地作出了司法解释中确立的案外人申请再审程序功能不彰的判断。

由于2012年《民事诉讼法修改草案》的一审稿、二审稿中都没有第三人撤销之诉的规定。在2012年《关于修改民事诉讼法的决定》作出后,学者们从立法论角度对第三人撤销之诉制度设立的合理性的探讨又持续了一段时间。张卫平教授指出,在法律规定上,可以考虑将第三人撤销判决诉讼程序作为再审程序的一种特殊情形,仅就第三人撤销判决诉讼程序的特殊之处加以规定,其他准用再审程序和民事诉讼法的相关规定。第三人撤销判决制度的运作最重要或关键之处在于正确界定第三人。另一个评估所应当考虑的现实是,我国法院判决的终局性,判决既判力在开放式的再审运行中已不断受到冲击,实际再审程序已经沦为"准通常救济程序",如果再增设第三人撤销判决制度,就可能加重对判决既判力的冲击,导致司法权威进一步贬损。[①] 张卫平教授还认为,我国缺少通过既判力制度对第三人民事权益的维护机制,因此第三人撤销之诉对于维护第三人民事权益是有必要的。不过,最终建立既判力制度是必然的。一旦建立了既判力制度,第三人撤销之诉就可能会大大受到限制,甚至是多余的。从防止他人串通、通过诉讼侵害第三人民事权益的目的来看,通过再审以诈害第三人作为再审事由提起撤销原判决、裁定和调解书,也许是一种更妥当的选择。有鉴于此,张卫平教授认为,有独立请求权的第三人不应是第三人撤销之诉的适格原告,就只有被告型第三人才能作为撤销之诉的原

---

① 张卫平:《第三人撤销判决制度的分析与评估》,《比较法研究》2012年第5期。

告。然而这种情形发生几率很低。① 陈刚、王福华教授也持第三人撤销之诉原告限定说。② 崔萌萌、易萍教授认为,把"第三人撤销之诉"放置在"诉讼参加人"章节中欠妥。首先,第三人撤销之诉的第三人,根本就没有参加诉讼,怎么能把他当成诉讼参加人呢?这是矛盾的。其次,第三人撤销之诉,是一种事后救济程序,其性质类似于再审程序,都是对已生效的判决、裁定、调解书提起的诉讼,把其放入诉讼参加人章节中明显不合逻辑。③ 王亚新教授通过考察有独立请求权第三人和无独立请求权第三人这两类提起撤销之诉的第三人的多种情形,可看到此类案件实际上很可能间接地起到遏制虚假诉讼或不诚信诉讼行为的作用,且具有规范第三人参加诉讼制度的程序运用或增进为第三人提供的程序保障等其他方面的潜力。不过,在原告适格等诉讼要件的审查和一些相关的程序设计上,仍有待于进一步的改进、完善。④ 严仁群教授认为,不受判决拘束的案外人的权益可能受判决损害,另诉未必能使其获得救济,应该有更恰当的制度安排。⑤

青年学者廖浩认为,对于"我国第三人撤销诉讼制度实益到底何在"这一问题,学界观点纷纭不一。按照传统的判决效力主观范

---

① 张卫平:《中国第三人撤销之诉的制度构成与适用》,《中外法学》2013年第1期。

② 王福华:《第三人撤销之诉适用研究》,《清华法学》2013年第4期;陈刚:《第三人撤销判决诉讼的适用范围——兼论虚假诉讼的责任追究途径》,《人民法院报》2012年10月31日第7版。

③ 崔萌萌、易萍:《论第三人撤销之诉——以第三人撤销之诉的构建为中心》,《法制博览》2013年第2(中)期。

④ 王亚新:《第三人撤销之诉原告适格的再考察》,《法学研究》2014年第6期。

⑤ 严仁群:《不受判决拘束者之事后救济》,《法学家》2015年第1期。

围理论,不受前诉判决效力所及的第三人可依据既判力相对性原则另诉,并且部分受到前诉判决效力扩张的第三人可以再审,因而第三人撤销诉讼的实益较为稀薄。反之,如果基于一次解决纠纷的需求扩大受前诉判决效力拘束的第三人的范围,则第三人撤销诉讼可以为这些第三人提供程序保障。此外,允许不受前诉判决效力扩张的第三人提起本诉也有实际的便利。我国欠缺关于判决效力及其主观范围的明确规定,因此关于第三人撤销诉讼实益的讨论并不同于域外。在现有的制度安排下,即使我国将来确立既判力相对性原则,第三人撤销诉讼制度仍然具备特有的实益。① 肖建华教授则认为,受他人生效判决既判力或争点效不利影响的其他主体,都应有机会提起第三人撤销之诉。② 在所有的立法论层面的建议中,这一建议是对案外第三方民事主体权益保障最直接、最充分的。不过需要考虑的是,我国现行民事诉讼法(包括法律和司法解释)上的生效判决效力仅体现为有限的禁止重复系属效果③与

---

① 廖浩:《第三人撤销诉讼实益研究——以判决效力主观范围为视角》,《华东政法大学学报》2017年第1期。
② 肖建华、李美燕:《论第三人撤销诉讼之原告范围》,《内蒙古社会科学》2014年第2期。
③ 《民事诉讼法》第124条规定,人民法院对下列起诉,分别情形,予以处理:……(五)对判决、裁定、调解书已经发生法律效力的案件,当事人又起诉的,告知原告申请再审,但人民法院准许撤诉的裁定除外……。《民诉解释》第247条规定,当事人就已经提起诉讼的事项在诉讼过程中或者裁判生效后再次起诉,同时符合下列条件的,构成重复起诉:(一)后诉与前诉的当事人相同;(二)后诉与前诉的诉讼标的相同;(三)后诉与前诉的诉讼请求相同,或者后诉的诉讼请求实质上否定前诉裁判结果。当事人重复起诉的,裁定不予受理;已经受理的,裁定驳回起诉,但法律、司法解释另有规定的除外。《民诉解释》第248条规定,裁判发生法律效力后,发生新的事实,当事人再次提起诉讼的,人民法院应当依法受理。

既决事实的法律推定效果①,案外第三方若受到判决主文的不利影响可以通过再审获得保护,也可以通过另行起诉的方式寻求救济。我国民事诉讼法并没有规定争点事实不得再行争讼,只要有充分的证据,案外第三方主体是可以在新的诉讼或再审中推翻生效判决中认定的事实的。只要受到生效判决的不利影响就允许案外第三方民事主体启动可运行"整套"诉讼程序的第三人撤销之诉,在诉讼效益价值的考量上恐未必妥当。再有,不利影响既有直接的不利影响,又有间接的不利影响;既有法律评价层面的不利影响,也有法律评价之外的不利影响。将不利影响作为启动第三人撤销之诉的实质衡量标准,是否会导致第三人撤销之诉的泛化适用,也不能不考虑。

青年学者巢志雄在比较我国与法国的第三人撤销之诉制度后得出如下比较结论及建议:第一,与法国民事诉讼法关于第三人撤销之诉的主体资格相比,我国民事诉讼法的规定过于宽松;第二,限制对某些类型的生效裁判文书提起第三人撤销之诉;第三,应规定第三人撤销之诉可以由原诉合议庭审理,第三人撤销之诉是一个独立的诉,在审理程序上应当比照普通程序进行,可以上诉和再审;第四,对第三人撤销之诉有条件地赋予中止执行诉争判决的效力;第五,厘清程序间关系。②

上述观点存在的争议点是,第三人撤销之诉的性质是类似再审程序的特殊救济程序,还是类似普通程序的通常救济程序。通

---

① 《民诉解释》第93条规定,下列事实,当事人无须举证证明:……已为人民法院发生法律效力的裁判所确认的事实……。
② 巢志雄:《法国第三人撤销之诉研究》,《现代法学》2013年第3期。

常认为,我国的第三人撤销之诉的借鉴立法例,来自《法国民事诉讼法典》中对第三人异议程序的规定(第582—592条)。法国民事诉讼法典并没有将第三人异议程序设定为一种要依照普通程序运行的"诉",而是将其设定为程序保障配置程度降低的"异议"程序。根据《法国民事诉讼法典》第589条的规定,受理第三人异议的法院可以视案情对第三人异议不予理睬也可以对其延期审理。①《法国民事诉讼法典》将第三人异议程序与再审程序、向最高司法法院上诉程序一并纳入非常上诉的章节以确定并彰显其特殊救济程序的程序性质。如果说我国的第三人撤销之诉程序的设立从法国相关制度中获得了建构"灵感",那么,对此程序的程序性质的考量是否充分是值得深思的。

(2)解释论立场的研究成果综述

在2012年《民事诉讼法》增设第三人撤销之诉制度后,学者们在第三人撤销之诉的原告资格与客体上形成扩张解释与限缩解释两个"阵营"。经2012年修改后的《民事诉讼法》第56条规定,对当事人双方的诉讼标的,第三人认为有独立请求权的,有权提起诉讼;对当事人双方的诉讼标的,第三人虽然没有独立请求权,但案件处理结果同他有法律上的利害关系的,可以申请参加诉讼,或者由人民法院通知他参加诉讼。人民法院判决承担民事责任的第三人,有当事人的诉讼权利义务;前两款规定的第三人,因不能归责于本人的事由未参加诉讼,但有证据证明发生法律效力的判决、裁定、调解书的部分或者全部内容错误,损害其民事权益的,可以自

---

① 《法国新民事诉讼法典》(上册),罗结珍译,法律出版社2008年版,第644页。

知道或者应当知道其民事权益受到损害之日起六个月内,向作出该判决、裁定、调解书的人民法院提起诉讼。人民法院经审理,诉讼请求成立的,应当改变或者撤销原判决、裁定、调解书;诉讼请求不成立的,驳回诉讼请求。据此规定,第三人撤销之诉的适格原告只能是原案中可以成为有独立请求权第三人或无独立请求权第三人的民事主体。据最高人民法院实务专家分析,在实践中,有独立请求权的第三人,因其对诉讼标的具有独立的请求权,无论是从实体要件还是形式要件,都比较容易审查判断。无独立请求权的实质要件"案件处理结果同他有法律上的利害关系"判断标准较难把握。在2015年《民诉解释》起草过程中,曾有意见认为应当对能够提起第三人撤销之诉的第三人的范围进行明确,以方便操作。经过研究,最高人民法院认为:如何界定第三人,特别是无独立请求权的第三人,难以通过列举的方式予以明确。尤其对于哪些第三人能够提起第三人撤销之诉,仅从第三人概念及类型方面也无法判断。在确定提起第三人撤销之诉的主体资格时,除了要按照《民事诉讼法》第56条第1款、第2款规定判断第三人外,还要结合《民事诉讼法》第56条第3款规定的实体要件来判断,即生效判决、裁定、调解书的内容是否损害到其民事权益,如果没有损害其合法权益,则当然不能提起第三人撤销之诉。如果损害其民事权益,再判断其是否符合《民事诉讼法》第56条规定的第三人条件,符合的属于第三人撤销之诉的合格原告。[①] 可见,具有概括性、抽象性的第三人法律界定既需要个案法律适用中的解释技巧,也需

[①] 沈德咏:《最高人民法院民事诉讼法司法解释理解与适用》(下),人民法院出版社2015年版,第776页。

要学理解释。这两者是相辅相成、互相促进的。

① 关于第三人撤销之诉原告资格的扩张解释

对第三人原告适格的解释实际上就是对第三人主体资格的解释,扩张论的思路就是通过对法律的学理解释扩大具有第三人主体资格的民事主体的范围。持此论者的代表性观点认为基于债权债务关系对诉讼标的物享有债权请求权的有独立请求权第三人;与原诉讼当事人存在权利性法律关系或者权利义务性法律关系的无独立请求权第三人都可以提起第三人撤销之诉。[①]青年学者罗恬漩认为,虚假诉讼可能侵害的主体包括诉讼参加人和案外人。在我国当前民事诉讼程序和制度设计中,分别有再审、执行异议、执行异议之诉、另行起诉和第三人撤销之诉等多种救济方式,对不同救济方式不仅要从制度与程序对接和协调层面予以梳理,更需要从有效救济的角度对比分析何种途径更利于救济虚假诉讼受害人。再审救济的主体最全面,但在启动时往往需要公权力的介入及推动;而执行异议之诉、另行起诉所能发挥的作用非常有限;相比之下,第三人撤销之诉既可以弥补以上程序带来的救济不足,也回应了其在设立之初就被设定为规制虚假诉讼的立法目的。在初步可以证明存在虚假诉讼的情况下,应尽可能放宽第三人撤销之诉的原告资格,甚至可以将第三人撤销之诉作为启动虚假诉讼受害人救济之门。[②]

[①] 刘君博:《第三人撤销之诉原告适格问题研究——现行规范真的无法适用吗?》,《中外法学》2014年第1期;吴泽勇:《第三人撤销之诉的原告适格》,《法学研究》2014年第3期。

[②] 罗恬漩:《论虚假诉讼受害人的救济:兼探讨第三人撤销之诉适用》,《交大法学》2017年第2期。

《民事诉讼法》第56条对有独立请求权第三人的规定是对当事人双方的诉讼标的有独立请求权的民事主体,在所有权法律关系、赠与法律关系、继承法律关系中常因主张所有权、继承权的多个民事主体形成至少三种权利主张进而产生三方对立的诉讼格局,从而产生在原告、被告之外的有独立请求权第三人。有独立请求权第三人形成的基本条件是该民事主体本身在原告与被告形成的诉讼标的中有其享有权利、承担义务的法律资格。按照诉讼标的系当事人之间的特定的争议法律关系的通常界定,有独立请求权第三人应该是争议中的特定民事法律关系中的一方民事主体,如系所有权人之一、继承人之一[①]。进而言之,有独立请求权第三人与本诉原告和被告之间发生争议的是一个由原告与被告主张的事实特定化的法律关系。将有独立请求权第三人的界定标准由诉讼标的置换为诉讼标的物,会产生界定范围扩大的客观效果,能满足增强对第三方民事主体权利保障的社会需求。比如,在新建楼盘纠纷中,贷款银行、购房人、建设施工方与建设工程开发商至少会形成三重实体法律关系争议(抵押贷款关系、房屋买卖合同关系、建设施工合同关系争议)。如采对诉讼标的物可以主张独立请求权就可为有独立请求权第三人的标准,在贷款银行与建设工程开发商的借贷合同纠纷诉讼过程中,尽管购房人、建设施工方在发生争议的借贷合同法律关系中并无独立的请求权可以主张,但是因为他们对作为贷款抵押物的房屋可以提出权利主张,都能以有

---

① 参加诉讼时原与被告之外的第三方民事主体的诉讼主张是这里的所有权人之一、继承权人之一的初始确定依据,经过审理后才能最终确定第三方民事主体是否为真正的所有权人之一、继承权人之一。

独立请求权第三人的诉讼地位参加诉讼;如因不可归责于自己的原因不能参加诉讼,还能以有独立请求权第三人的诉讼地位提起第三人撤销之诉。不过,这种置换有独立请求权第三人确定标准的解释方法是背离法条文义的目的解释,违背了在法条文义不明情况下才可进行目的解释的法解释基本原理。同时,也会模糊有独立请求权第三人与无独立请求权第三人诉讼地位的法律限定性,造成第三人诉讼地位确定在司法实务中的混乱。在法律制度背离了社会目标因而不尽合理之时,可以通过提出修改现行法律规定的建议促进法律制度的完善,而不能进行背离文义解释的目的解释。因为这样的解释路径会导致司法见解的混乱,产生类案异判的不良司法状况。其实,相对宽松的"案件处理结果同他有法律上的利害关系"的无独立请求权第三人界定标准,为交错法律关系或混合法律关系形成的本诉之外的第三方主体设定了维护权益的程序通道。

② 关于第三人撤销之诉客体范围的扩张解释与限缩解释的分歧

青年学者吕娜娜主张对第三人撤销之诉客体方面进行扩张解释,认为应扩张中国第三人撤销之诉的撤销标的的范围,使之还能救济督促程序、确认调解协议案件及实现担保物权案件等特殊程序的案件中的裁定或支付令。① 对此进行限缩解释的学者认为,裁定可以纳入可撤销之诉的客体范围是存在疑问的;②适用程序保障

---

① 吕娜娜:《第三人撤销之诉关键问题探析》,《广西民族大学学报》2014 年第 2 期。
② 张卫平:《中国第三人撤销之诉的制度构成与适用》,《中外法学》2013 年第 1 期。

要求不高的程序作出的判决就没有必要适用第三人撤销之诉。①青年学者刘君博对我国台湾地区第三人撤销之诉进行了评述,指出第三人撤销之诉程序是我国台湾地区"民事诉讼法"整体性修改中重要的制度设计之一。在新法实施后,台湾地区民诉法学界和司法界对于第三人撤销之诉适格原告的判断标准、客体要件、审理及救济程序等具体制度的解释适用问题进行了诸多有益探索和研讨,但尚未形成共识。全面考察台湾地区第三人撤销之诉具体制度要件安排的理论依据和司法实务判断标准对深入理解台湾地区"民事诉讼法"解释论研究的发展路径具有现实意义。②我国学界关于第三人撤销之诉客体范围的学理解释的共识也处在"正在形成中"的状态,不过,忠实于法条文义的解释才是有意义的学理解释。法律解释须以法律文本的文义为中心,文义解释是法律解释的起点,也是终点,在各种解释方法中居于优先地位。按照《民事诉讼法》第56条的规定,第三人撤销之诉的原告范围,限于"前两款规定的第三人",即有独立请求权第三人和无独立请求权第三人。第三人撤销之诉原告适格的解释,须从"第三人"的文义解释入手,综合运用体系解释和扩张解释等解释方法,得出妥当的解释结论,必要时应认可受诈害人提起撤销之诉的原告资格。③依此解释规制,支付令显然不能与判决、裁定相等同,因此,也不能纳入第

---

① 王福华:《第三人撤销之诉适用研究》,《清华法学》2013年第4期;陈刚:《第三人撤销判决诉讼的适用范围——兼论虚假诉讼的责任追究途径》,《人民法院报》2012年10月31日第7版。

② 刘君博:《台湾地区第三人撤销之诉评述》,《台湾研究集刊》2017年第4期。

③ 刘东:《回归法律文本:第三人撤销之诉原告适格再解释》,《中外法学》2017年第5期。

三人撤销之诉的客体范围。

青年学者吴如巧认为,2012年民事诉讼法修正案增设的第三人撤销之诉制度,并没有完成立法赋予的重要使命。从司法实践现状来看,该制度所遭遇的困境主要在于法院对该制度适用的排斥、对适格第三人界定的混乱,以及与其他第三人制度适用上的混淆。要摆脱这一困境,除了切实重视该种诉讼形式在减少恶意和虚假诉讼以及保护第三人合法权益中的重要作用,以及准确界定可提起该诉的适格主体之外,以诉讼参加理论为切入点,对与该诉相关的诉讼告知制度、法院职权通知制度加以完善亦颇为必要。此外,将第三人撤销之诉与其他第三人制度加以辨析与协调亦不可或缺。① 青年学者张兴美认为,第三人撤销之诉制度是以案外第三人程序保障为主线,兼顾纠纷一次性统一解决、实体权益救济等多重目的与价值的平衡机制,其所追求的程序保障兼具慎重而正确裁判的程序保障与迅速而经济裁判的程序保障双重含义。在既判力绝对扩张与案外第三人权益保障制度体系不健全的中国语境下,通过蕴含多元内在价值的第三人撤销之诉制度,为既判力扩张提供程序救济以及构建我国案外第三人权益保障制度体系的闭合回路,是其具体制度使命的关键所在。② 质疑现行法律规定合理性的解释只能归入立法论意义上的探讨。在学术研究中,这两种研究路径常常交错在一起。学理解释以及法律适用中的法律解释的困境自然会导致学术研究再次转向讨论某项具体法律制度、构成

---

① 吴如巧、徐亚梅:《我国第三人撤销之诉的实践反思与制度完善——以"诉讼参加"理论为切入点》,《重庆工商大学学报(社会科学版)》2017年第5期。
② 张兴美:《第三人撤销之诉制度的"使命"探究》,《法制与社会发展(双月刊)》2018年第4期。

该制度的法律规范的合理性的研究轨道。对实现某种立法意图的制度重构问题的探讨不可避免地会再次成为该领域研究的中心话题。在民事诉讼中实现充分保障第三方民事主体的立法意图,在诉讼理念层面涉及对程序保障、纠纷一次性解决理念、既判力相对性原理的接纳程度。在制度层面涉及第三人诉讼参加制度对多方民事主体争议的容纳程度与化解能力;涉及诉讼系属制度的包容能力。无论第三人撤销之诉制度本身的运行效果还是该制度与上述理念及民事诉讼核心制度的关联状况,都离不开实证分析对实践状况的"开示"。

3. 关于案外人申请再审程序的学术论文成果综述。大多数学者集中争论,如何安排第三人撤销之诉与申请再审的关系。

第一种代表性观点是优先适用第三人撤销之诉。[1] 近来,青年学者崔玲玲撰文指出,我国第三人撤销之诉确立之时,未融合与相关制度之间的关系,导致立法后该诉的运行环境错综复杂。理论上来看,与第三人制度的脱节、与案外人再审之诉的重复,导致第三人撤销之诉的运行举步维艰。2013年至2016年的诸多裁判文书统计数据证实,外部运行环境的问题妨碍了第三人撤销之诉作用的发挥。有必要以制度融合为导向,完善第三人制度,尤其应设置诉讼告知制度,实现第三人撤销之诉与第三人制度的功能衔接;取消案外人再审之诉,避免重复救济,最终优化外部运行环

---

[1] 许少波:《第三人撤销之诉与申请再审的选择》,《河南大学学报(社会科学版)》2015年第1期;张妮:《案外人申请再审的冷思考——文本分析的视角》,《河北法学》2011年第11期。

境。① 有法官指出,允许第三人撤销之诉与案外人异议选择适用,在一定程度上有利于保护未参与原诉的案外人的合法利益,但实践中,这一制度设计却加大了案外人异议被滥用的风险、浪费了司法资源,同时也增加了当事人诉累。为解决这一问题,从制度设计角度考虑,建议从立法上限制当事人在提起第三人撤销之诉后,再提出案外人异议,同时允许当事人在第三人撤销之诉中进行确权,从而实现一次性化解纠纷;从现行制度下审判实践角度考虑,建议对案外人异议案件进行严格审查,从而规范这一程序的运行。②

第二种代表性观点认为,第三人撤销之诉制度能够与案外人申请再审制度区分并行。青年学者袁琳认为,案外人申请再审制度与第三人撤销之诉制度并行于现行《民事诉讼法》框架中。规范层面的考察表明,第三人撤销之诉制度与案外人申请再审制度在主体要件上存在差别;真实案例的梳理也反映出适格主体辨识不明将导致程序适用错误且功能错位。可从主体要件切入剖析两项制度的边界,并提出程序的协作与优化方案:在主体无重合的区域各司其职,在主体有重合的区域引入功能视角,以进一步明晰二者的界限。③ 青年学者李嘉恒也认为,应从第三人撤销之诉着手区分适用主体,探寻其在实务之中出现的问题并进行分析,以辨析第三

---

① 崔玲玲:《第三人撤销之诉的外部运行环境优化分析》,《法律科学(西北政法大学学报)》2017年第6期。
② 钟蔚莉、李川鉴:《第三人撤销之诉与案外人异议选择适用的问题和建议》,《人民司法》2018年第14期。
③ 袁琳:《主体要件视角下的案外人申请再审制度与第三人撤销之诉制度研究》,《西部法学评论》2016年第1期。

人撤销之诉与再审程序的界限。以制度适用为中心,找寻权益救济与既判力稳定的平衡点,探究我国权益救济的途径。① 李卫国教授也认为,为了更全面地维护案外第三人的合法权益以及有效遏制虚假诉讼,我国 2012 年修订的《民事诉讼法》借鉴域外立法经验,引进并确立了第三人撤销之诉制度,从而与原有的案外人申请再审制度形成了相互补充、共存并行的格局。第三人撤销之诉与案外人申请再审两种救济制度虽然在功能作用上有着共同或相近之处,但也明显具有各自的属性色彩与程序特征。这两种制度的适用存在交叉重叠,可以通过明确两者各自的适用范围,划定两者可能发生竞合的领域,进而探索两者竞合时的协调方式。② 青年学者吴如巧认为,为保障案外第三人诉讼利益,我国法律及相关司法解释相继规定了案外人申请再审与第三人撤销之诉。制度性质、适格主体、适用条件等方面的差异表明二者难以形成替代关系,未来我国民事诉讼中仍将呈现第三人撤销之诉与案外人申请再审并存适用的局面。二者于制度层面所存在的缺陷为二者的有效衔接造成了障碍,第三人撤销之诉制度与案外人申请再审制度于立法体例、制度设计、程序适用等方面所存制度缺陷,应从并行设置第三人撤销之诉制度与案外人申请再审制度、赋予案外人程序选择权、保障当事人意思自治权行使,以及弥补案外人申请再审法律位阶缺陷、有效调和制度间位阶冲突等方面加以考量,借以实现二者

---

① 李嘉恒:《第三人撤销之诉与申请再审的比较适用研究》,《焦作大学学报》2018 年第 1 期。
② 李卫国、伍芳瑶:《论第三人撤销之诉与案外人申请再审的适用关系》,《湖北社会科学》2017 年第 5 期。

的本土化制度衔接。①

早在2009年,董少谋教授就提出应依托再审程序构建案外人救济途径的观点。② 随着第三人撤销之诉制度在2012年修改民事诉讼法的决定中"诞生"、2015年《民诉解释》给第三人撤销之诉制度作出了置于一审普通程序之列的司法解释的体例安排后,鲜有学者提出以案外人申请再审制度吸纳第三人撤销之诉制度的观点。

这些研究成果提供了非常丰富的关于民事再审程序的知识,给后续研究者提供了深厚的知识基础,在理念、研究方法等方面给了后续研究者多方位的深刻启示。不过,就民事诉讼判决生效后救济程序这个整合性概念与研究对象而言,仍有未尽的问题,仍有有待明确的分歧。特别是近年来民事诉讼法修改、《民诉解释》出台等立法活动不断在"刷新"知识,在解决过去的一些争议的同时,也在提出新的问题。伴随新的法律规范运行的裁判后救济的实践也在向前推进,在解决实际问题的同时,也在形成新的事实格局。在这样的事实与规范动态互动的新格局中,对作为程序组合体的判决生效后救济程序而言,还需要思考,如何在公正、效率、权威或者公正、安定、效率的三维价值体系中找到可以指引实践的价值平衡点? 如何从正向与反向两个向度来认识判决生效后救济程序的功能? 何以判断目前法律规范与裁判后救济程序预期功能之间的互动关系? 判决生效后救济程序目前状况如何,在新的事实状态

---

① 吴如巧、郭成:《论第三人撤销之诉与案外人申请再审的适用》,《西南石油大学学报(社会科学版)》2018年第2期。
② 董少谋:《依托再审程序构建案外人救济途径——〈民事诉讼法〉第204条执行中案外人申请再审评析》,《理论导刊》2009年第8期。

下,如何重新思考对既有法律规范的解释方法?如何在制度完善的诸多设想中作出选择?

三、研究意义与问题意识

本书以判决生效后救济程序作为研究对象。将判决生效后救济程序作为整体加以研究具有三方面的学术意义:第一,从系统论的视角观之,在民事诉讼系统中,一审诉讼程序、上诉审程序、判决生效后救济程序因其功能与运行机制不同,构成相互关联又各有其独特属性的子系统。理清判决生效后救济程序的边界,将其作为一个系统进行研究,研究过程与研究结论将具有更强的整体关联性。第二,从行动结构论的视角观之,在民事诉讼的行动结构中,判决生效后救济程序构成一个独特的行动结构。在判决生效后救济的行动结构中,因为引起争议的裁判文书已经生效,规则与资源以及联接二者、促成行动的话语意识、实践意识相互作用形成迥异于其他诉讼行动结构的主体间关系网络,因此,也需要有针对性的反思意识指引下的研究。第三,从诉讼程序发生论的视角观之,判决生效后救济程序是偶发性程序。从偶发性特质出发,对具有偶发性的各种判决生效后救济程序进行整合性研究,既有助于把握其共性规律,也有助于理顺各种程序间关系。

经过笔者对民事诉讼判决生效后救济程序的法律规范的学习、对判决生效后救济程序实践的观察,特别是通过对此前专家学者们研究成果的学习,笔者认为就民事诉讼判决生效后救济程序这个研究对象,有以下问题需要解决:

(一)民事诉讼判决生效后救济程序为何存在?这是一个挑

战生效裁判权威的剧烈冲突的复合体,从制度存在的人性假设视角看,它的存在依据是什么?

(二)民事诉讼判决生效后救济程序应当如何存在?它负载怎样的价值冲突?又如何在价值整合中寻求到平衡点?

(三)如何认识民事诉讼判决生效后救济程序的功能构造?如何阐释其内在功能、社会功能与程序正当化功能?目前法律规范会形成怎样的民事诉讼判决生效后救济程序的功能状况?

(四)如何发现裁判后救济程序真实存在状况?它的真实存在状况又是怎样的?

(五)如何在新的事实认知的前提下,调整裁判后救济程序的程序构造以使之体现其应有价值?

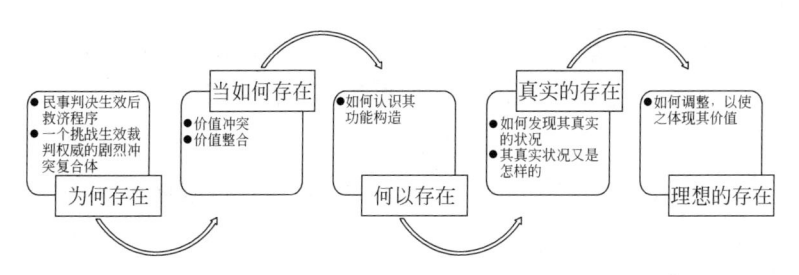

图1 判决生效后救济程序研究的问题意识图示

四、研究思路与研究方法

(一)研究思路

本项研究拟从"复杂人"的人性假设出发,从经济、伦理、心理的"复杂人"人性假设三维度,解释民事诉讼判决生效后救济程序存在的现实性、观察其运行的规律性、验证实现其价值、发挥其功能的路径的有效性。

本项研究拟采诉讼功能构造分析路径,依循诉讼内在功能、社会功能、程序正当化功能的功能三层次,对民事诉讼判决生效后救济程序的规范、运行的场域与资源、参与主体的"习性",展开面向实践、回馈实践的研究。

本项研究拟采辩论权构造分析路径,围绕辩论权保障、审判权制约、辩论权约束的辩论权实现三要素,对民事诉讼判决生效后救济程序在价值冲突突破点——程序参与权保障——上的实践进行观察与分析。

(二)研究方法

1. 价值分析方法。本项研究拟采用的价值分析方法不是公正、效率、权威或公正、安定、效率的三维度价值分析方法,而是程序终结性与审判公正性的二维度价值分析方法。程序终结性实际上可以分解出及时终结、程序安定或裁判权威两个层次的价值意涵。在程序终结性与审判公正性的二维度价值分析框架下,更易于确定价值冲突的突破点。笔者以为,在民事诉讼判决生效后救济程序运行的场域中,这一突破点就是程序参与权保障。

2. 功能—规范分析方法。本项研究拟从内在功能、社会功能、程序正当化功能的结构性功能视角,探寻规范解释的新路径并期望能获得新的结论。

3. 实证分析方法。本项研究拟采用数据统计分析的定量分析方式,参与观察、案例分析、访谈等定性分析方法,开展实证研究,以期比较准确地描述并分析民事诉讼判决生效后救济程序的最新运行状况。

第一章　民事诉讼判决生效后救济程序的价值分析

改革开放以来,民事诉讼判决生效后救济程序的制度建构一直在争议中前行、在批评中不断完善。对我国民事诉讼判决生效后救济程序的批评,主要分为两类。"终审不终"是第一类批评意见的主题词,"审判不公"是第二类批评意见的主题词。这两类批评意见都关涉民事诉讼制度的价值取向,因此,研究民事诉讼判决生效后救济程序须先进行价值分析,理清观念分歧。

1979年,著名法学家李步云的一篇论文《论以法治国》,第一次系统论证了中国适合"依法治国"的方针。随后,这篇论文刊发在《光明日报》,引起了一场历时20年的"法治"大讨论。[①] 从1999年"依法治国"入宪到十八届四中全会《中共中央关于全面推进依法治国若干重大问题的决定》的通过,我国法治建设不断取得进步。学界对转型中国特殊语境中法治应有的意涵从多方位进行了探究。有学者提出,法治包含自由、平等、公平、正义、民主、秩序、人权、尊严、和谐、文明等基本价值,包含人民主权、宪法法律至上、依法执政、民主立法、依法行政、司法独立、保障人权、制约权力等

---

① 张丹:《专家:"依法治国"首先是"依宪治国"》,《广州日报》2014年10月29日。

基本原则,包含有法可依、有法必依、执法必严、违法必究等基本要求。① 有学者指出,政治是众人之事,法治是规则之治。法治的任务其实就是权利的保护,核心任务之一是落实公民和市场主体的权利,包括生命、自由和财产权。另外,还要向更全面的权利谱系深入。②

从党的十八大报告第一次提出"法治思维"的概念,经过党的十八届三中、四中和五中全会的进一步阐述,更加明确了以"法治思维和法治方式＋所有治理领域"解决国家治理和社会治理中的重大实践问题的重要性。③ 在诉讼领域,法律应当具有确定性、审判应当具有公正性是法治应有的内涵。法律的确定性包含法律文本的确定性与法律适用过程的确定性两个层面的内涵。法律具有确定性不仅指法律的立改废应当有章可循,不能造成"朝令夕改"的局面,审判也是体现法律确定性的重要方面。审判不具有终结性,在一定程度上意味着不同法院对法律意义的理解不一致,意味着法律在适用过程中不具有确定性。"终审不终"与法律不具有确定性具有内在关联,也与审判不公具有直接关联。价值是社会对某事物应当如何的共识。在建设法治中国的背景下,我国的民事诉讼判决生效后救济程序是否有存在的必要? 如果它有存在的必要,应当秉持怎样的价值取向? 这是对民事诉讼判决生效后救济程序进行全面、系统研究的前提性问题。

---

① 李林:《怎样以法治凝聚改革共识》,《北京日报》2013 年 3 月 11 日。
② 周汉华:《从法治入手推进改革》,《经济参考报》2013 年 3 月 1 日。
③ 莫纪宏:《法治思维法治方式应用于所有领域》,《检察日报》2015 年 11 月 30 日。

第一章 民事诉讼判决生效后救济程序的价值分析

第一节 民事诉讼主体的人性假设与民事诉讼判决生效后救济程序的现实性

一种制度的存在可以是因其具有合理性为基础的内在必然性,也可能是因其能满足某种现实需求而具有必然性。民事诉讼判决生效后救济程序应当属于后者。判决生效后救济的前提是原判有错误,而裁判发生错误属于诉讼制度运行中的"意外事件"。另一方面,从民事诉讼主体的人性假设理论出发,裁判发生错误又具有现实必然性。

制度的存在和发展必须依赖于人的实际操作。正是在这个意义上,人们才说制度是人类行为的产物。[①] 法律是人类社会的权威性准则,它根源于人的本性,正因如此,探索法律的人性基础至为重要,它是法哲学问题的关键。[②] 法律制度、诉讼活动的人性假设应立基于多向度的"复杂人"。追逐最大化利益是人性的经济向度,有限理性是人性的心理向度,善恶共生是人性的伦理向度。人性构造之中,经济向度的追逐利益最大化的人性构成大多数人的最直接的行为动机;有限理性作为人性构造中的行为能力要素,使人有所区分,最终将追逐利益最大化的行为动机导向善或者恶两种社会评价。民事诉讼的复杂性就在于民事诉讼主体杂糅了人性的三向度要素。从人性的三向度要素看,民事诉讼判决生效后救

[①] 吴玉章:《陪审制度在中国的兴衰》,《读书》2002 年第 7 期。
[②] 严存生:《法律的人性基础论纲》,《中国高校社会科学》2014 年第 5 期。

济程序具有现实必然性。

一、审判人员的人性假设与错判可能性

（一）法官的人性假设与错判可能性

在经济利益层面，作为人的法官，也具有利益最大化的行为取向。当其正当的利益需求不能得到满足时、当其面对巨大的利益诱惑时、当其面对复杂的利益选择时，其行为就极有可能偏离依法审判的行为指向。这时，违法的程序运作、错误的事实认定、错误的法律适用都有可能出现。

在心理层面，作为人的法官，对争议案件作出分析、判断的能力高于未经法律专业训练的人。亦即法官在法律应用方面的理性程度要高于未经法律专业训练的人的理性程度。但是，毋庸讳言，法官在法律应用方面的理性程度并不是绝对的。法官有可能因自身习得能力的原因而对于某一法律规则存在误识，也有可能不能以当事人诉辩主张为线索检索到恰当的法律规则。法官也有可能对作为某一法律规则应用的要件事实的成立与否形成错误判断，更为常见的是法官有可能没有准确理解某一要件事实的证明责任分配规则。法官还有可能因各种因素对案件的要件事实作出错误判断；在将特定规则应用到特定事实判断中的法律论证过程中，法官也可能出现逻辑错误。当法官群体的法律适用能力缺乏同质性时，作为法官整体的有限理性"短板"就愈发明显。有鉴于此，法官作出错判是具有现实可能性的。

在伦理层面，作为人的法官，因其职业能力习得过程中的教化、职业环境中的熏陶，较其他职业人士而言，其向善的可能性更大,但是法官也并非人人都可做"道德楷模"。就个体而言,法官伦理人性也是可善可恶的,能否做到善必制恶是因人而异、因事而异的;就群体而言,在法官职业伦理同质化程度不高时,伦理的"长堤"常常会溃败于个体性的损害他人利益、损害公共利益,间接也损害自身利益的恶行"蚁穴"。有鉴于此,整体性的高尚职业道德不足以确保每个案件的判决都具有合法性。

(二)陪审员的人性假设与错判可能性

陪审制度不仅是分享权力的需要,它也是监督权力的需要。陪审制度的根本目的是,通过普通公民参加审判活动而维护公民的政治权利和公民权利。在任何实行陪审制度或曾经实行陪审制度的国家中,陪审制度的实践都不是完美无缺的。司法实践中,陪审员作出的决定也不是完全无可非议的,有的甚至与我们自己的认识相左。[①] 陪审员是非法律职业人士。在人性的经济向度、心理向度、伦理向度,陪审员与常人无异。陪审员参与到审判中,就事实判断而言,常人可能出现的错误,陪审员也很难避免。我国陪审员参加诉讼是对事实认定、法律适用过程的全面参加。陪审员如果不能在参加审判的短暂时间内准确理解可能被应用的法律规则以及法律论证的逻辑过程,就只能发表错误的法律适用意见。通过陪审员参与审判的正当性,大体上可从公意决定论中得到支撑。陪审员制度负载司法民主价值,其制度建构依循通过代表普通民众的陪审员行使审判权来获得社会认同的逻辑。不过,也须注意到,待分析、判断事项不同的复杂程度需要判断主体不同的理性程

---

① 吴玉章:《陪审制度在中国的兴衰》,《读书》2002 年第 7 期。

度来应对。因其在法律适用场域中的理性程度不高,陪审员在审判中出现错误事实判断、错误法律认知的可能性与案件的复杂程度成正比。目前,人民陪审员制度改革正在进行中。改革的主导方向是由人民陪审员主要负责事实问题的认定。事实问题与法律问题的区分是改革中的一大难题。随着事实问题与法律问题的区分技术、陪审员选任程序、参与程序的健全,人民陪审员制度在降低错判可能性方面的"绩效"是可以期待的。

二、当事人的人性假设与错判可能性

如果把民事诉讼比作一场体育比赛,每一方竞赛者都能够公平竞赛,通常而言,在裁判者无裁判失误的前提下,裁判结果应当是公正的。但是,现实的民事诉讼中各方当事人是否都是"公平竞赛者",是个充满悬疑的问题。

在民事诉讼中的当事人,通常而言,都是自身最大利益的竞逐者。这是民事诉讼需要当事人的对抗行为推动的重要前提。另一方面,执着于对自身最大利益的竞逐,也有可能使当事人对抗逾越良性对抗的边界。具体而言,当事人有可能在利益驱动下,进行恶性对抗行动。一些恶性对抗行动,如虚假陈述、伪造证据,会使审判者作出错误判断。

在民事诉讼中的当事人,通常而言,在法律适用方面会存在明显的理性局限。随着法律数量与部门精细化程度的增长,这种理性局限,愈益明显。应该提出怎样的诉讼主张、应该为自己的诉讼主张提供怎样的证据、如何行使自己的程序权利,是民事诉讼中必要的技能。当事人的理性局限使其诉讼必要技能的应用也受到极大限制,如果没有律师代理的补强,案件事实的认定可能因之出现失误,并进而导致裁判失误。理性程度,时常会在经常诉讼的当事人与偶尔进行诉讼的当事人之间、有律师代理的当事人与无律师代理的当事人之间,失去平衡。正义,也会在当事人理性程度失衡中被扭曲。

民事诉讼当事人的伦理水准可谓千差万别。作为人的当事人,其伦理人性是有善有恶的,善能否制恶,则因人而异、因事而异。恶性对抗的利益冲动可能使当事人突破伦理底线,亦有可能使其怠于寻求提高其理性程度的法律知识、技能方面的帮助,而孤注一掷于能提高其恶性对抗能力的"资源"获取。凡此种种,都有可能使正义的实现一时受阻。

综上所述,由于民事诉讼基本主体在经济取向、理性程度、伦理水准方面的局限性与差异性,生效裁判出错的可能性是现实存在的。如果从人性假设角度对证人、鉴定人、翻译人员、书记员等其他民事诉讼参与者加以分析,则会进一步加深对生效裁判出错可能的现实性的确信。这种现实性,也使得以"纠错"为其基本功能的民事诉讼判决生效后救济程序具有了现实必要性。

存在的未必是正当的。错判是一种不正当的存在,民事诉讼判决生效后救济程序因为其对象物存在的现实性而被正当化。这是一种现实意义上的正当化。一种否定审判权威的自相矛盾的正当化。民事诉讼判决生效后救济程序存在的意义在于减少错判,亦限缩自身。在社会评价引导的崇善、崇理、合理的利益最大化的终极人性观照下,通过法院、社会与个体在实践中的互动,通过资源合理配置、法律规范的适时跟进,通过对诉讼习性的调整,错判会减少,民事诉讼判决生效后救济程序的适用也将越来越少。

第二节　程序终结性与审判公正性之间的关系考量

有学者在研究审级制度原理时论及,司法的终局性作为审级制度的核心内涵,它以司法的统一性、正确性和正当性为基础,又反过来决定着司法的正当性和统一性。① 这一原理也可延展至民事诉讼判决生效后救济程序价值取向的思考中,可作为程序终结性与审判公正性之间关系考量的重要参考。

与其他民事诉讼制度一样,民事诉讼判决生效后救济程序也以正义为其终极价值依归。正义分为实体正义与程序正义。美国法学家昂格尔认为,在现代西方法治的历史上,有一个压倒一切并包容一切的问题,即法律中的形式问题。如果将法律理解为社会生活的形式,那么作为"形式的法律"的程序法,则是这种形式的形式。② 程序正义要素的结构可从主体、运行、效果三个层次加以解析。在主体层次,与裁判者相关的程序正义要素有中立要素、尽职要素。裁判者的中立不是消极中立,裁判者对于法定的应履行的职责不应懈怠。与当事人相关的程序正义要素有参与要素、诚信要素。当事人参与是程序正义的基石性要素,没有当事人的充分参与,裁判者中立不但没有意义,也缺乏实现的条件。基于当事人人性假设中盲目利益最大化、理性程度的局限、伦理水准不一且人

---

① 傅郁林:《审级制度的建构原理——从民事程序视角的比较分析》,《中国社会科学》2002年第4期。
② 〔美〕昂格尔:《现代社会中的法律》,吴玉章、周汉华译,译林出版社2001年版,第196—197页。

性恶可能凌驾于人性善之上等负面假设的考量,当事人参与不能任意化。当事人参与应遵行诚信行为的底线。在运行层次上,程序正义包含依法设定要素、依法运作要素、公开透明要素。在效果层次,程序正义包含保障权利实现要素、不满分担要素、维护尊严要素、及时终结要素。程序正义是与实体正义相对的概念,不过,程序如果不能保障权利的实现,程序存在的意义也将大大减损,保障权利实现要素是当代民事诉讼程序正义中应有的内涵。程序的独立价值很大意义上体现为通过正当程序可以使获得不利裁判结果的当事人接受裁判结果。任何法治国家都会充分尊重公民的人格尊严。在诉讼中,当事人的尊严也应当受到尊重。"迟来的正义非正义",程序应当及时终结。不具有终结性的程序不仅没有意义,还会因为迟迟不能确定法律上的权利与义务而使当事人期待落空,引发不满与怨恨。

对于当代程序正义而言,这十一项要素缺一不可。在诉讼迟延现象严重的当代世界,诉讼应及时终结的程序正义要素越来越受到重视。程序应及时终结要素也被称为程序安定性或裁判安定性。程序正义与实体正义的冲突是多向的,其中很重要的一个向度就是程序终结性与审判公正性之间的冲突。我国学者在论及再审制度时就述及,再审制度从性质上讲是一种"非常程序",是一种特殊的救济程序,从理念上反映了对实质正义和真实的追求。再审程序是这种追求与裁判安定性这一矛盾的衡平的产物。[①]

---

① 张卫平:《民事诉讼法修改中的若干问题》,《中国法律》2007年第4期。

一、审判公正性是程序终结性的前提

日本三月章教授论及,正义的要求和法的安定性的要求,往往反映出法律对立的一面。程序法则毫无疑问将维护和贯彻判决的结果,顺应法的安定性要求作为一大特点。[①] 另一方面,诉讼的目的就是定分止争,在诉讼的过程中始终要以公正作为最高的价值追求。司法公正是法院的灵魂和生命,司法的核心是公正。没有公正,司法就失去了赖以存在之基础,失去了安身立命之本。[②] 无疑,裁判结果的维护与贯彻对于维护公民对司法的信赖感、维护司法的权威、增强法律适用的可预测性、形成法治空间,都具有重要意义。可是,如果错误的裁判结果也产生不容变更的确定力,会更为严重地损害公民对司法的信赖感、司法权威、法律适用的可预测性,会产生浓重的压制性的社会氛围。如我国学者所言,诉讼、审判在终审判决一般不再接受任何审查这一意义上具有终局性。使司法能将给政治及社会体系正统性带来的重大冲击得以分散或缓解的功能成为可能的因素包括两个方面:一个方面是包含着从严格区别法与政治的理论及审判的客观性、中立性等观念形态,一直到对诉讼程序和审判主体采取一系列制度性限制等在内的社会机制;另一方面则是以此社会机制为背景的社会上一般人对裁判所

---

① 〔日〕三月章:《日本民事诉讼法》,汪一凡译,台湾五南图书出版有限公司1997年版,第29页。
② 曹建明:《公正与效率的法理研究》,人民法院出版社2002年版,第7页。

及其审判活动的信任。① 笔者以为,在程序制约、社会信任之间,程序终结性还有一个很重要的支点,那就是法律上权利与义务确定的合规范性。法律上权利与义务确定的合规范性是审判公正的基本内涵。

审判公正与司法公正、公正司法等概念是相通的。党的十八大对于法治提出了新的表述,即"科学立法、严格执法、公正司法、全民守法"十六个字。专家将此概括为"法治新十六字方针"。"法治新十六字方针"的第三句话是"公正司法"。"公正"是一个经典的价值概念,其实就是对司法提出了一个价值命题。关于司法的目标,最开始确定为公正;后来发现效率有问题,2003年提出了公正和高效两大目标;后来发现司法权威有问题,十七大提出了建立公正、高效、权威的社会主义司法体制,十八大承续了这个提法。什么叫公正司法?习近平同志讲要让公民在每一个案件中感受到公平正义。② 在诉讼中当事人身处对立关系、心怀不同利益诉求,他们对一个判决感到公平、满意,只有一种可能,那就是评判他们的争议有唯一的行为尺度,而且这一行为尺度可以被恰当地用来评判他们的争议。在当代社会,这个行为尺度就是法律规范。因此,法律上权利与义务确定的合规范性是审判公正的基本内涵。这里的合规范性指的是审判符合实体法律规范、程序法律规范的状态。如法国社会学家皮埃尔·布迪厄所述,判决代表了权威的、公开的、官方言说的典型形式,这种言说是以每一个人的名义发布

---

① 王亚新:《民事诉讼中的依法审判原则与程序保障(代译序)》,载谷口安平:《程序的正义与诉讼》(增补本),中国政法大学出版社2002年版,第9页。
② 刘作翔:《从"法治新十六字方针"看社会治理法治化》,《北京日报》2016年7月4日。

的,同时是针对每一个人发布的。这些表述,这些实体的(相对于程序的)判决,是由权威机构代表集体公开作出的,它们之所以获得成功就是因为它们有权使它们自己获得普遍的认可。法律是命名这一符号权力的典型的形式。……法治假定对共同价值的信守与出现明确的规则、制裁和正常化的程序是结合在一起的。① 又如我国学者所言,发达的法治状态应该是形式法治和实质法治的并存。实质上,再发达的法治,依法办事、遵守法制、遵守法律也都必须要强调,这个就是形式法治所表达的内容。形式法治简单讲,就是法律的统治,就是依法办事。实质法治无非是再加上一些实质性的价值要求,法律必须是良法,法律必须反映人类的价值要求,如平等、民主、公正、自由等;但是谈到"治",离开形式法治,就会越走越远。所以,我们不能把形式法治看得很低。② 这里的合规范性是形式法治范畴的概念,意在确立符合当下中国实际的审判标准。

在中国现在的社会条件下,公众凭什么信任司法机关,或者,司法机关凭什么来获得社会的信任呢?当然第一位的是公正。③使审判公正性与程序终结性发生关联的是裁判的正当性。正当性可理解为法律、权力、重大决定能为相对方接受、认可的独特属性。在法治语境下,裁判正当性的基本意涵是基于裁判合规范性的可接受性。亦即不符合法律规范的裁判不具有可接受性。具体到诉讼实践中,不符合法律规范的裁判又可分为两种情形,第一种情形下,裁判者错误援引法律规范或者其法律适用过程违背已形成共

---

① 〔法〕皮埃尔·布迪厄:《法律的力量:迈向司法场域的社会学》,强世功译,《北大法律评论》1999年第2辑。
② 刘作翔:《不能把形式法治看得太低》,《北京日报》2012年12月24日。
③ 信春鹰:《中国需要什么样的司法权力》,《环球法律评论》2002年春季号。

识的法律论证逻辑;后一种情形下,生效裁判的事实基础发生变化,使法律规范适用的前提发生变化,使该裁判不再符合事实认定、法律适用的程序性规范。如出现新产生的证据、发现伪证、被遗漏的证据等情形下,原审裁判就不再具有正当性。前者为裁判者失误导致裁判丧失正当性的情形,后者则为非裁判者主观努力因素而因客观因素导致的裁判丧失正当性的情形。在这两种情形下,因裁判不符合或不再符合法律规范,其丧失了可接受的基础,不具有正当性。围绕该裁判事项的救济程序也因此不能在不符合法律规范的状态下终结。

公正既是对于一个美好社会首要品质的要求,也是人们对于解决纠纷的唯一期待。因为没有公正,社会就会陷入混乱,而解决纠纷就可能出现偏袒、偏私,就会出现腐败和不公,就会引发几乎没完没了的争执,就会引起社会的动荡。① 故此,程序终结性是产生正当裁判的程序应具有的特性,而非所有程序都具备的程序特性。裁判的合规范性亦即审判公正性是程序终结性的前提。程序终结性是应然状态的追求,它能在多大程度上实现,取决于一国诉讼中审判公正的实现程度。

二、程序终结性有其独立价值

(一) 程序终结性是民事诉讼本质性要求中的重要要素

民事诉讼的本质是法院理性回应当事人主动讼争行为的分配争议民事法益的场域。民事诉讼不能被理解为一种国家行为,也

---

① 吴玉章:《权力制度化的难点及法律思考》,《北方法学》2016年第1期。

不能被理解为一种社会行为或私人行为,民事诉讼可以被理解为分配争议民事法益的场域。① 如场域理论的先驱皮埃尔·布迪厄所述,司法生产如同其他形式的文化生产一样都发生在"场域"之内。司法场域的运作倾向于强加一种封闭的效果,这种效果体现在司法机构生产真正独特传统的倾向中,体现在感觉和判断的范畴,这些感觉和判断永远不能被转译为非法律职业者的感觉和判断。审判就是个人观点之间的对抗。这种对抗只能通过由一个"权威"庄严宣布的判决来加以解决,这个"权威"的权力是由社会赋予的。因此,审判代表了社会世界固有的符号冲突的范式展现:这是彼此不同的、其实是彼此敌对的世界观之间的斗争。在这场斗争中,真正关键的是垄断了强加普遍认可的关于社会世界的知识原则的权力,也就是垄断了强加一个合法化了的归划分配原则的权力。我们需要重新考虑司法工作在最具体的场所中、在形式化的活动中、在从事形式化工作的行动者于司法场域中的竞争所决定的利益当中、在司法场域与更大的权力场域的关系中所体现出来的深层的逻辑。② 民事诉讼过程中参与者构成的是立体关系网络。这一立体关系网络,以诉权与审判权的互动为主动力机制,以诉讼协助者的参与为辅动力机制。在我国主动力机制中还有法律监督权的介入。诉讼参与人基于不同的目的,通过民事诉讼的动力机制参与到民事诉讼中并推动民事诉讼的产生、发展与终结。因此,民事诉讼法律关系除审判法律关系、争讼法律关系之外,还

---

① 韩波:《当代中国民事诉讼思潮研究》,元照出版有限公司2015年版,第79—82页。
② 〔法〕皮埃尔·布迪厄:《法律的力量:迈向司法场域的社会学》,强世功译,《北大法律评论》1999年第2辑。

有法律监督法律关系与诉讼协助法律关系。我国民事诉讼是由这四类法律关系构成的有机系统。① 在民事诉讼这一场域中,各方主体的习性能使行为人生活于制度之中,在实践中运用制度,从而使制度保持活力、生机和效力。习性(习性)是马克思所说的"实际需求"的根据,是与可能事物的现实关联,此关系将在权力中同时找到其依据和界限。② 在民事诉讼这个场域中,围绕争讼法律关系这一基础关系,当事人与法院的互动行为指向的是什么?在通常案件中,也就是大多数案件中,当事人的讼争与法院的裁判指向的是发生争议的民事权利。在疑难案件,也就是法律依据不明确的案件中,发生争议的不仅仅是现实的利益还有其后的价值取向分歧。进而言之,民事诉讼这个场域的特定主题是对民事权利的分配、是确定争议利益背后的价值分歧并分配争议利益。在这个意义上,判断权、裁量权仅仅是民事审判权的形式;民事审判权的实质是分配权,是对争议法益的分配权。如果说立法权是对权利、义务的初次分配权,民事审判权则是对当事人不能自行分配的、发生争议的法益的再次分配的权力。③

对于任何分配,公平都是本质性的要求。为此,民事审判权的行使必须具有独立性。审判权同立法权、行政权一样,同属于国家权力的重要组成部分。《中华人民共和国民事诉讼法》第6条根据

---

① 宋朝武、韩波等:《民事诉讼法学》,中国政法大学出版社2008年版,第54—55页。
② 〔法〕皮埃尔·布迪厄:《实践感》,蒋梓骅译,译林出版社2012年版,第81、91、92页。
③ 韩波:《当代中国民事诉讼思潮研究》,元照出版有限公司2015年版,第83页。

宪法规定了民事审判由人民法院统一行使原则和人民法院独立进行审判的原则。人民法院独立行使审判权,不受行政机关、社会团体和个人的干涉,是司法公正的重要保证。行政机关、社会团体和个人不得干涉人民法院依法独立行使审判权,即任何行政机关、社会团体和个人不得以权代法、以言代行或者拉关系、走后门,干涉人民法院的审判活动。如果有干涉的情形发生,人民法院及审判人员应当坚持抵制,不徇私情,秉公处理,依法办案。当然,人民法院依法独立审判民事案件并不排除人民代表大会及其常务委员会、上级人民法院依法对人民法院的审判工作进行监督,这与干涉是性质截然不同的两回事。[①] 另一方面,在现实生活中,不论当事人还是普通社会公众,对于法益的确定与分配都是有时间期待的。如果长期不能对争议法益做出分配,民事诉讼实质上否定了其自身存在的意义,也即背离了它的本质。在这个意义上,可以说程序终结性是民事诉讼的本质性要求中的重要要素。

（二）程序终结性是现代民事诉讼目的结构的应然性要求

国内外学界对于民事诉讼目的的探讨,主要有价值指向与功能指向两种路径。基于价值与目的分离的学术考量,民事诉讼目的指的是民事诉讼的功能性目的。民事诉讼的功能分为内在功能、社会功能、程序正当化功能。民事诉讼的内在功能是内生于民事诉讼运作机制且为其运作机制必须具有的功用。民事诉讼的内在功能包括民事权利义务确定与发现真实两项功能。民事诉讼的社会功能是其存在环境社会需求的客观体现。综合个人视阈与国

---

① 全国人大常委会法制工作委员会民法室:《中华人民共和国民事诉讼法解读（2012年修订版）》,中国法制出版社2012年版,第10—12页。

家视閾,民事诉讼社会功能包括权利维护、秩序维持、纠纷解决等功能。正当化功能在弥合民事诉讼的内在功能运行状态与社会功能预期的差距时凸显出来。民事诉讼正当化功能是能使诉讼结果为当事人及社会接受的功用。正当化功能是平衡、整合系统自身功能、社会功能的必然要求,也是使系统自身功能、社会功能最大化实现的基本条件。在民事诉讼系统中,正当化功能的发挥状态取决于诉讼系统程序设计的合理性与程序运行的妥当性。[1] 德国学者罗可辛认为,诉讼目的具有"复合(Komplex)"的性质。而且,"在有争议的案件中,这些要素是同时实现的,比较权衡这些要素是该法律领域的魅力,也是该领域的难题。"[2]从民事诉讼功能的发生学机理看,民事诉讼目的构造中各项功能性目的不应是松散的、不规则的自由组合,而应是以实现程序保障目的为基准,交融于该目的,以权利义务确定、发现真实为其直接目的,以秩序维持、纠纷解决、权利保障为其间接目的。[3]

20世纪后半叶,欧美国家民事诉讼中出现日益严重的诉讼迟延现象,使得程序正义观念发生变化,很少有国家能拒绝将程序适时终结要素再排除于正当程序的考量范围之外。民事诉讼的直接目的就是在程序保障下实现发现真实与法益确定的内在功能。民事诉讼的间接目的是通过内在功能的实现来实现权利保障、纠纷

---

[1] 韩波:《当代中国民事诉讼思潮研究》,元照出版有限公司2015年版,第119页。

[2] 转引自〔日〕田口守一:《刑事诉讼的目的》,张凌、于秀峰译,中国政法大学出版社2011年版,第33页。

[3] 韩波:《当代中国民事诉讼思潮研究》,元照出版有限公司2015年版,第133页。

解决、秩序维持的社会功能。案件不能及时终结意味着民事诉讼内在功能失灵,进而会引起社会功能失调。无论民事诉讼直接目的的实现,还是间接目的的实现,程序适时终结都是必要的考量要素。不仅如此,民事诉讼直接目的实现过程中如果过分延迟,会引起直接目的与间接目的之间的冲突,亦即民事诉讼内在功能与社会功能的冲突。

(三)程序终结性是民事诉讼效率价值的应有之义

公平、效率、权威是已形成共识的民事诉讼三大价值。程序终结性是民事诉讼效率价值的应有之义。民事诉讼效率是指民事诉讼中单位时间内审结民事案件的数量。从另一个方面看,民事诉讼的效率也指一个民事案件的终结所用时间的长短、所消耗资源的多寡。如果诉讼程序难以终结,民事诉讼效率价值就很难全面体现。

从一审案件审结时间看,我国民事诉讼效率比较高。但是,从一个民事案件彻底终结的角度看,我国民事诉讼效率存在着"局部病变"现象。这主要是民事诉讼判决生效后救济程序的终结性不强导致的。有的案件再审阶段可以在屡次发回重审中拖延十几年。这些案件虽然不是"大多数",但其中社会反响强烈的,已经成为我国民事诉讼的效率"短板"。作为有中国特色的民事诉讼制度的审理期限制度,经25年运行已经形成"重效率"的审判习性。程序终结性不足是我国民事诉讼中效率价值实现的关键问题。

三、程序终结性与审判公正性可在实践中实现平衡

20世纪90年代,季卫东教授在《程序比较论》一文中认为,

"当事人可以任意申告翻案,上级机关可以随时越俎代庖。这样就使决定状况变得极不安定,法律关系也难以确定。"[①]季教授针砭的我国诉讼程序缺乏终结性的关键词,一为"任意",二为"随时"。缺乏启动条件、启动时限的明确规定,民事诉讼判决生效后救济程序很容易陷入程序难终结的困境。我国的民事诉讼判决生效后救济程序是判决生效后的救济程序,直接关涉社会公众对生效裁判的信赖、对法院的信任,不应陷入"任意"、"随时"状态,应当具有终结性。

民事诉讼判决生效后救济程序在世界上很多国家都有,但大多没有将这种具有现实必要性的程序发展为一种无限纠错、无序纠错的程序。满足特殊需求的民事诉讼判决生效后救济程序也应当是维系程序终结性的程序,而不是减损程序终结性的程序,更不是倾覆程序终结性的程序。在我国再审程序制度设立之初,仅仅将这种最典型的裁判后救济程序定位为旨在纠错的监督程序,没有充分注意克服自身程序的任意性、随时性。在新世纪以来的修法过程中,裁判后救济程序应当维系程序终结性的价值取向逐渐受到认同,并且通过再审事由的明确化、再审启动时限的严格化、再审审查程序的规范化在制度层面落实下来。

民事诉讼判决生效后救济程序不仅要维系程序终结性,还要促进审判公正性。前已述及,审判不公现象使民事诉讼判决生效后救济程序的存在具有了现实必然性。民事诉讼判决生效后救济程序不仅仅是诉讼程序的"制动阀",更要成为审判不公现象的"终结者"。民事诉讼判决生效后救济程序不仅要成为审判不公的个

---

① 季卫东:《程序比较论》,《比较法研究》1993 年第 1 期。

案的终结者,还要成为促进一审、二审审判公正性的"推动器"。

民事诉讼判决生效后救济程序既要维系程序终结性,也要促进审判公正性。因为程序终结具有客观性,审判公正的主观评判因素较强,这两种价值取向有可能冲突。判决生效后救济实践要在两种价值取向之间寻求最佳结合点。

第三节 作为民事诉讼判决生效后救济程序衡量标尺的辩论主义

我国台湾地区学者邱联恭教授认为:"今后,为追求具体的妥当性,重要的是,在兼顾对裁判的预测可能性及程序安定性等要求下,尽可能因事件类型之个性、特征,就个别的场合选择适合而有助于满足其特性、需求之程序保障方式。"[①]这一观点表达了通过程序保障整合程序终结性与审判公正性两种价值取向的主张。

民事诉讼判决生效后救济程序要在维系程序终结性与促进审判公正性之间寻求最佳结合点。进而言之,这个结合点实际上是程序正义与实体正义的结合点、程序保障与社会认同的结合点。绝对的实体正义、社会对诉讼结果的完全认同,只是一种理想。囿于诉讼运行的具体条件,鉴于对法律认知、事实判断的个体差异,通过当事人有效参与来化解审判结果带来的分歧与不满,是审判结果获得社会认同的现实选择。因此,保障并促进当事人有效程序参与是民事诉讼判决生效后救济程序在维系程序终结性与促进

---

① 邱联恭:《程序制度机能论》,台湾三民书局1996年版,第96页。

审判公正性之间可能寻找到的最佳结合点。在民事诉讼判决生效后救济程序的立法与运行中,是否保障并促进了当事人有效程序参与,是十分重要的评判依据。保障并促进当事人有效程序参与也是改进民事诉讼判决生效后救济程序的重要路径。

在民事诉讼理论中,围绕当事人程序参与权保障展开的是以辩论主义为轴心的话语体系。在展开本项研究之前,很有必要对辩论主义的意义与相关规范做较为系统的梳理。辩论主义是大陆法系民事诉讼理论体系中的基本范畴。分析民事诉讼的规范、实践以及民事诉讼规范与实践的互动过程,都需要应用辩论主义这一理论工具。我国《民事诉讼法》第12条规定了民事诉讼中的辩论原则,明确规定当事人有权在民事诉讼中进行辩论。尽管辩论原则与辩论主义密切相关,不过,辩论主义与辩论原则在语义上还是有较大区别的。

一、辩论主义的界定

(一)辩论主义的内涵

张卫平教授认为,辩论主义的基本内涵是:第一,按照辩论原则的基本要求,人民法院在作出判决时,应限于当事人在诉讼请求中主张的范围;第二,根据辩论原则的要求,人民法院只能按照当事人在诉讼中指明的诉讼标的进行裁判,即法院裁判的诉讼标的应与当事人主张的诉讼标的具有同一性;第三,辩论原则要求法院裁判的依据来自于当事人的主张,这其中包括当事人向法院提出的证据线索;第四,辩论原则虽然使人民法院处于相对被动的地位,但并不是说人民法院完全没有作为。① 另有学者认为,民事诉讼中的辩论原则与民事诉讼学理上的辩论主义不同。民事诉讼学理上的辩论主义(有时也译为辩论原则)其意在于限制法官的审判行为,即法官裁判应限于当事人起诉、答辩和辩论的范围,不得逾越。② 由是可知,辩论主义是将当事人辩论在民事诉讼中的价值与利益作为最高理想与准则的理论主张。这一理论主张的核心意旨是民事诉讼中法官职权要受到当事人辩论行为约束。

我国台湾地区学者认为,辩论主义系继受德国民事诉讼法时所引进之一项基本原理,乃德语"Verhandlungsmaxime"之翻译,向来在母法国即德国及日本被认为系由民事诉讼法经长久演进后所形成自明之事,而不必在法典上有其采认之直接明文规定,亦被称为当事人提出主义(Beibrin-gungsmaxime)。③ 日本学者高桥宏志认为,辩论主义的法律表述虽各有差异,但其含义基本包括:(1)直接决定法律效果发生或消灭的必要事实,只有在当事人的辩论中出现才能作为裁判的基础,换言之,法院不能将当事人未主张的事实作为判决的基础;(2)法院应当将双方当事人无争议的主要事实当然地作为判决的基础;(3)法院能够实施调查证据只限于当事人提出申请的证据。④ 辩论主义在大陆法系国家或地区的民事诉讼立法与实践中产生了切实的影响。大陆法系国家(如法国)或地区民

---

① 张卫平:《民事诉讼法》,法律出版社2004年版,第21页。张卫平教授在《民事诉讼法》(2013年版)中仍坚持这一立场。
② 陈桂明、刘芝祥:《民事诉讼法》,中国人民大学出版社2009年版,第15页。
③ 邱联恭:《程序选择权论》,台湾三民书局2000年版,第99页。
④ 〔日〕高桥宏志:《民事诉讼法:制度与理论的深层分析》,林剑锋译,法律出版社2003年版,第330页。

事诉讼法中体现辩论主义的规定,包含但不限于我国民事诉讼辩论原则明确当事人辩论权的内涵,更系统、更明确地突出辩论行为的约束性①。

辩论主义的内涵界定有封闭式与开放式之分,封闭式的辩论主义只明确当事人辩论行为在事实认定方面对法官的约束力。德国、日本民事诉讼理论多采封闭式界定。除上述高桥宏志的界定外,德国罗森贝克、施瓦布、戈特瓦尔德的教科书中也述及,从历史上和内容上看,人们经常没有将当事人对诉讼标的的处分自由原则与对事实材料的处分自由原则以及辩论主义的概念区分开来。辩论主义仅仅涉及材料的收集,它与当事人对诉讼标的的处分没有关系。虽然法院原则上只对当事人所提出的争议材料进行裁判,然而,当事人不能对事实材料进行自由处分,而是有义务进行真实、完全的陈述(《德国民事诉讼法》第138条第1款)。② 根据张卫平教授的解释,辩论主义包含当事人辩论行为对法官事实认定与请求回应两方面的内容。申言之,辩论主义可分解为狭义上的辩论主义与处分主义或辩论原则与处分原则两个分支。辩论主义界定的开放式与封闭式差异是观察辩论行为发生作用范围的视角差异。

民事诉讼中裁判作出的过程是一个理性推断的过程。这一过程的完成需要通过当事人提出有理由的主张和证据来推动;需要通过当事人双方围绕各自主张与证据的辩论来确定可以成立的主

---

① 《法国新民事诉讼法典》(上册),罗结珍译,法律出版社2008年版,第22页。

② 〔德〕罗森贝克、施瓦布、戈特瓦尔德:《德国民事诉讼法》,中国法制出版社2007年版,第522页。

张。只有通过辩论,当事人才可以参与到裁判作出的过程中;只有充分地辩论、充分地参与,当事人才可以获得程序正义的主观感受,裁判的结果才能获得正当化;只有当事人充分地辩论、充分地参与,案件事实才能最大化地显现,当事人各自主张的合法性与合理性才能获得充分论证。正因为如此,辩论权是当事人在民事诉讼中最基本的权利。[1] 民事诉讼中辩论行为必然关涉事实认定与请求回应两个方面。有鉴于此,本书以辩论主义的开放式界定作为阐述、论证的概念起点。

肯认辩论行为在民事诉讼中的价值及其可以给诉讼各方带来的利益,既是程序正义意旨中当事人参与的基本要求,也是审判权中立性的题中应有之义。同时,辩论主义的精神实质在两大法系是有"共振性"的。在英美法系国家,与辩论主义发生"共振"的是当事人主义或者当事人控制的诉讼理念。当事人控制理念又被分解为当事人自主与当事人追诉两项原则。尼尔·布鲁克斯认为,当事人自主原则是指就诉讼的启动与裁决的内容,当事人有权追求或处分他们的法律权利以及他们期望的救济方式;当事人追诉原则是指当事人有权利也有责任选择提出自己的理由及其支持该理由的证据的方式。[2] 辩论主义能成为两大法系民事诉讼理论中的"共振峰",不是偶然的巧合,而是"无辩论则无诉讼"的民事诉讼特有规律在不同司法区"不约而同"的显现。

---

[1] 宋朝武、杨秀清、韩波等:《民事诉讼法学》(第四版),中国政法大学出版社2015年版,第78—79页。

[2] Neil Brooks, "The Judge and the Adversary System", Janet Walker, *The Civil Litigation Process: Cases and Materials* (7th ed), Emond Montgomery Publications Limited, pp.19-21.

如果以权利的思维视线观察民事诉讼的辩论主义,就会发现辩论行为背后作为辩论主义内核的辩论权。进而可以将辩论主义的内涵界定为将当事人辩论权在民事诉讼中的价值与利益作为最高理想与准则的理论主张。当事人辩论权的充分行使在促进案件事实探寻趋近客观真实、促进当事人诉讼主张清晰提出、当事人实体权利的实现、审判权威的树立等方面的功能最终指向公正、高效、权威的民事诉讼价值与当事人纷争获得解决、法官的裁判行为得到社会认可的实际利益。从两大法系民事诉讼法或民事诉讼规则为当事人辩论权的维护与实现所做的规定看,当事人辩论权不仅是当事人实现实体权利的工具,更是民事诉讼正当程序的基石。从权利—权力二维关系审视,确定审判权力的边界是辩论权真正实现的基本前提,否则,辩论权将沦为审判权的"附庸"与"饰品"。从权利—义务二维关系审视,辩论权与相关义务应当是相称的,辩论权的确立是前提。辩论权完全确立之前,辩论无从真正地展开,难以通过义务对其进行合理的限制。充分肯认辩论权的价值与利益,为当事人的辩论权真正实现创造条件,并为此规约审判权行使的边界以及辩论相关义务的边界,正是辩论主义的基本意旨。

(二)辩论主义的外延

权利的确立、权利对权力的制约、权利的规制是权利理论的三个支点。以辩论权为内核的辩论主义的外延也可化约为辩论权的确立、辩论权对审判权的制约、辩论权的规制三个命题。处分权的独立价值是毋庸置疑的,不过,在辩论主义开放式界定的视域下,辩论权与处分权紧密相连,辩论权可以包含处分权。当事人的程序性处分(自主决定起诉、撤诉、申请再审)构成辩论权行使的程序基础,实体性处分(决定诉讼请求内容或抗辩主张内容)构成辩论权行使的辩论对象。有些情形下,当事人处分行为也需要以辩论的方式展开,如可否选择某人为被告或无独立请求权第三人、可否选择某地法院为受诉法院、可否撤诉、可否变更请求。

辩论权是纠纷解决过程中逐渐固化的自然权利、习惯权利,在近代的诉讼立法中成为了法定权利。在开放式界定的视域,以辩论权为内核的辩论主义三命题依次是,民事诉讼中应当确立和保障当事人的辩论权、当事人的辩论权是对审判权的制约方式、当事人的辩论权也应当受到规制。理想的民事诉讼应处于辩论权与审判权关系合理、配置合理且都可以在正当范围内充分行使的状态。

二、规则构成视角的辩论主义及其规范体现

辩论权的确立命题、辩论权的制约命题、辩论权的规制命题在辩论主义规范体现过程中可起到"中介"作用,使辩论主义规范体现为由辩论权确立条款、辩论权制约条款、辩论权规制条款构成的系统的规范群(如图2所示)。

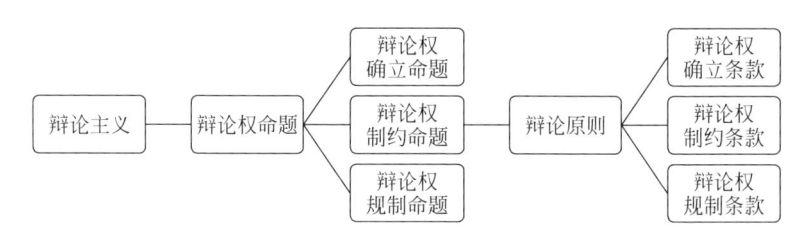

图 2　辩论主义规范化关系图

辩论原则规范群内辩论权确立条款、辩论权制约条款、辩论权规制条款的相互关系是个复杂的问题。哈特的法律概念与构成理

论不仅可以用于透视作为理论主张的辩论主义与作为法律规范群的辩论原则的相互关系,也可以用来探寻辩论原则规范群内三类条款的关系。

(一) 规则构成视角的辩论主义与辩论原则

哈特以为,法律是主要义务规则和次要授权规则的结合。次要授权规则包含承认规则、改变规则和审判规则三种。主要义务规则至少存在三个不足:第一,人们容易对其内容是什么或其精确范围是什么产生疑问;第二,其变化发展及取舍完全是习惯性的,人们在主观上无法控制(如果想要控制的话);第三,用其解决纠纷缺乏一个令人信服的稳定的权威。显然,要使主要义务规则发挥有效的作用并使这样一个社会得到顺当的发展,就必须出现另外一些规则弥补这些不足。这就有了次要授权规则存在的必要。[①]

可以说,辩论主义就是辩论原则以及以其为轴心的法律规范的主观方面抑或内在观点。民事审判权同样像其他权力一样需要受到来自民众的当事人的制约的理论主张与近代以来滥觞于欧美世界的民权主义(人民主权)思潮是一脉相承的。这种理论主张在欧美主要国家的权力机构获得"承认"并外显为"当事人有辩论权——法院有义务保障当事人行使辩论权并受之约束"的主要义务规则。申言之,与审判权应当能够约束辩论权的"内在观点"相一致的主要义务规则是体现辩论权第一命题与第二命题的规范。欧美主要国家权力机构承认辩论主义主要义务规则是共同的,不过,在辩论主义的范围和界限的明确方面——亦即次要授权规则

[①] 刘星:《法律是什么:二十世纪英美法理学批判阅读》,中国法制出版社 2015 年版,第 123—125 页。

方面——存有差异。开近代民事诉讼立法先河的法国民事诉讼法中非常明确、具体、严格地规定了当事人辩论权对法官裁判加以约束的系列规则。其他欧洲国家在辩论主义具体化过程中,在承认辩论主义的具体规则内容方面各有不同。

(二)辩论主义的规范体现

1. 法国民事诉讼法中的辩论主义规范

世界上第一部民事诉讼法典诞生于法国,210余年来民事诉讼立法、理论与实践的互动与积淀,使得法国成为观察民事诉讼发展轨迹的较为合适的国家。

在当下的各种法国民事诉讼译著中,与我国学界所言狭义的辩论原则能对应的术语有对审原则、对席原则、两造审理原则等。①辩论主义第一命题与第二命题在《法国民事诉讼法典》对民事诉讼基本原则的规定(第1条至第24条)中有充分体现。直接体现辩论主义第一命题的是《法国民事诉讼法典》第14条;直接体现辩论主义第二命题的是第16条。《法国民事诉讼法典》的对审("两造审理")节中规定,任何当事人,未经听取其陈述或者未经传唤,不得受到判决(jugé)(第14条)。法官在任何情况下均应明令遵守且应自行遵守两造审理原则。诸当事人援用或提出的理由、解释与文件,只有如诸当事人能够进行对席辩论者,法官始得在其裁判

---

① 《法国新民事诉讼法典》(上册)中译为两造审理原则[《法国新民事诉讼法典》(上册),罗结珍译,法律出版社2008年版,第40—60页];《法国民事司法法》中译为对席原则([法]洛伊克·卡迪耶编:《法国民事司法法》,杨艺宁译,中国政法大学出版社2010年版,第382—387页);《法国民事诉讼法导论》中译为对审原则(张卫平、陈刚:《法国民事诉讼法导论》,中国政法大学出版社1997年版,第100页)。

决定中采用之。法官事先未提请诸当事人陈述意见,不得用其依职权提出的法律上的理由作为裁判决定的依据。(第16条)①这些条文非常具体地从当事人与法官两个方面规定了辩论权行使对判决形成的前提性意义,法官尊重当事人辩论权的义务以及当事人辩论对于裁判范围的限定性。既体现了辩论主义第一命题,也体现了辩论主义第二命题。

辩论主义第一命题、第二命题,不仅仅体现在对审原则或者"两造审理原则"一节,而且系统性地体现于"事实""证据""辩护""法庭辩论""保持克制态度"等诸节中。"事实""证据"两节中规定,法官不得以辩论中没有涉及的事实为裁判依据(第7条)。在上述规定中,通过对法官裁判行为否定性后果的设定很直接地阐释了辩论主义的第二命题即辩论权的约束性命题。

综上所述,《法国民事诉讼法典》基本原则部分以细密、充分、明确的法律条文以及绝对的语言优势将辩论主义的第一命题与第二命题明确规定了下来。

2. 德国民事诉讼法中的辩论主义规范

德国民事诉讼法中没有明确规定基本原则,故而也没有明确的辩论原则。不过,在德国民事诉讼学理中有关于程序原则的细致阐析。在罗森贝克、施瓦布、戈特瓦尔德的教科书中,辩论原则亦被称为提出原则。② 辩论主义第一命题、第二命题在德国民事诉讼法的具体规定中也有充分体现。

---

① 《法国新民事诉讼法典》(上册),罗结珍译,法律出版社2008年版,第40—46页。

② 〔德〕罗森贝克、施瓦布、戈特瓦尔德:《德国民事诉讼法》,李大雪译,中国法制出版社2007年版,第524—525页。

体现辩论主义第一命题的规范主要是辩论方式方面的规定。《德国民事诉讼法典》第128条、第129条、第137条、第165条、第397条等条文规定了言词主义原则以及书面程序、以准备书状进行的言词辩论、言词辩论的进行、对言词辩论的记录证明、当事人的发问权。① 可见,德国民事诉讼中辩论方式是全面的,既包括言辞辩论也包括书面辩论。书面辩论的主要方式是准备书状。提供准备书状是当事人在言词辩论前的义务。准备书状应当完整地包含当事人打算在言词辩论中陈述的全部内容。②

体现辩论主义第二命题的主要是辩论效果方面的规定。在《德国民事诉讼法典》第309条有如下规定:"判决,只能由曾参与作为判决基础的言词辩论的法官作出。"③这一法条明确规定了言词辩论是判决的基础,而且作出裁判的法官必须是直接听审的法官。易言之,除非当事人通过诉讼契约放弃言词辩论权,非经言词辩论不得作出判决。就对事实的主张而言,当事人有责任主张那些法院在裁判时需要考虑的事实。法院受当事人的事实描述之拘束,法院自己知道的争议材料(即所谓"法官的私人知识")只能在告知当事人以后才能考虑。只有当事人才能说明用作申请理由的事实关系(第130条第3项),而且——尽管存在真实义务——只有当事人才能更正(第85条第1款第2句、第90条第2款)或者重新撤回主张。当事人没有提出的或者重新撤回了的事实不能作为

---

① 《德国民事诉讼法》,丁启明译,厦门大学出版社2016年版,第32、33、35、42、97页。
② 〔德〕罗森贝克、施瓦布、戈特瓦尔德:《德国民事诉讼法》,李大雪译,中国法制出版社2007年版,第547页。
③ 《德国民事诉讼法》,丁启明译,厦门大学出版社2016年版,第74页。

判决基础，即使在证据调查时已经暴露出来。双方当事人都肯定并且一致提出的事实或者一方当事人主张、另一方没有异议（第138条第3款、第439条第3款）或自认的事实（第288条），法院也必须作为真实的事实接受。① 上述德国民事诉讼中关于准备书状中的事实陈述内容、诉讼代理人行为的效力、辅佐人陈述、当事人真实陈述义务、私文书真实性说明、当事人自认等制度的规定非常清楚地规定了当事人在事实陈述方面所具有的自主决定权以及对法官事实认定行为的约束力。

可见，《德国民事诉讼法典》中体现辩论主义的第一命题与第二命题的规定是周全、明确的。关于辩论主义的第三命题，该法典第138条规定的当事人真实陈述义务，要求当事人在诉讼中完整陈述、真实陈述，无争议的陈述将产生自认效力。该法条对当事人真实陈述义务的规定非常严谨，只有对不是当事人自己行为、不是当事人自己亲自感知的事实，当事人在陈述中才可以说"不知"。② 从理论上分析，当事人真实陈述义务会在约束当事人辩论权时产生有效的约束。

辩论原则在一国民事诉讼法中的具体内容取决于该国权力机关"承认"的结果。近代民事诉讼法多规定了辩论主义的第一命题与第二命题，20世纪90年代以来世界范围内的民事诉讼法修法运动的重要内容之一则是侧重辩论主义第三命题的具体化。辩论主义第三命题的具体化是在辩论主义第一命题、第二命题已基本成

---

① 〔德〕罗森贝克、施瓦布、戈特瓦尔德：《德国民事诉讼法》，李大雪译，中国法制出版社2007年版，第528—529页。
② 《德国民事诉讼法》，丁启明译，厦门大学出版社2016年版，第36页。

为现实的前提下进行的。辩论主义第三命题的具体化又以不与辩论主义第一命题、第二命题相冲突为条件。总体上看,辩论主义的"意思中心"并未发生转变为另一不同事物的"代换",只是在具体形态上发生了转换,更多地体现了逻辑结构的完整性。当事人辩论权应充实到何种程度、法官的审判权究竟在何种范围与何种程度上应受到当事人辩论权的制约、当事人的辩论权究竟在何种范围与何种程度上被规制等对辩论主义认识的"开放结构"问题型构了发展中的辩论原则"差异性现象"。这种"开放结构"与"差异性现象"皆缘自一国权力机关对本国民事诉讼实践的"症状诊断"及相应的"治疗方案"。这方面的差异是不同国家对当事人辩论权与法官审判权实施状况及规则配置的基本态势、利弊权衡的直接再现。如果对当事人辩论权与审判权作出"弱—强"不平衡的判断,则会坚守辩论主义约束性的"意思中心",在对辩论主义进行开放性解释时审慎地把持底线,坚守辩论原则的"主条款""从条款"关系;如果对当事人辩论权与审判权作出"强—弱"不平衡的判断,则会试图解构辩论主义约束性的"意思中心",消解辩论原则的"主条款""从条款"关系。

三、合作原则及其意义

20世纪末叶,程序效率主义、法官能动主义的思潮在诉讼滞胀严重的西方世界开始盛行。合作原则是在此背景下应运而生的。在法国与德国都有合作主义或合作原则、协动主义的理论主张,但是,都没有以法律原则的形式出现在民事诉讼法的条文中。在欧洲,目前可知的在民事诉讼法中明确规定合作原则的就是葡萄牙。

(一) 合作原则的内涵

洛伊克·卡迪耶认为,民事诉讼既是法官的事情,也是当事人的事情。仔细研究(法国)《新民事诉讼法典》第1—13条的规定我们就会知道,在民事诉讼中,法官与当事人之间存在着一种密切合作的关系。诉讼程序只有在法官和当事人的团结协作下才能够进行下去,并最终导致判决的产生。[①] 据其此番议论,民事诉讼中的合作原则是当事人与法官在诉讼程序中要团结协作、密切合作的原则。

在罗森贝克、施瓦布、戈特瓦尔德的教科书中述及,1976年简化修订法引入的诉讼促进义务却使重心发生了转移。因为根据该法规定,当事人和法院为了有效、快速地解决争议就必须合作。因而人们完全可以说适用的是"协同主义"(Kooperationsmaxime)。协同主义修正了提出原则(辩论原则),却没有替代它,因为当事人在法官提示之后仍是自由的,他可以提出某个主张或者不提出某个主张或者更加精确地表达某个主张。[②] 德文Kooperationsmaxime也译为合作原则或合作主义。奥地利学者贝特尔曼于1972年提出这一概念。德国学者瓦瑟尔曼在其《社会的民事诉讼》一书中使

[①] 〔法〕洛伊克·卡迪耶主编:《法国民事司法法》,杨艺宁译,中国政法大学出版社2010年版,第389页。在《法国民事诉讼法典》中并没有明确规定民事诉讼中的合作原则。民事诉讼中的合作原则是部分学者的学术见解,在诉讼实践中亦有不小的影响。法国学者洛伊克·卡迪耶是主张合作原则的学者中比较有代表性的一位。他将民事诉讼程序的基本原则归纳为对席原则与合作原则两项原则。作为合作原则的积极倡导者,洛伊克·卡迪耶以合作原则的概念吸纳了处分原则,就上文对《法国民事诉讼法典》的分析看,这种吸纳至少是存在争议的。

[②] 〔德〕罗森贝克、施瓦布、戈特瓦尔德:《德国民事诉讼法》,李大雪译,中国法制出版社2007年版,第526页。

用了同样的表述,希望将民事诉讼视为法院与当事人之间的工作组(Arbeitsgemeinschaft)。①

综合上述理论阐释与规范文本,合作原则的价值取向不仅在于促进发现真实,更侧重程序效率的提升与效率公平间的衡平,意在协调各方同步展开各自诉讼行为。

(二)合作原则的外延

如何在民事诉讼中实现当事人与法官的团结协作、密切合作?这就涉及合作原则的外延问题。亦即民事诉讼中法院与当事人的合作方式问题。合作原则倡导的行为是当事人服从程序管理与法院有权澄清事实并为确有困难方排除取证障碍。

1. 当事人服从程序管理

法国民事诉讼中较早地注意到程序管理的重要性。洛伊克·卡迪耶认为更应该注意到推动诉讼进程既是当事人的权利,又是当事人的义务。因为当事人负有"在法律规定的时限内以法律规定的形式完成诉讼行为"的义务。违反《新民事诉讼法典》中的有关条款规定了在起草和通知这些文书时所应遵循的规则的直接后果就是相关的文书归于无效。② 这一理论主张在《法国新民事诉讼法典》第15条中有明确规定("诸当事人应在有效时间内相互告知

---

① 贝特尔曼,载(奥地利)《法学报》,1972年,第57页、第63页;贝特尔曼,载《民事诉讼杂志》,第91卷(1978年),第365、391页。瓦瑟尔曼:《社会的民事诉讼》,1978年,第91页以下,引自〔德〕迪特尔·莱波尔德:《当事人的诉讼促进义务与法官的责任》,载于〔德〕米夏埃尔·施蒂尔纳:《德国民事诉讼法学文萃》,赵秀举译,中国政法大学出版社2005年版,第410页。

② 〔法〕洛伊克·卡迪耶主编:《法国民事司法法》,杨艺宁译,中国政法大学出版社2010年版,第391页。

各自的诉讼请求所依据的事实上的理由,各自提出的证据材料以及援用的法律上的理由,以便各当事人能够组织防御。")。①

上文所述德国 1976 年简化修订法中对诉讼促进义务的规定的主要内容之一是虽然提出重要的诉讼材料由当事人负责,但当事人也有集中提出的义务(第 282 条、第 296 条)。由是,德国民事诉讼中的"合作"首先是指当事人服从程序管理集中提出证据的义务。

当事人服从程序管理的义务会使辩论权以更有效、更有序的方式实现。当事人在诉讼进程中的主体性并未因此而受到损害。

2. 法官有权澄清事实主张

洛伊克·卡迪耶认为,当事人在提供事实证据方面无疑发挥着主要作用,但法官对主张事实和证明事实拥有重要的权力。法官可以在诸多材料中自主发掘对案件有用的信息。就此情状,洛伊克·卡迪耶还是强调法官依职权指出事实理由时,应遵照对席原则。② 让·文森与塞尔日·金沙尔也认为凡是争讼问题牵涉到"将法律适用于事实"时,在"陈述这些事实与提出证据"方面,当事人的作用占主导地位;而在寻找使用的法律规则方面,法官的作用则占主导地位。这是一种倾向,而不是说对这种作用已经有明确的规定,并且这种作用要视情况来决定。③

---

① 《法国新民事诉讼法典》(上册),罗结珍译,法律出版社 2008 年版,第 42 页。
② 〔法〕洛伊克·卡迪耶主编:《法国民事司法法》,杨艺宁译,中国政法大学出版社 2010 年版,第 401 页。
③ 〔法〕让·文森、塞尔日·金沙尔:《法国民事诉讼法要义》(1999 年,第 25 版),罗结珍译,中国法制出版社 2001 年版,第 605—606 页。

上文所述德国1976年简化修订法中对诉讼促进义务的规定的主要内容之二是当事人有义务对法院的提示作出反应(第139条)。《德国民事诉讼法典》第139条规定的是法官的释明义务。设定法官释明义务的主要功能预设是通过法官的阐明澄清当事人事实陈述中的疑点。

3. 为确有困难方排除取证障碍

在法国的民事诉讼中,合作原则包含为确有困难方排除取证障碍的内容。洛伊克·卡迪耶指出,在某些情况下,法官可以采取预审措施来帮助那些没有证明引证事实能力的当事人。法官的权力包括但不限于预审措施的采取(《法国新民事诉讼法典》第10条、第143条、第179条第1款)。不过,所有这一切变化都必须以遵守对席原则为前提。①

综上所述,就其具体内容而言,合作原则或属于辩论主义第一命题的深化,如为确有困难方排除取证障碍;或属于辩论主义第三命题具体化的一种方式,如当事人服从程序管理、法官对事实主张的澄清。

(三) 合作原则的实质意义在于充实辩论主义

就文中所述合作原则的具体举措,没有从根本上否定审判权应受到当事人辩论权约束的辩论主义的内在方面与主要义务规则,只是在当事人辩论权也须规制、当事人辩论能力不足情形下也可以由法院补强、法官有关键事实的判断权等若干聚焦点上延伸了辩论主义的"射程";从语用学角度看,合作原则并不是走向辩论

---

① 〔法〕洛伊克·卡迪耶主编:《法国民事司法法》,杨艺宁译,中国政法大学出版社2010年版,第402页。

主义规则体系"意思中心"的对立面,而是在辩论主义规则体系"开放结构"中做了因应当代诉讼情势的推进。程序管理法官与审判法官角色分离、预审程序或审前程序与审判程序的程序间隔使得法国民事诉讼中"合作"不仅没有使诉讼流程偏离辩论主义的主航道,而且以辩论主义作为"合作"举措的"安全阀"。进而言之,只有合作在当事人约束性的处分与辩论基础上才可以预防与消解可能出现的法官滥权现象。综上所述,可以明了合作原则的实质是充实辩论主义,而非解构辩论主义。辩论主义的概念框架与规则体系可以吸纳合作原则的意旨。

文中所述合作原则是在辩论主义开放结构中的功能延伸,是在此结构中对审判权与辩论权势能均衡状态的调整。尽管此间调整中,既有对当事人辩论权的规制,也有给法院的新的授权,但并没有突破辩论主义三命题的框架。因此,合作原则并非辩论主义的"异化物",它的实质意义在于充实辩论主义。

四、中国语境中的辩论主义

(一)辩论主义的实质

辩论主义的实质是在诉讼中确定权力分配的基本方式,直接体现为对当事人辩论权的价值与利益的高度肯认。

权力在社会学上的意义就是个体或集团,冲破了或迎着别人的反抗,实现他的意志的能力。[①] 与其他社会活动一样,在民事诉

[①] 〔美〕博登海默:《博登海默法理学》,潘汉典译,法律出版社2015年版,第5页。

讼中,权力也是透视运行轨迹的基本概念。如将权力简要定义为要求相对方按照自己的意志行事的能力,在民事诉讼中,不仅法官有权力,当事人也有权力。只是这种权力是需要通过法律授予权利的形式来行使。人民在授权政府之后,并非完全让渡了自身的权力,为使政府有效运行,监督权、救济权是人民必需的权力。来自于当事人、来自于私人的权力需要得到尊重并服从的理念,构成了辩论主义的理论支点。易言之,当事人辩论权背后挺立的是私人获得救济、私人有权监督政府的权力。

私人获得救济的权力与法院的权力也属于私人权力与政府权力的范畴,在理想型的诉讼制度中,也需要明确二者的关系与界限。辩论主义就是要通过法律授予当事人的辩论权以及辩论行为的约束力来形成理想的民事诉讼基本关系结构。

(二)探讨辩论主义的中国语境

法律理念有必要被置于与其本国的社会文化—心理结构一脉相承的语境中加以分析与考量。辩论主义与协同主义之辩的基本歧异在于对于辩论主义的语境认知。重职权、淡权利的社会文化—心理结构构成探讨辩论主义的独特的中国语境。构设再精密的制度,都会在重职权、淡权利的社会文化—心理结构中发生不同程度的变形。在此中国语境下,法律制定、法学研究负有改造重职权、轻权利结构为彰显权利、规范职权的社会文化—心理结构的重任。舍此,既有积弊不可能有根本性的改观。

主张辩论主义的学者侧重强调、突出当事人辩论行为对于法官职权的约束力,但也指出受约束的法官职权并非无所作为。主张协同主义的学者侧重强调、突出法官职权优化行使的重要性,不过,也没有忽视当事人在民事诉讼中的作用。近年来,欺诈性诉讼行为的增多,使得辩论主义的合理性受到一定程度的质疑。需要注意的是,当事人有辩论权与法官可以行使职权是辩论主义的两个预设前提。辩论主义并不排斥法官职权,特别是不排斥法官的程序管理权。基于法官权力对于当事人权力的现实优位性,辩论主义的基础意旨应该是来自辩论权的约束力。辩论主义在维护当事人辩论行为约束性的同时,也通过真实陈述义务规则乃至与诚实信用原则的结合来规制当事人的辩论权。

辩论权实质化、审判权规范化是我国民事诉讼制度改革须同时面对的二重使命。民事诉讼法修改中赋予了当事人大量的诉讼权利,而且在律师权利的保障方面,我国也正在推动各种具有实效性的措施。在法官未就当事人行为、当事人负责的诉讼逻辑达成共识的前提下,推行法官责任终身制改革,一个意外的结果很可能是变相地强化法官职权。更需要注意的是,法官职权专擅的行为仍在改革与传统的博弈间顽强地寻找空间,辩论主义解构重职权、淡权利社会文化—心理结构的使命远未完成。兼顾辩论主义的确定功能与制约功能的同时,特别要持续关注辩论主义的确定功能。

辩论主义体现了权力制度化的思想立场。在权力制度化的中国场域逐步形成发展的时期,影响场域形成的指导思想很少涉及约束权力、限制权力,更多论及的是集中权力;在这一场域逐渐形成的年代,由于指导思想强调集中权力,也就谈不上考虑限制权力、约束权力的技术手段和措施;由于长期生活在权力集中的场域之内,人们的思想意识对权力集中产生了某种依赖,习惯于按照权力集中的要求去考虑问题和解决问题,习惯于按照权力集中的要求处理纠纷,把解决难题的希望寄托在位置更高、权力更大的人身上。①受此影响,目前我国民事诉讼立法对辩论主义的认可仍是一种有限度的认可,即认可辩论权的重要性而就辩论权应对审判权有所约束的理论主张是有保留的。直到 2012 年《民事诉讼法》的世纪大修,我国民事诉讼法中也没有明确确立体现辩论主义约束性的具体规范。不过,在最高人民法院的司法解释,如《最高人民法院关于民事证据的若干规定》《最高人民法院关于诉讼时效的若干规定》《最高人民法院关于适用民事诉讼法的司法解释》等中体现了辩论主义具体化的努力。

2017 年 5 月到 7 月之间,围绕本书研究对象,笔者进行了面向普通社会公众、法律职业者(律师、法官、检察官等)的问卷调查。在本次问卷调查中,收集到社会公众样本 1984 份,在样本年龄分布方面,1990 年后出生的样本居多,占比为 59.2%;1980 年后出生的样本占比为 17.7%。在样本性别分布方面,男女比例基本持平。社会公众样本中工作人员比例相对较高,为 54.6%。在样本地区分布方面,华北地区占比为三成,华东地区占比为 27.6%。在工作人员样本的职业构成方面,专业技术人员、商业服务业人员所占比例较高,比例分别是 23.3% 和 19.1%。在学生样本构成方面,非法学专业本科生最多,比例是 39%,还有 24.8% 为非法学专业研究生;法学专业的本科或者研究生比例为 35%。在本次问卷调查中,收集到律师样本 223 份。在样本年龄分布方面,样本中 1980 年以后出生、1990 年以后出生的占比较高,分别是 38.1% 和 31.4%;样本中 1970 年以后出生的占比为 21.1%。在样本性别构成比例

---

① 吴玉章:《权力制度化的难点及法律思考》,《北方法学》2016 年第 1 期。

方面,在律师职业样本中男性比例是 53.4%。在样本地区分布方面,华北地区样本比例为 48.9%、华东地区样本比例为 26.5%。在本次问卷调查中,共收集法官样本为 208 份。在样本年龄分布方面,样本中 1980 年以后出生的占比为 54.3%。在样本性别构成方面,53.4% 的法官样本为男性。在样本的地区分布方面,33.2% 的法官样本来自华北、26.9% 的法官样本来自于华东、19.7% 的法官样本来自东北。在本次问卷调查中(以下简称 2017 年夏季问卷调查),共收集到 85 份检察官样本。在检察官样本的年龄构成方面,1980 年后出生的检察官样本占比 50%、1970 年以后出生和 1990 年后出生的检察官样本各占 20%。在检察官样本的性别构成方面,检察官样本中 55.3% 均为男性。在检察官样本的地域分布方面,48.2% 的检察官样本来自于华北,32.9% 的检察官样本来自华东。2017 年夏季问卷调查力求在样本地区分布、年龄构成、职业构成的均衡性以及数据来源的信度和效度方面做最大努力,尽管法律职业者的调查数据收集量略少,还是可以较为全面地反映关涉民事判决生效后救济程序运行的诉讼意识"真相"。

2017 年夏季问卷调查的结果显示,51.9% 的法官会经常打断当事人及代理人发言。基本所有法官均会将诉辩双方争点(争议焦点)作为法庭调查与辩论的对象。就开庭时法官如何询问诉辩双方主张的法律依据的问题项,问卷调查结果显示 81.3% 的法官会同时向原告与被告双方发问。对于裁判文书理由部分是否有必要充分回应诉辩双方意见的问题项,九成法官作出了肯定的回答。①

---

① 问卷调查结果的初步统计与整理得到了北京青丝科技有限公司的技术支持。

这一调查结果体现了消极与积极两方面的现象。过半受调查法官的庭审指挥权随意性较强,几乎没有尊重当事人辩论权的受约束意识,这是一种消极的现象;较多的法官有围绕争点审理的意识并能自觉将回应双方当事人的辩论意见作为裁判理由的基本要旨,相对于将审判理解为对原告诉求的单方回应的审判习性而言,这是积极的变化。

总体上看,我国民事诉讼法中辩论主义的规范体系,在主要义务规则层面尚未完成。辩论主义的第一命题的规范体现不充分;辩论主义第二命题的规范体现在制定法层面缺位,在其他规范性文件中则呈松散、不系统的状态。权力机构承认辩论权在民事诉讼中的内在价值与利益并将其具体化的过程仍在观望中。

第四节　小结

本章基于"复杂人"的人性假设的分析认为,无论从审判人员(法官与陪审员)角度出发,还是从当事人角度出发,错判的可能是现实存在的。民事诉讼判决生效后救济程序因为其对象物存在的现实性而被正当化。这是一种现实意义上的正当化。程序正义与实体正义的冲突是多向的,其中很重要的一个向度就是程序终结性与审判公正性之间的冲突。对于这组价值冲突,本章形成的认识结论是审判公正性是程序终结性的前提;程序终结性有其独立价值,它是民事诉讼本质性要求中的重要要素,它是现代民事诉讼目的结构的应然性要求,它是民事诉讼效率价值的应有之义。程序终结性与审判公正性可在实践中实现平衡。判决生效后争议解决的场域中,需要从规范、资源、习性的互动中寻求价值平衡的契机与路径。保障并促进当事人有效程序参与是民事诉讼判决生效后救济程序在维系程序终结性与促进审判公正性之间可能寻找到的最佳结合点。在民事诉讼理论中,围绕当事人程序参与权保障展开的是以辩论主义为轴心的话语体系。辩论主义是将当事人辩论权在民事诉讼中的价值与利益作为最高理想与准则的理论主张。辩论权的确立、辩论权对审判权的制约、辩论权的规制是辩论权构造中的三重要素,以此为中心也形成辩论主义三命题。20世纪90年代以来世界范围内的民事诉讼法修法运动的重要内容之一是侧重辩论主义第三命题的具体化。辩论主义第三命题的具体化是在辩论主义第一命题、第二命题已实现的前提下进行的。辩论主义第三命题的具体化又以不与辩论主义第一命题、第二命题相冲突为条件。合作原则的实质意义在于充实辩论主义。我国民事诉讼法中辩论主义的规范体系,在主要义务规则层面尚未完成。辩论主义第一命题的规范体现不充分;辩论主义第二命题的规范体现在制定法层面缺位,在其他规范性文件中则呈松散、不系统的状态。权力机构承认辩论权在民事诉讼中的内在价值与利益并将其具体化的过程仍在观望中。这给包括民事诉讼判决生效后救济程序在内的诉讼制度的合规律运行留下了难测的"未知空间"。

第二章 民事诉讼判决生效后救济程序的功能与规范分析

通过2007年、2012年两次《民事诉讼法》的修改与2015年《民诉解释》的制定,在我国民事诉讼中逐渐形成了判决生效后争议裁判"程序网络"。很有必要在分析民事诉讼判决生效后救济程序功能的基础上,对现行民事诉讼判决生效后救济程序的法律规范展开体系性分析。

第一节 民事诉讼判决生效后救济程序的功能

民事诉讼具有内在功能、社会功能、程序保障功能三个层次的功能。民事诉讼的内在功能是权利义务确定、发现真实,民事诉讼的社会功能是秩序维持、纠纷解决、权利保障,程序保障功能具有正当化功能。以秩序维持为中心的民事诉讼功能性目的构造是程序边缘化构造。权利保障中心、纠纷解决中心的民事诉讼功能性目的的构造都是多重矛盾并发构造。这些矛盾包括纠纷解决功能与权利保障功能的矛盾、秩序维持功能与权利保障功能的矛盾、程序保障功能与权利保障功能的矛盾。程序保障是程序法的核心功能。以程序保障功能实现为基准的民事诉讼目的构造下,各功能间关系趋近理想状态,民事诉讼的内在功能与社会功能因为程序正当化功能的维系而形成民事诉讼内在功能与社会功能协调型构造,可以最大程度地降低民事诉讼内在功能的紊乱概率,能为民事诉讼内在功能向社会功能的转化提供最佳条件。伴随正当程序构成要素完备性与整合性增长的必然是民事诉讼内在功能与社会功能间距渐小的状态,必然是正当性逐渐增长的过程。① 作为民事诉讼有机组成部分的民事诉讼判决生效后救济程序在质疑生效裁判的正当性的过程中产生,其程序运行的目的在于恢复并维持裁判应有的正当性。对民事诉讼的功能分析可用于民事诉讼判决生效后救济程序的功能分析,在生效裁判受到"挑战"的特殊场域中,民事诉讼判决生效后救济程序又有其独特之处。

一、民事诉讼判决生效后救济程序的内在功能

民事诉讼判决生效后救济程序的功能也须从内在功能、社会功能、程序正当化功能三个层面加以认识。其内在功能有依法纠错功能与更新审理功能。

(一)依法纠错功能

作为判决生效后的救济程序,民事诉讼判决生效后救济程序存在的现实前提之一是原审裁判会发生错误。这些错误包括三种类型,一是事实认定错误;二是法律适用错误;三是程序错误。这些错误都可归结于裁判者主观上的失误。这些失误应该避免,不

---

① 韩波:《当代中国民事诉讼思潮研究》,元照出版有限公司2015年版,第133页。

过,由第一章中的人性分析可知,无论对于裁判者个体还是群体,都难以完全避免这些失误。因此,民事诉讼判决生效后救济程序首先要能够依法纠正生效裁判的错误。依法纠错不同于有错必纠。"有错必纠"是一种抽象的大众诉求,而不是一项具体的制度,也不可能是一种具体制度。何谓"错",什么样的"错"才能"纠"、有必要"纠",是具体制度所应当考量和权衡的。① "有错必纠"的观念容易使民事诉讼判决生效后救济程序泛化适用,进而使之丧失补充性、例外性的程序品性。目前,学界与实务界都认为民事诉讼判决生效后救济程序的指导思想应从"有错必纠"转向"依法纠错"。② 故而,笔者认为将民事诉讼判决生效后救济程序的基本内在功能定位为依法纠错功能是符合审判规律的。

(二) 更新审理功能

民事诉讼判决生效后救济程序存在的另一个现实前提是事实认定基础发生变化,使生效裁判不再具有正当性。新证据出现、伪证被发现、据以作出生效裁判文书的法律文书被撤销,都会导致生效裁判的事实认定基础发生变化。这些情况的出现或因当事人的过错,或因客观情势的变化,都不能归咎于裁判者的主观失误。在这种情况下,民事诉讼判决生效后救济程序发挥更新审理功能。这种情况下,生效裁判不再具有正当性,应当被撤销,受到不利影响的当事人应该获得再次审理的机会。

---

① 张卫平:《再审事由规范的再调整》,《中国法学》2011 年第 3 期。
② 徐胜萍:《民事再审程序的法理审视》,《湖南大学学报(社会科学版)》2008 年第 6 期;虞政平:《再审程序》,法律出版社 2007 年版,第 44、45 页。

二、民事诉讼判决生效后救济程序的社会功能

（一）权利保障功能

民事诉讼的内在功能是确定民事权利与义务、发现真实，权利保障是其重要的社会功能。作为民事诉讼构成部分的民事诉讼判决生效后救济程序，权利保障也是其社会功能，而非内在功能。权利保障的功能本身具有明确的指向性，指向的是在判决生效后寻求救济的一方当事人。如果将权利保障功能的实现作为民事诉讼判决生效后救济程序的直接目的，易使包括再审程序在内的民事诉讼判决生效后救济程序产生立场上的偏向性与裁判方向暗示，甚至可能出现迎合寻求判决生效后救济的一方当事人请求的事实认定与法律曲解现象，致使判决生效后救济程序沦为淡化"依据"与"准绳"的"跷跷板"游戏。

没有救济就没有权利，民事裁判存在错误的可能，也存在当事人的合法权益未受到保护的可能，民事诉讼判决生效后救济程序应该提供权利保障。

不过，权利保障的功能应当通过民事权利义务确定、发现真实的民事诉讼内在功能发挥，而不应将权利保障功能的发挥作为民事诉讼判决生效后救济程序的直接目的。

（二）解纷功能

毋庸置疑，解决纠纷是诉讼的初始功能，也是民事诉讼判决生效后救济程序的重要社会功能。不过，如哈罗德·J.伯尔曼所言，实际运作的法律包括人们的立法、裁决、执行、谈判和从事其他法

律活动。它也是分配权利和义务和由此解决冲突和创造合作渠道的一个生活过程。① 现代诉讼体系在独立成为一个主要的纠纷解决机制之后，解决纠纷、化解冲突不仅不是诉讼体系的特有功能，而且，诉讼体系也非任何情况下都是解决纠纷、化解冲突的最优选择。市民社会从政治国家分化出来并成为社会整体的一个重要方面，其本身就孕育了一些解决纠纷机制。② 与一审程序、二审程序相比较，在判决生效后纠纷解决程序中，权利保障功能要优先于解纷功能，而通过内在功能依法分配权利和义务更是权利保障功能与解纷功能的共同前提。

（三）法律适用统一功能

在我国的民事诉讼判决生效后救济程序中，再审程序是最传统且最重要的救济程序。法律适用认知标准不统一，是产生再审案件很重要的一个原因。在实行三审终审制的国家，通过第三审法院实现统一法律适用的功能。我国目前通过案例指导制度来促进法律适用的统一。案例指导制度在统一法律适用方面的积极意义应予肯定，不过，每年公布的指导性案例是十分有限的。如何让生效裁判在更广范围产生统一法律适用的效果？我国绝大多数二审案件发生在中级法院。即便二审裁判之后，生效裁判还有可能在再审中被撤销、变更、改判。在有限再审理念指引下的再审制度改革确立了"三加一"终结模式。在"三加一"终结模式下，最后一

---

① 〔美〕哈罗德·J. 伯尔曼：《法律与革命——西方法律传统的形成》，贺卫方、高鸿均、张志铭、夏勇译，中国大百科全书出版社1996年版，第5页。
② 张爱球：《现代社会中的诉讼功能》，中国人民公安大学出版社2008年版，第183页。

次再审裁判就是最终裁判。为此，在上诉制度发生重大变化前，再审程序应当担当起统一法律适用的功能。

（四）制约功能

民事诉讼判决生效后救济程序的纠错功能客观上会产生对原审裁判权的制约功能。民事诉讼判决生效后救济程序在对审判权的制约方面起着重要的作用，会鞭策法官正当行使权力。民事诉讼判决生效后救济程序对已生效裁判文书再次审理、撤销、变更、改判的可能性，能够对裁判者形成威慑与压力。如果不能依法审判，即使生效的裁判文书也可能会被撤销、变更、改判。对于裁判者而言，这意味着负面评价与不利后果，乃至职业生涯的终结。这样的威慑或反摄机制，不仅在个案中促使裁判者认真对待当事人、认真对待权利，克服偏私心理与滥用权力的倾向，还会使裁判者时刻内省自己的审判习惯、提高审判责任心以确保审判公正性。

再审事由、第三人撤销之诉事由的明确化，即事实认定、法律适用、程序运行错失情形的明确化。新修《民事诉讼法》《民诉解释》对再审事由、第三人撤销之诉事由的明确规定，事实上列出了裁判者的"责任清单"。这使得民事诉讼判决生效后救济程序的制约功能更为具体化，并形成更清晰的审判过程与审判习惯影响路径。

三、程序正当化功能

在理想中，每一个案件的生效裁判都应该具有充分的法律依据、都应该被当事人接受、都应该为社会认同。基于当事人的主客观条件、裁判者的主客观条件,这一理想难以百分之百地实现。理想与现实之间的差距,需要程序正当化功能来弥合。我国的民事诉讼判决生效后救济程序通过"另行组成合议庭"更换裁判者、给当事人提供新的程序参与的机会、作出新的裁判的方式,实际上就是通过程序保障的增强来维护"最后结果"的正当性。民事诉讼判决生效后救济程序社会功能的独特次序安排,也需要与之相应的恰当的程序设计予以正当化。

第二节 辩论主义视角的再审程序规范分析

再审程序对于当事人而言,是特别的救济程序;对于法院而言,是判决生效后的制约程序。作为监督程序的再审程序,对于一审、二审程序的运行具有威慑性。在实行法官责任终身制的当下,这种威慑性是很明显的。因此,从功能视角观察我国再审规范中如何体现辩论主义具有独特意义。

一、我国再审规范中的辩论主义第一命题(确立命题)

我国《民事诉讼法》第200条规定的再审事由第(九)项明确将"剥夺当事人辩论权利"规定为再审事由。在没有其他直接保障民事诉讼中当事人辩论权的规定的法律文本体系中,这一规定通过启动再审的后果的设置对于民事诉讼全程保障当事人辩论权具有重大意义。

最高人民法院《审判监督程序解释》第15条将"剥夺当事人辩论权利"的情形解释为不允许当事人发表辩论意见、违反法律规定送达起诉状副本或者上诉状副本的两种情形。在此基础上,《民诉解释》第391条增加了应当开庭审理而未开庭审理的情形以及"其他侵害辩论权的情形"的弹性条款。我国再审规范中对于剥夺辩论权情形作出更为周延的解释,体现了辩论主义第一命题(确立命题)。最高人民法院法官也非常清楚地意识到保障当事人辩论权的重大意义:"只有在当事人在庭审中就案件的基本事实、主要证据材料和相关法律问题进行了充分的陈述和辩论的基础上,案件的裁判才有正当的程序保障";"赋予当事人辩论权利旨在通过当事人双方的攻击防御,将案件争议的事实呈现在处于中立地位的法官面前,是法院核实证据,查明案件事实,正确适用法律,准确作出裁判以及当事人自我负责机制的正当性基础。若没有保障当事人辩论权利,将难以查清案件事实,也无法保证正确适用,裁判的公正性也将遭到质疑。"[①]

除此之外,调查询问、开庭审理对于保障当事人辩论权的实际功效也得到了充分认同。《民诉解释》第397、403、404条先后对申请再审案件审查期间的询问当事人、组成合议庭开庭审理的再审审理方式、再审的庭审诉辩顺序作出了明确规定。这些规定为当事人在再审阶段充分行使辩论权创造了必要条件。

对上述司法解释的适用,最高人民法院法官认为有三方面需要注意:第一,要区分正常的诉讼指挥权行使与剥夺辩论权的行

[①] 沈德咏:《最高人民法院民事诉讼法司法解释理解与适用》,人民法院出版社2015年版,第1035页。

为。以《民事经济审判方式改革规定》第17条为依据,当事人及其诉讼代理人的发言与本案无关或者重复未被法庭认定的事实,审判人员予以制止不被认为是剥夺辩论权情形。第二,要能够甄别可不开庭情形。第三,要能够甄别因当事人原因不能送达情形与违法送达情形。①

上述体现辩论主义第一命题(确立命题)的规则的进步意义是值得嘉许的,不过,保障辩论权的一些程序技术性问题仍须关注。为了保障庭审的顺利进行,在当事人及其诉讼代理人作出与案件无关的陈述或者重复陈述时,审判人员可以行使诉讼指挥权而加以制止。在诉讼实践中,究系审判人员正常行使诉讼指挥权还是滥用权力、剥夺当事人的辩论权利,当事人的证明难度很大。这也给侵害辩论权的行为留下了一定空间。为此,需要建立独立的书记官制度、完善笔录制度;②全面推行庭审全程视频录制的改革并赋予当事人复制庭审视频的权利。在送达地址确认制度运行中,也需要在所有诉讼案件中明确当事人送达地址变更义务及其相应的不利后果。再有,诉讼实践中也发生了再审审查过程中未送达再审申请书副本剥夺辩论权的情况。《民诉解释》第385条未就此种情况规定相应的救济途径。还须注意,《民诉解释》第403条规定,人民法院审理再审案件应当组成合议庭开庭审理,但按照第二审程序审理,有特殊情况或者双方当事人已经通过其他方式充分

---

① 沈德咏:《最高人民法院民事诉讼法司法解释理解与适用》,人民法院出版社2015年版,第1035—1036页。江必新:《新民诉法解释法义精要与实务指引》,法律出版社2015年版,第910页。
② 张卫平:《论庭审笔录的法定化》,《中外法学》2015年第4期。

表达意见,且书面同意不开庭审理的除外。① 就语义而言,此规定宜理解为按二审程序审理的再审案件不开庭的例外情形可分为两类:一类是有特殊情况,可以不开庭;另一类是双方当事人已经通过其他方式充分表达意见,且书面同意不开庭审理。这样莫名其妙的"特殊情况"极有可能开辟不开庭的"秘密通道"。

二、我国再审规范中的辩论主义第二命题(制约命题)

(一)体现辩论原则的规范

对于再审程序中法院事实认定是否应在当事人的事实主张、提供的证据与证据线索范围内进行,我国《民事诉讼法》以及《民诉解释》没有直接规定。不过,《民诉解释》第399条的规定可以反映最高人民法院对于辩论原则的立场。

《民诉解释》第399条规定,审查再审申请期间,再审申请人申请人民法院委托鉴定、勘验的,人民法院不予准许。② 这一规定源自《第一次全国民事再审审查工作会议纪要》第21条的规定。在审判实践中存在以下情况:有的案件重复鉴定,出现相互矛盾的多份鉴定意见;有的案件当事人对鉴定范围、鉴定内容、鉴定方法等无法达成一致,鉴定机构对相关问题也无法判断,导致人民法院在采信证据上存在困难;有的当事人因为不愿交纳鉴定费用,在原审不申请鉴定,一旦发现诉讼结果于己不利再申请鉴定,影响了裁判

---

① 《最高人民法院关于适用〈中华人民共和国民事诉讼法〉的解释》,《人民法院报》2015年2月5日。
② 同上。

稳定性。在再审审查实践中,原审未进行鉴定或原审鉴定意见未能令当事人信服,当事人申请鉴定或者要求重新鉴定的情况比较突出,需要明确如何处理。最高人民法院之所以认为不应准许再审审查阶段再审申请人请求人民法院委托鉴定、勘验的申请,主要基于以下考虑:第一,申请鉴定、勘验,以及申请重新鉴定、勘验是当事人在一审、二审诉讼程序中的权利,目的是对于其不能举证的事,通过鉴定、勘验予以证明。再审申请人在原审中放弃了该项权利,则应自行承担证明不能的不利后果,其申请再审时再提出鉴定、勘验的请求的,不应予以准许。第二,再审审查阶段的功能是审查再审事由是否成立,再审申请人应当承担证明再审事由成立的责任,当事人欲通过申请鉴定、勘验或重新鉴定、勘验推翻原判的,应由当事人自行委托或者向作出原鉴定意见、勘验笔录者申请重新鉴定、勘验,由人民法院判断是否符合法定再审事由。在再审审查程序中,不应由人民法院委托鉴定、勘验以证明生效判决、裁定存在再审事由,否则将不利于已为生效判决、裁定确定的民事法律关系的稳定。① 这一规定的出台,一方面出于对生效裁判的尊重,另一方面则体现了对辩论原则的认同。在民事诉讼中,当事人既是权利主体,也是证据收集、提供的责任主体。申请法院委托鉴定、勘验本是当事人证据收集权的延伸,但在决定是否启动当属特殊救济渠道的再审程序的再审审查阶段,法院拒绝当事人证据收集权的延伸,是以整体上督促当事人在原审程序中用尽证据收集权为宗旨的。同时,这一规定在理论上与职权调查禁止的辩论原

---

① 沈德咏:《最高人民法院民事诉讼法司法解释理解与适用》,人民法院出版社2015年版,第1055页。

则核心要素是相通的,以尽量收缩证据收集领域的职权介入的理念为依归。

(二)体现处分原则的规范

最高人民法院法官对于处分原则已有较为深刻的理解:在民事诉讼中,当事人有权支配自己的实体权利和诉讼权利,这是民事法律关系的平等自愿原则在诉讼中的表现和当然延伸。是否提出诉讼请求和请求的范围由当事人自行决定,人民法院只能在当事人的诉讼请求范围内查明事实,适用法律。当事人没有提出的请求,法院不得加以认定和裁判。对于当事人提出的请求,法院不能不予理睬,否则就属于"遗漏诉讼请求"。① 回应性是审判权的基本特征。审判权要回应的首先是当事人的诉讼请求,诉讼请求既是审判对象,也为审判权行使圈定了范围。当事人提出诉讼请求是当事人民事权利处分自由在诉讼中的延伸。处分权在审判对象与审判范围上构成审判权的必要制约。

我国《民事诉讼法》第200条将原裁判遗漏或者超出诉讼请求明确规定为再审事由,对于一审、二审审判过程中尊重当事人诉讼请求处分权有明显的反摄效应。《民诉解释》第392条进一步明确原审判决、裁定中的诉讼请求,既可以是一审中的诉讼请求,也可以是二审中的上诉请求。② 这一解释还进一步被解释为诉讼请求既可以是原告(上诉人)提出的请求,也可以是被告的反诉请求,还

---

① 江必新:《新民诉法解释法义精要与实务指引》,法律出版社2015年版,第911页。
② 《最高人民法院关于适用〈中华人民共和国民事诉讼法〉的解释》,《人民法院报》2015年2月5日。

可以是有独立请求权的第三人提出的请求。① 这一解释更突出的意义在于,明确规定对遗漏或超出诉讼请求的判决或裁定,当事人未提出上诉,不属于漏请求、超请求再审事由。这实际上是在更深层次上将对超请求、漏请求判决或裁定的认可与异议的行为视为当事人的处分权,而当事人在这方面的处分权也是制约法院审判权的。基于这一理论脉络,未上诉的超请求、漏请求事由不能成为再审事由就具有了充分的正当性。

《民诉解释》405条通过再审审理范围的明确更直接地规定了再审请求对于再审审判的约束性。该解释第405条规定,人民法院审理再审案件应当围绕再审请求进行。当事人的再审请求超出原审诉讼请求的,不予审理;符合另案诉讼条件的,告知当事人可以另行起诉。被申请人及原审其他当事人在庭审辩论结束前提出的再审请求,符合《民事诉讼法》第205条规定的,人民法院应当一并审理。人民法院经再审,发现已经发生法律效力的判决、裁定损害国家利益、社会公共利益、他人合法权益情形的,应当一并审理。②

从辩论主义视角观之,这一规定有两方面的内涵:一方面,当事人的再审请求约束法院的再审审理,法院不能超越当事人的再审请求(包括被申请人与其他当事人的再审请求)进行审理;另一方面,生效裁判损害国家利益、社会公共利益、他人合法权益的,法院可以超越再审请求进行审理。最高人民法院法官认为,我国民

---

① 江必新:《新民诉法解释法义精要与实务指引》,法律出版社2015年版,第911页。
② 《最高人民法院关于适用〈中华人民共和国民事诉讼法〉的解释》,《人民法院报》2015年2月5日。

事诉讼法对一审审理范围、二审审理范围的规定体现了民事诉讼"不告不理"的处分原则,符合民事诉讼本质属性和基本规律。但民事诉讼法没有就再审审理范围作专门规定,鉴于再审对象是生效裁判,当事人的处分权受到更多限制,再审面临更复杂的程序等再审特殊性问题,不能简单套用原一、二审审理范围的规则,故有必要单独予以规定。为将再审程序打造成一次性纠错和彻底解决纠纷的程序,并适当维护生效裁判的安定性,才作出上述规定。[①]本条款明确再审案件应当围绕再审请求进行对于辩论主义第二命题(制约命题)的体现是显而易见的,其积极意义也是值得嘉许的。这里产生纠结的是因"三益"(国家利益、公共利益、他人合法权益)案件而逾越再审请求进行审理的规定的正当性。

我国《民事诉讼法》及其最高人民法院司法解释对再审审理范围的规定实际上是二审审理范围的"翻版",并没有明显的"独特性"。我国《民事诉讼法》对二审审理范围的规定是通常情形下二审审理要在上诉请求范围内进行,涉"三益"案件可以超越上诉请求审理。对再审审理范围的规定,只是将上诉请求置换为再审请求而已。

显然,涉"三益"案件中,审理范围可以超越上诉请求、再审请求的规定与辩论主义是存在矛盾的。对民事诉讼所面对的民事纠纷的私益性的基本界定与判断是民事诉讼规律探索与理论建构、制度评价与创设的"原点"。这一基本界定与判断也是辩论主义正当性的源泉。"三益"案件中的特殊规定实际上是确立职权调查主

[①] 沈德咏:《最高人民法院民事诉讼法司法解释理解与适用》,人民法院出版社2015年版,第1070—1071页。

导性的规定,必然与建立在私益解纷逻辑上的民事诉讼功能预期、目的设定、运行机制发生冲突。第一,"三益"案件特殊规定与民事诉讼程序保障功能相冲突。程序正义包含当事人参与性、程序中立性、能为程序结果提供逻辑自洽的理由的基本要素。"三益"案件的认定依靠法院的职权判断,"三益"案件的事实认定依靠法院的职权调查。在此类案件中当事人的参与性无从体现,法院的中立性也难以保障,最终的程序结果与当事人参与其中的程序相对隔离,判决能否为最终程序结果提供逻辑自洽的理由也无从得知。第二,"三益"案件特殊规定与合理的民事诉讼目的构造是相互冲突的。合理的民事诉讼目的构造以程序保障目的为基准,将民事诉讼的内在功能与社会功能交融于斯。亦即权利义务确定与发现真实的内在功能与秩序维持、纠纷解决、权利保障的社会功能需要程序保障的正当化功能加以统合,以期形成功能协调型民事诉讼目的构造。因程序保障方面的缺失,"三益"案件中的特殊规定无论着眼于秩序维持还是纠纷解决的社会功能,最终都难免使民事诉讼陷入功能冲突的目的构造之中。第三,"三益"案件特殊规定与当事人自负其责的民事诉讼运行机制是相互冲突的。当事人推动诉讼进程并自负其责的运行机制是符合民事诉讼乃确定、分配民事私益之场域的本质属性的。"三益"案件的特殊规定随时可能使这一场域的运行机制面临"解体"的风险。第四,"三益"案件特殊规定与依法裁判原则的相互关系存在冲突。依法裁判原则不仅是我国民事诉讼法的基本原则,也是我国的宪法原则。如果国家利益、公共利益是明确规定在法律中的,裁判中按照法律适用的基本方法即可以保护应当保护的国家利益、公共利益,似无必要将国家利益、公共利益作为需要特殊保护、特殊考量事项单独规定为可超越当事人请求范围的事项。如果拟保护的国家利益、公共利益并无法律依据,以国家利益、公共利益至高无上的价值判断来进行逾越当事人请求的审判,必然与依法裁判原则构成紧张关系。

就诉讼实践而言,对国家利益、公共利益的界定一直处在模糊的抽象判断状态。最高人民法院专家法官认为,国家利益就是指满足或者能够满足国家生存发展为基础的各方面需要并且对国家在整体上具有好处的事物,比如外交需要等。社会公共利益是指特定范围的广大公民所能享受的利益。① 笔者认为,如是解释的可操作性是极弱的,在诉讼实践中也很难获得认同。按照上述解释,一个案件的判决理由可以是出于"外交需要"只能如此判决。对这样的判决,估计通常的当事人是很难接受的。学者认为,公共利益的评断标准有二:第一,基本性,即公共利益是有关国家、社会共同体及其成员生存和发展的基本利益,比如国家主权、公共秩序、自然环境和公民的生命、健康、自由等;第二,公共性,即公共利益主体有国家、社会全体成员或大多数成员或者不特定人,乃至全人类。国内法中,公共利益包括国家利益和社会公共利益,在国际私法和国际民事诉讼法(或涉外民事诉讼法)领域中被称为"公共秩序"(public order)或"公共政策"。根据我国《民事诉讼法》第276条第2款的规定,我国公共秩序是指我国的主权、安全或者社会公共利益。《中国的和平发展》(2011年)白皮书指出,中国的核心利益包括国家主权、国家安全、领土完整、国家统一、中国宪法确立的国家政治制度和社会大局稳定、经济社会可持续发展的基本保障。

---

① 沈德咏:《最高人民法院民事诉讼法司法解释理解与适用》,人民法院出版社2015年版,第1093页。

《关于适用〈中华人民共和国涉外民事关系法律适用法〉若干问题的解释(一)》(法释〔2012〕24号)第10条规定,我国的社会公共利益包括涉及劳动者权益保护、食品或公共卫生安全、环境安全、外汇管制等金融安全、反垄断、反倾销等。[①] 我国对于公益诉讼已经单独作出规定,实际上已经在民事诉讼法中形成了通常民事诉讼亦即私益诉讼与公益诉讼分置的模式架构。我国民事诉讼法对案外人权益保护程序也有了专门的规定。在此立法背景下,仍在通常诉讼案件中,将涉及"三益"因素作为超越当事人请求判决的事由,其合理性值得深思。

三、我国再审规范中的辩论主义第三命题(规制命题)

再审申请、参加再审审查与再审程序都是当事人在再审的特殊场域行使辩论权的具体形式。在辩论权规制方面,我国再审规范中的体现是非常充分的。

我国《民事诉讼法》第198条至213条是关于审判监督程序的规定,其中大量条文是对于当事人如何申请再审的规定。如《民事诉讼法》第199条规定了当事人可以提出申请再审请求的法院;第200、201、202条规定了能够获得再审的再审事由;第203条规定了当事人申请再审应当提交的材料;第205条规定了当事人申请再审的时限。

《民诉解释》第377、378条对再审应提交材料作出了更细致的规定;第380、381、382、383、384条对当事人可以提出再审申请及

[①] 邵明:《民事诉讼法学》(第2版),中国人民大学出版社2016年版,第3页。

不可以提出再审申请的情形、时限进行了细化规定;第387、388、389条则规定了逾期提供证据的不利后果、逾期提供证据理由成立与不成立的情形;第400、401条规定了再审申请人撤回再审申请、接受询问等事项;第404条规定了再审的庭审诉辩顺序;第411条规定了再审中的一审原告申请撤回起诉的处理方式;第412条规定了对再审中调解协议的处理方式。

《民诉解释》关于新证据提交是否应承担逾期提供证据的责任的系列规定最典型地体现了辩论主义第三命题(规制命题)。① 及时举证是当事人行使辩论权时应尽的义务。这一义务也是对当事人行使辩论权的必要规制。从再审事由对一审、二审程序的反摄效力看,逾期提交证据责任的明确,在理论意义上,对于督促当事人在诉讼中积极收集证据、及时举证具有正面影响。不过,经过《民事诉讼法》的修改,2002年《最高人民法院关于民事证据的若干规定》中确立的证据失权制度事实上已经"名存实亡"。因为即便当事人不能提供逾期提交证据的理由或提供的理由不成立,只要该证据具有证明价值,法官仍然要采纳该证据。在"原判决、裁定认定的基本事实缺乏证据证明的"再审事由的威慑下,即便可以不采纳一份当事人逾期提交的证据,法官也更倾向于以惩戒而非令当事人失权的方式对待这份证据。可以说,严格的证据失权制度已经给宽松的逾期提交证据惩戒制度所取代。训诫、罚款、经济补偿与证据失权相比,其不利后果已经大大减轻。在十余年来证据失权制度所形成的诉讼文化中,尽管不能确保其效果,相对轻缓

---

① 《民诉解释》的下列条文是关于新证据的:第387条、第388条、第389条、第411条。

的逾期提交证据不利后果,还是能够起到一定的及时举证鞭策作用的。在及时举证义务及相应责任变轻的制度环境中,上述条文中对于再审新证据的界定,不仅有助于再审条件的严格把握,对于鞭策当事人在一审、二审程序中及时举证也具有更显著的作用。据上述规定,只有新发现、新产生、新形成的证据以及原审确实未组织质证(不包括拒绝质证)的证据才能作为新证据。①

还须注意到《民诉解释》第387条解释了新证据须"足以推翻原判决、裁定的"实质证明力的要求。能够证明原判决、裁定认定基本事实或者裁判结果错误的才能达到"足以推翻原判决、裁定的"实质证明力要求。对此,最高人民法院法官认为"足以推翻"应指新证据能够证明原裁判存在比较严重的错误,即证明原裁判存在确定当事人主体资格、案件性质、具体权利义务和民事责任等基本事实以及裁判结果错误的问题,才应属于"足以推翻"的情形。而一般瑕疵,如与案件权利义务无关的陈述性事实等问题,不应当作为能够引起再审的新证据。而且关于证据的实质证明力与逾期提交理由判断的顺序问题,应该先进行证据的实质证明力判断。②

---

① 最高人民法院法官对这四种情形做了如下概括:1.该证据在原审庭审结束前已经存在,因客观原因于庭审结束后才发现。我们可以将此种证据称为新发现的证据。2.该证据在原审庭审结束前已经发现,但因客观原因无法取得或者在规定的期限内不能提供。我们可以将此种证据称为新取得的证据。3.该证据在原审庭审结束后形成,无法借此另行提起诉讼。我们可以将此种证据称为新形成的证据。4.该证据在原审中已经提供,原审人民法院未组织质证且未作为裁判根据的,可以视为理由成立,但原审人民法院依据民事诉讼法第六十五条规定不予采纳的除外。沈德咏:《最高人民法院民事诉讼法司法解释理解与适用》,人民法院出版社2015年版,第1025—1026页。

② 江必新:《新民诉法解释法义精要与实务指引》,法律出版社2015年版,第902页。

笔者认为,"足以推翻原判决、裁定的"实质证明力的要求或实质证明力标准是再审审查阶段审查是否存在"新证据"事由的审查内容。而新提交的证据是否属于逾期提交的证据以及相应责任的确定则属于再审审理阶段的审理内容。先审查前者是不同程序阶段任务的自然体现。在审理阶段,另行组成的合议庭需要重新审查新提交的证据是否为新证据。因为,在再审审查阶段通常就此问题会采取盖然性标准,而非必然性标准。[①] 再审审理阶段,对于一份当事人新提交的证据,只存在要不要采信、何种程度上采信的问题。再审中当事人新提交的证据或属于无不利后果的新证据或属于有不利后果的逾期提交的证据。如果被判定为逾期提交的证据,则存在因不说明逾期提交理由或理由不成立而不被采纳的可能。如果该证据不被采纳,则不存在其他的逾期提交责任。因此,按照上述规定的文义及内在逻辑,再审审理阶段还是应当先判断新提交证据属于新证据还是逾期提交的证据,然后再对其实质证明力加以判断,最后综合做出对该证据的处理结论。如果在再审审理阶段也坚持先进行实质证明力审查的审查顺序,则会使逾期举证行为的不利后果与"轻描淡写"的惩戒以及微不足道的诉讼支出补偿画上等号,其规制效果会大大减弱。

[①] 在再审审查阶段如何把握"足以推翻"的标准,实务中有两种做法:一是采取必然性标准,即再审后必须改变原裁判;二是采取盖然性标准,即该证据可能推翻原裁判。最高人民法院法官认为,申请再审审查阶段的主要目的是审查生效裁判是否具备法定的再审事由,不能用再审审理的功能取代再审审查的功能,不能用再审审理的目的取代再审审查的目的。因此,在再审审查阶段,对"足以推翻"的把握,宜以高度盖然性为标准,而不能要求新证据必须推翻原裁判,否则很可能导致应该再审的案件没有进入再审或者再审审理程序形式化。沈德咏:《最高人民法院民事诉讼法司法解释理解与适用》,人民法院出版社2015年版,第1024页。

总体上看,上述规定在程序正义与发现真实之间进行了折中,无论从反摄一审、二审程序还是再审程序本身的运行看,都有助于将当事人及时举证义务限定在合理区间。惩戒虽轻,毕竟是有损当事人尊严的事。随着当事人对程序尊严感的重视程度的增长,这样的制度安排的合理性也愈益明显。

就我国再审规范整体而言,无论反摄效应还是自身程序运作,辩论主义第一命题(确立命题)在再审规范中得到了较充分的体现,对此命题的实现助益良多;无论反摄效应还是自身程序运作,辩论主义第二命题(制约命题)在再审规范中的体现都不明确,"三益"案件的弹性空间给此命题的实现设置了难以预期的障碍;无论反摄效应还是自身程序运作,辩论主义第三命题(规制命题)在再审规范中都有较明确体现。

第三节　再审程序的规范——功能分析

保障并促进当事人有效程序参与是民事诉讼判决生效后救济程序在维系程序终结性与促进审判公正性之间可能寻找到的最佳结合点。在民事诉讼判决生效后救济程序的立法与运行中,是否保障并促进了当事人有效程序参与,是十分重要的评判依据。辩论主义是全面实现当事人辩论权的理论主张,辩论主义三命题也为当事人辩论权的全面实现勾勒了应然路径。

辩论主义第一命题(确立命题)、辩论主义第三命题(规制命题)在再审规范中的明确体现,为再审功能的充分发挥创造了条件。具体而言,无论就反摄效应还是自身程序运作而言,尊重并保障辩论权、对辩论权的行使作合理的规约,能使再审程序在充分程序保障的基础上纠正生效裁判发生的错误、在新的事实基础上更新审理、统一法律适用,并使再审裁判结果正当化。权利保障功能与制约功能因上述显功能的充分发挥而自然产生其应有效应。

辩论主义第二命题(制约命题)在再审规范中的体现不明确,意味着辩论权不能全面制约审判权。"三益"案件的弹性空间,不仅意味着裁判者可以僭越当事人的请求范围,还意味着裁判者可以逾越当事人事实主张与提交的证据展开调查。辩论主义第二命题(制约命题)是辩论主义的核心命题。这一命题意在通过当事人主体地位的确立来给审判权必要的约束,以使审判权的行使恪守中立,并进而产生程序保障的效果。辩论主义第二命题(制约命题)在"三益"案件中的反转对再审程序功能的实现会产生难以预期的消极影响。

放弃对裁判者在事实认定、审判范围两方面受当事人主张约束的限制,立基于裁判者是超脱于利益需求、完全理性切臻于至善的人的人性假设。这种人性假设是不现实的。当我们将裁判者置于渴求利益最大化、有限理性、可善可恶的常人伦理假设,放弃对裁判者在事实认定、审判范围两方面受当事人主张约束的限制,极有可能使再审程序部分功能被异化。

一、程序正当化功能可能失效

放弃对裁判者在事实认定、审判范围两方面受当事人主张约束的限制,裁判者可能偏离中立立场。这种偏离主要表现为裁判者受到自身先见、预见、偏见的左右,这种偏离还有可能出自裁判者的利益期待。偏离中立立场的裁判者在其程序运作中极有可能采取偏向性行为,比如,为印证一方的主张进行职权调查。一旦裁判者偏离中立立场,程序就会丧失其正当性,这不仅危及实体性裁判结果的正确性,也使程序丧失了可以吸收当事人不满的功能。亦即程序正当化功能会随着裁判者对中立立场的偏离而失效。

二、纠错功能可能失灵

一旦裁判者受到自身先见、预见、偏见、自身利益期待的左右,就可能出现事实判断方面的新的失误或者法律适用的错误。在过去的一些屡次再审的案件中,再审似乎成了"跷跷板"游戏。启动再审方必有"冤情",是常见的裁判者预见。在这种预见的支配下,惯常的行动路线是"聚焦"支持启动再审方的有利证据,而忽视乃至漠视对该方的不利证据。这就极容易出现事实判断的错误。在这种预见的支配下,极可能只检索对启动再审方有利的法律条文,而缺少对法律条文的体系性思考。这就极容易出现法律适用的错误。再审程序的纠错功能就此失灵。

三、权利保障功能可能被"屏蔽"

我国再审程序主要是在"三益"案件中放弃对裁判者在事实认定、审判范围两方面受当事人主张约束的限制。迄今为止,国家利益、社会利益与私权利的界定仍然不清晰。在国家利益、社会利益界定模糊的前提下,再审程序显功能的重心可能偏离纠错或者更新审理。或者纠错与更新审理的预设规范基础转为国家利益与社会利益的保护而非权利保护。在此情形下,权利保障功能可能被"屏蔽"。

第四节 判决生效后案外人救济程序的规范——功能分析

在2015年《民诉解释》颁行后,我国民事诉讼中民事诉讼判决生效后救济程序除了再审程序外,还形成了体系复杂的案外人救济程序网络。判决生效后的案外人救济程序由案外人申请再审、第三人撤销之诉构成。案外人异议之诉虽然也发生在判决生效后,但其完全是以执行标的物归属为审判对象的新的诉讼程序,并非以生效裁判为审判对象的诉讼程序,其仅仅是与已生效裁判的执行相关的诉讼程序。基于案外人申请再审、第三人撤销之诉与案外人异议之诉在时域上的关联,本节将应属审级制度内救济程序的案外人异议之诉也纳入研究视野。

案外人申请再审、第三人撤销之诉与案外人异议之诉的关系问题直接影响到案外人救济体系设置的合理性、直接影响到案外人救济体系运行的协调性与实效性。近年来不断完善的民事诉讼法律规范推进了案外人救济体系的程序关系协调,诉讼实践中也积累了有益经验。不过,也应看到,在诉讼实践中,指摘案外人救济体系关系混乱、影响诉讼效率、增加诉讼复杂性与成本的批评意见仍然不少;案外人救济体系在法规范、实践、法学解释之间仍存在分歧与争议。为此,很有必要以《民诉解释》的规定为基础,理清案外人救济程序间的关系,从程序关系之维重新审视案外人救济程序的规范与实践,并为这一新生程序体系进一步释放制度潜能寻找最佳路径。

一、判决生效后案外人救济程序的功能

笔者曾将案外人界定为实体性利害关系人。① 美国学者将利害关系人分为程序性利害关系人与实体性利害关系人。程序性利害关系人共同的特征是其与当事人之间有某种程序性关系;实体性利害关系人共同的特征是他们与当事人之间有某种特殊的实体法律关系。② 这一利害关系人二分法概念框架对于认识与分析我国案外人申请再审、案外人执行异议之诉、第三人撤销之诉的主体具有启发意义。在我国民事诉讼法中,第三人分为有独立请求权第三人与无独立请求权第三人。有独立请求权第三人是对诉讼标的能够提出独立请求权的本诉当事人之外的当事人;无独立请求权第三人是不能对诉讼标的提出独立的请求但是案件处理结果与其有利害关系的本诉当事人之外的当事人。如果以本诉作为一个案件单元,第三人也可以视为案外人。目前,案外人已成为法律规范术语,从理论角度分析,两种第三人虽有区别,但是,它们都与正在进行诉讼的当事人存在实体性利害关系,有独立请求权第三人与本诉当事人存在直接的实体性利害关系,无独立请求权第三人

---

① 韩波:《论执行异议之诉中的"利害关系人"》,《中国政法大学学报》2011年第3期。
② 郭翔:《民事争点效力理论研究》,北京师范大学出版社2010年版,第153、154、159页。这里要说明的是,提出这一组概念的美国学者认为程序性利害关系人与实体性利害关系人都要受到判决约束,且实体性利害关系人与本案当事人有共同的利益,这应该是美国法思维的体现。对于判决效力,笔者认同既判力相对性原则,也是在这一认同的基础上"借用"了美国法这一组概念。

与本诉当事人存在间接的实体性利害关系。案外人异议之诉的案外人与已生效判决当事人之间不存在实体性的利害关系,只是执行程序使他们发生关联。就案外人救济程序而言,案外人、第三人的高度近似性是理解案外人救济程序体系的概念前提。

案外人救济程序是民事诉讼判决生效后救济程序的组成部分,总体上看,民事诉讼判决生效后救济程序的功能分析,也可以适用于案外人救济程序。不过,案外人申请再审、第三人撤销之诉针对的是已生效裁判,而案外人异议之诉只是与已生效裁判的执行相关,故此,对这两类案外人救济程序的功能还须区别分析。

(一)案外人申请再审、第三人撤销之诉的功能

1. 内在功能

(1)依法纠错功能

案外人申请再审与第三人撤销之诉共同的启动事由是生效裁判确有错误且侵害了他们的实体权益。启动这两种程序就是要纠正生效裁判中的错误。案外人申请再审侧重于纠正生效裁判的实体性错误,第三人撤销之诉在最终目的上也是要纠正生效裁判的实体性错误,但是,非因本人原因未能参加本诉诉讼程序的启动事由使第三人撤销之诉必须去纠正法院未进行合法通知等程序性错误。

(2)更新审理功能

通常而言,案外人申请再审、第三人撤销之诉的程序启动方会提供新的证据从而使生效裁判的事实认定基础发生变化,使生效裁判不再具有正当性。在这种情况下,案外人申请再审、第三人撤

销之诉发挥更新审理功能。这种情况下,生效裁判不再具有正当性,应当被撤销,应该给受到不利影响的案外人、第三人提供获得再次审理的机会。

2. 社会功能

(1) 权利保障功能

案外人申请再审、第三人撤销之诉也具有权利保障功能。社会功能并非不重要的功能,只是其发挥作用的方式具有间接性。通过再一次的审判,重新分配民事权益,案外人申请再审、第三人撤销之诉可以发挥给真正享有权利的当事人提供权利保障的功能。

(2) 解纷与制约功能

案外人申请再审、第三人撤销之诉的解纷功能已经扩展到受判决影响的当事人之外的其他民事活动主体,其制约功能的范围也因之而发生扩张。对于作出生效裁判的裁判者而言,经案外人申请再审、第三人撤销之诉,生效裁判被撤销,显然是消极事实。这无疑会给裁判者传导纠纷一次性解决很有必要的"信号",在争议法律关系主体确定、通知与送达、诉的合并方面作出更多有利于纠纷一次性解决的行为选择。在这个意义上,案外人申请再审程序、第三人撤销之诉对每个生效裁判的裁判者都会产生制约功能。

(3) 法律适用统一功能

在高级人民法院与最高人民法院审判的案外人申请再审案件或第三人撤销之诉案件的生效裁判,对于能够类型化的存在多重对立关系的争议案件,可以起到示范作用。对于统一此种案件的法律适用认知标准具有积极意义。

3. 程序正当化功能

对于案外人申请再审与第三人撤销之诉,程序正当化功能发生了主体范围的扩张。传统意义上的程序正当化功能是针对一个生效裁判的案件当事人而言的,在对案外人或第三人提供救济的程序中,实质上是将争议而不是已裁判案件作为程序作用的对象。诉讼程序不仅被期待能够吸收已裁判案件当事人的不满,而且被期待能够吸收与已生效裁判解决的争议相关的利害关系人的不满。正是基于纠纷彻底解决的考虑,我国民事诉讼法为案外人或第三人提供了否定生效裁判并寻求民事权益重新分配的程序保障。

(二)案外人异议之诉的功能

案外人异议之诉中的案外人与生效裁判当事人不具有基于生效裁判的实体性利害关系,只是由于执行程序的原因而与生效裁判中当事人产生程序性利害关系。案外人对于被执行的生效裁判无异议,无意撤销正在被执行的生效裁判。这是案外人异议之诉与案外人申请再审、第三人撤销之诉的根本区别。这也导致案外人异议之诉与案外人申请再审程序、第三人撤销之诉程序在功能上存在很大差异。案外人异议之诉与生效裁判发生的是间接关联。质言之,案外人异议之诉就是与执行标的物相关的普通民事诉讼。因此,案外人异议之诉的功能是普通民事诉讼的功能,即案外人异议之诉具有确定权利与义务、发现真实的内在功能,具有权利保障、纠纷解决、秩序维持的社会功能,以及程序正当化功能。案外人异议之诉不具有指向生效裁判的纠错功能、更新审理功能等显功能,也不具有对一审、二审裁判者的制约功能。

二、判决生效后案外人救济程序的规范——功能分析

（一）程序运作的规范——功能分析

1. 第三人撤销之诉的程序运作

（1）依法纠错与更新审理功能的程序保障

《民诉解释》规定，法院对第三人撤销之诉案件，应当组成合议庭开庭审理（第294条）。在审判组织与审理方式上，除特定案件由审判委员会决定外，对于通常案件，通过合议庭审理可以获得充分的程序保障；《民诉解释》亦明确了第三人提起撤销之诉中的当事人地位（第298条）。对裁判不服的，当事人可以上诉（第300条）。这些程序安排为第三人撤销之诉依法纠错与更新审理功能的发挥创造了条件。

（2）权利保障功能的双向展开

一方面，为真正有权利的第三人提供了防御措施。与《法国民事诉讼法》中第三人异议制度相仿，《民诉解释》也规定第三人撤销之诉获得受理案件后，原告提供相应担保，可以请求中止执行（第299条）。[①] 这就避免了诉讼过程中，争议标的物被执行，因执行回转不能而导致无法弥补的损失。另一方面，严格审查第三人提起第三人撤销之诉的起诉条件、判决内容仅回应请求。就严格审查第三人提起第三人撤销之诉的起诉条件，《民诉解释》作出三点具体规定：第一，明确起诉举证要求。要求原告提供其起诉符合起诉

[①] 《最高人民法院关于适用〈中华人民共和国民事诉讼法〉的解释》，《人民法院报》2015年2月5日。

条件的证据材料包括因不能归责于本人的事由未参加诉讼;发生法律效力的判决、裁定、调解书的全部或者部分内容错误;发生法律效力的判决、裁定、调解书内容错误损害其民事权益(第292条)。同时也明确,因不能归责于本人的事由未参加诉讼,是指没有被列为生效判决、裁定、调解书当事人,且无过错或者无明显过错的情形。具体是不知道诉讼而未参加的;申请参加未获准许的;知道诉讼,但因客观原因无法参加的;因其他不能归责于本人的事由未参加诉讼的(第295条)。① 第二,明确第三人撤销之诉的客体仅限于民事诉讼中的判决、裁定、调解书,而不包括仲裁裁决书与仲裁调解书;争议范围仅限于判决、裁定的主文或调解书中处理当事人民事权利义务的结果,而不涉及裁判文书的理由部分。这就排除了受争点效影响的案外人的权利主张。第三,明确不予受理的案件类型,即非讼程序处理的案件;婚姻无效、撤销或者解除婚姻关系等判决、裁定、调解书中涉及身份关系的内容;代表人诉讼案件的生效裁判;公益诉讼案件的生效裁判(第299条)。② 就判决内容仅回应请求这方面,依据《民诉解释》所规定的裁判方式,原告诉讼请求是撤销请求与权利确认请求的组合请求还是单纯的撤销请求存在很大差别,如果原告仅提撤销请求而未提出确认其民事权利请求的,其请求成立,裁判文书将仅撤销原判决、裁定、调解书内容的错误部分而不改判(第300条)。③ 这一规定符合辩论主义的要求,裁判内容受到当事人主张的约束。

---

① 《最高人民法院关于适用〈中华人民共和国民事诉讼法〉的解释》,《人民法院报》2015年2月5日。
② 同上。
③ 同上。

综合学者们对第三人撤销之诉适用条件的争鸣看,尽管没有明确有独立请求权第三人是否可以提起第三人撤销之诉,最高人民法院在《民诉解释》中对第三人撤销之诉还是采取了限缩解释的解释方法。这样,第三人撤销之诉的程序运作既处在可控范围之内,又可进行确有必要的权利保障。在裁判方式上对辩论主义的遵行,能使程序终结性与审判公正性间的冲突最小化。在此依法纠错为基础、严格依法保障权利的程序运作背景下,一些泛化的解纷需求难免被隔离在"法的空间"之外。由是,第三人撤销之诉的解纷功能仅在依法进行的权利义务衡量、判断、分配的基础上得以发挥。高层级法院的生效裁判会对三方乃至多方对立关系下的争议裁判产生一定统一法律适用的功能。"申请参加未获准许"的"不能归责于本人的事由"的明确化,会使一审、二审审判人员在审查第三人参加诉讼申请时更为慎重,制约功能因此也能发挥作用。

2. 案外人申请再审程序的运作

(1) 依法纠错与更新审理功能的程序保障

《民诉解释》厘清了被遗漏的必要共同诉讼人与案外人的区别并分置不同的救济路径(第422、424条)。这就避免了实务中被遗漏的必要共同诉讼人与案外人混同带来的程序困扰。《民诉解释》明确了案外人申请再审的前提(案外人执行异议被驳回)、时限(6个月)、管辖法院(原审法院),为该程序依法纠错与更新审理功能的发挥创造了条件。

(2) 权利保障功能发挥的狭窄空间

2007年修正的《民事诉讼法》第204条(现第227条)规定,执行过程中,案外人对执行标的提出书面异议的,人民法院应当自收到书面异议之日起十五日内审查,理由成立的,裁定中止对该标的的执行;理由不成立的,裁定驳回。案外人、当事人对裁定不服,认为原判决、裁定错误的,依照审判监督程序办理。自此规定始,对执行程序中出现的案外人,可以适用审判监督程序。这是最早在诉讼法律中使用案外人一词。2008年11月28日最高人民法院颁发《关于执行工作中正确适用修改后民事诉讼法第202条、第204条规定的通知》(法明传〔2008〕1223号),明确指出案外人对执行标的提出异议的,执行法院应当审查并作出裁定。按《民事诉讼法》第204条的规定,案外人不服此裁定只能提起诉讼或者按审判监督程序办理。执行法院在针对异议作出的裁定书中赋予案外人、当事人申请复议的权利,无法律依据。最高人民法院《关于适用〈中华人民共和国民事诉讼法〉执行程序若干问题的解释》(法释〔2008〕13号)第15条规定,案外人对执行标的主张所有权或者有其他足以阻止执行标的转让、交付的实体权利的,可以依照《民事诉讼法》第204条(现第227条)的规定,向执行法院提出异议。这一法条明确规定,案外人执行异议中的案外人是指其"对执行标的主张所有权或者有其他足以阻止执行标的转让、交付的实体权利"的未参加原案审理程序的民事主体。2008年12月1日开始实施的《最高人民法院关于适用〈中华人民共和国民事诉讼法〉审判监督程序若干问题的解释》(法释〔2008〕14号,以下简称《审监解释》)第5条规定了案外人申请再审的具体程序要求。《审监解释》第5条规定,案外人对原判决、裁定、调解书确定的执行标的物主张权利,且无法提起新的诉讼解决争议的,可以在判决、裁定、调解书发生法律效力后二年内,或者自知道或应当知道利益被损害之日起三个月内,向作出原判决、裁定、调解书的人民法院的上一级人民法院申请再审。"对原判决、裁定、调解书确定的执行标的物主张权利""无法提起新的诉讼解决争议的"是案外人申请再审的两项必须同时满足的再审事由。这两项事由与《关于适用〈中华人民共和国民事诉讼法〉执行程序若干问题的解释》第15条规定的案外人身份限定是通过连续颁布的司法解释相互结合的。从"案外人对执行标的提出书面异议的"这一《民事诉讼法》上的条件规定,到2008年两部司法解释在案外人身份界定与程序限定上的条件限制,在法规范层面最高人民法院将案外人申请再审的功能应用限定在非常狭窄的空间。

《民诉解释》制定时试图改变这一状况。《民诉解释》第423条规定,根据民事诉讼法第227条规定,案外人对驳回其执行异议的裁定不服,认为原判决、裁定、调解书内容错误损害其民事权益的,可以自执行异议裁定送达之日起六个月内,向作出原判决、裁定、调解书的人民法院申请再审。可见,《民诉解释》给案外人申请再审设定的实体条件是"原判决、裁定、调解书内容错误损害其民事权益"。"案外人对执行标的提出书面异议的"这一《民事诉讼法》设定的条件与《民诉解释》第423条"原判决、裁定、调解书内容错误损害其民事权益"的条件是否构成案外人申请再审条件的新的完整规范?据专家法官介绍,《民诉解释》第423条是在《审监解释》第5条规定的基础上,根据民事诉讼法的规定修改完善后作出的规定。修改的内容:一是将案外人申请再审限定在执行程序中,二是申请再审的事由修改为"认为原判决、裁定、调解书内容错误且损害其民事权益的",三是申请再审期间修改为"自执行异议裁定送达之日起六个月",四是将再审法院修改为"作出原判决、裁定、调解书的人民法院"。①《民诉解释》是一部综合性司法解释、新的解释。如果《民诉解释》上述变动没有重构《关于适用〈中华人民共和国民事诉讼法〉执行程序若干问题的解释》关于案外人的界定，其"修改完善"的意图是难以全面实现的。

显然，"原判决、裁定、调解书内容错误且损害其民事权益"的再审事由是宽于"对原判决、裁定、调解书确定的执行标的物主张权利""无法提起新的诉讼解决争议的"这两项《审监解释》确定的再审事由的。依文义解释，案外人申请再审的受案范围从执行标的物争议扩张至所有民事争议。案外人界定也因之发生变化。放弃《审监解释》第5条规定的"且无法提起新的诉讼解决争议的"程序事由限制的同时，做实体性事由的大幅度扩展，最高人民法院更倾向于通过案外人申请再审来"担纲"案外人权利保障之"重任"的意图已经非常明显。"损害民事权益"的宽泛事由使案外人申请再审程序在解纷功能发挥方面获得广阔空间。如果从新司法解释替代内容相同的旧司法解释的司法解释效力规则出发，可以得出上述分析结论。特别需要注意的是，《关于适用〈中华人民共和国民事诉讼法〉执行程序若干问题的解释》第15条、《审监解释》第5条并没有被明文废止。如果在诉讼实践中，法院并不奉行此等新旧司法解释的更替规则，案外人申请再审的法规范运行将处于"重叠解释"的交错未明状态。这种状态会影响到案外人申请再审程序运行方向的明确性，使其功能大大受限。

与第三人撤销之诉的裁判机制一样，案外人申请再审程序中

---

① 杜万华：《最高人民法院民事诉讼法司法解释实务指南》，中国法制出版社2015年版，第691页。

的裁判也要受到再审请求的约束。据《民诉解释》第 424 条的规定,对于案外人的再审申请,法院仅审理原判决、裁定、调解书对其民事权益造成损害的内容。经审理,再审请求成立的,撤销或者改变原判决、裁定、调解书;再审请求不成立的,维持原判决、裁定、调解书。① 此规定对辩论主义的遵行,确定了案外人申请再审权利保障功能的限度,对缩减程序终结性与审判公正性间的冲突颇有助益。

(二) 程序关系的规范——功能分析

在 2015 年《民诉解释》出台前,受理案外人申请再审请求的依据主要是 2007 年《民事诉讼法》第 204 条与《审监解释》第 5 条。据上述规定以及案外人申请再审案件的审理实践,案外人申请再审途径的局限性,可概括为标的局限性、选择局限性。笔者通过"中国裁判文书网"查阅到与债权相关的案外人申请再审案例分为两类,一类是原审诉讼标的是债权纠纷(借贷纠纷居多),另一类是案外人的诉讼请求实为债权请求或者保障债权实现的请求。除极个别案例外,大多数案例都援引《审监解释》第 5 条的规定驳回申请人的再审申请。② 另一方面,在笔者查阅的案外人申请再审案例

---

① 《最高人民法院关于适用〈中华人民共和国民事诉讼法〉的解释》,《人民法院报》2015 年 2 月 5 日。

② 因案外人主张债权而被驳回案外人再审申请的案例在 2015 年的判决中仍有出现,如上海峰汇餐饮管理有限公司与上海新曹杨(集团)有限公司房屋租赁合同纠纷案【上海市第二中级人民法院民事裁定(2015)沪二中民二(民)申字第 4 号】。极个别的案例是星吉公司与徐磊、山东元华集团有限公司等民间借贷纠纷案【山东省高级人民法院民事判决书(2014)鲁民再终字第 2 号】的判决书中法院述及:"关于第三个焦点问题,本院认为,首先,徐磊与元华集团、日升公司之诉与日升公司的债权人星吉公司有利害关系,涉及其债权是否能够全部清偿,星吉公司有权作为案外人对调解书提出再审。同时,一审法院经过审判委员会研究决定本案进入再审,符合法律规定。"

中,相当一部分是因为可以另行提起诉讼而被驳回申请的。① 2007年《民事诉讼法》修改时"执行程序"编中新增的第204条,将"按审判监督程序办理"作为执行救济途径规定下来。比照启动审判监督程序各种途径的应用程度,案外人申请再审是"按审判监督程序办理"的各种路径中最为普遍的方式。立法机构的这一举措意在集中解决生效裁判文书的诉讼标的物在执行中引起的物权争议。立法机构力图在这种救济途径的运行中尽量减少与生效裁判既判力的冲突面。因此,这种救济途径有限于物权争议且不能另行起诉两个条件限制。这种救济途径被设定之后,争议当事人对其功能预期超越了立法机构设定时的预设。案外人申请再审途径被期望为案外人与生效裁判相关的各种权利争议提供再审。在其运行过程中,案外人申请再审途径的局限性被学界指出。② 作为执行救济制度被设立的案外人申请再审制度,实际上被期待能发挥对侵害案外人权益的生效裁判进行依法纠错、更新审理的功能,也被期待能为具有实体利害关系的案外人提供程序保障。在社会意义上,案外人申请再审制度被期待发挥给案外人提供权利保障的功能。由于被作为执行救济途径设立的目的局限性,案外人申请再审程序存在明显的社会期待与制度功能不相匹配的问题。③

在很大意义上,第三人撤销之诉是作为填补案外人申请再审程序功能不足的替代程序出现的新程序。2012年修法时,我国《民

---

① 如李某与刘某离婚再审案【天津市第二中级人民法院民事裁定书(2014)二中民申字第130号】。

② 参见吴泽勇:《第三人撤销之诉的原告适格》,《法学研究》2014年第3期。

③ 韩波:《分置、合并与转向:程序关系之维的案外人异议之诉》,《法学论坛》2016年第4期。

事诉讼法》第56条规定了第三人撤销之诉。2015年《民诉解释》第292—303条对第三人撤销之诉的起诉证据、受理程序、开庭审理要求，因不能归责于本人的事由未参加诉讼的含义，判决、裁定、调解书的部分或者全部内容的含义，不得提出第三人撤销之诉的情形，第三人撤销之诉的当事人地位，第三人撤销之诉中的中止执行，第三人撤销之诉的裁判方式，第三人撤销之诉与再审程序的关系，第三人诉讼请求并入再审程序审理的处理方式，第三人撤销之诉与案外人申请再审程序的关系进行了全面规定。

根据目前的法律规定，这两种程序是何关系呢？根据《民诉解释》第303条的规定，案外人申请再审与第三人撤销之诉是并列关系，各自发挥功能且不得转换。据此规定，第三人提起撤销之诉后，未中止生效判决、裁定、调解书执行的，执行法院对第三人依照民事诉讼法第227条规定提出的执行异议，应予审查。第三人不服驳回执行异议裁定，申请对原判决、裁定、调解书再审的，人民法院不予受理。案外人对人民法院驳回其执行异议裁定不服，认为原判决、裁定、调解书内容错误损害其合法权益的，应当根据民事诉讼法第227条规定申请再审，提起第三人撤销之诉的，人民法院不予受理。① 另外，据《民诉解释》第301条、第302条的规定，第三人撤销之诉与再审程序发生竞合时，除存在恶意诉讼情形外，第三人撤销之诉应并入再审程序。这种再审程序对第三人撤销之诉的吸收关系作何理解呢？从体系解释的角度看，《民诉解释》第301条、第302条规定的再审程序是生效裁判当事人启动的再审程序。

---

① 《最高人民法院关于适用〈中华人民共和国民事诉讼法〉的解释》，《人民法院报》2015年2月5日。

如果这两个条文规定的再审程序包括案外人申请再审程序,就与《民诉解释》第303条规定的第三人撤销之诉与案外人申请再审程序之间的并列关系产生逻辑矛盾。笔者以为,在立法技术上,《民诉解释》对第三人撤销之诉与案外人申请再审之间的关系采取了时段分置的技术,在执行异议之后只能提起案外人申请再审程序,在执行异议之前则可以提起第三人撤销之诉。这种时段分置的立法技术暂时解决了同功能的两种程序并存的功能重叠、程序混乱的问题。是否提起执行异议,作为程序选择的前提要件,有其充分的合理性吗?笔者认为这一问题值得深入探究。

三、走出高成本的案外人救济"迷宫"

我国正在形成非常精密的案外人权益救济"程序网络"。程序与程序所涉及的复杂性、金额、社会影响应当保持一致的程序相称性原理已广受认同。在一个程序体系中,从程序相称性原理出发,可以推导出低成本程序用尽的规则。在案外人救济程序体系中,有三种程序,存在程序选择的必要。在案外人救济程序体系中,低成本程序用尽规则同样重要。《民诉解释》通过"事项分置"的立法技术对案外人申请再审与案外人异议之诉的适用方式作出相对合理的程序安排,通过"时段—事项分置"的立法技术对第三人撤销之诉与案外人异议之诉的适用方式作出相对合理的程序安排。①

目前在案外人救济程序"网络"中尚待理顺的恰恰是最重要的

---

① 韩波:《分置、合并与转向:程序关系之维的案外人异议之诉》,《法学论坛》2016年第4期。

案外人申请再审与第三人撤销之诉之间的关系。如前所述,第三人撤销之诉与案外人申请再审程序在功能上是非常接近的。这两种程序都具有针对生效裁判的依法纠错功能、更新审理功能,以及对已生效裁判解决的争议的相关利害关系人的程序正当化功能。高层级法院的生效裁判也会发挥统一法律适用的功能。在社会功能方面,这两种程序也有权利保障的功能、促进纠纷一次性解决的制约功能。

这两种程序并列最直接的理由应当是这两种程序的启动主体存在差异。可是根据笔者的分析,其实无论案外人还是第三人对于生效裁判当事人而言,都是实体性利害关系人。即便考虑到多重对立关系的复杂性与救济的周延性,这两种程序的功能重叠也是不争的事实。从程序运行成本的角度看,第三人撤销之诉的程序运行成本显然是更高的。第三人撤销之诉是一次全新的诉讼,它可以经由一审程序、二审程序再进入再审程序。案外人申请再审程序的运行成本相对比较低。即便在"三加一"终结模式下,案外人申请再审程序的审判程序发生次数要少很多,诉讼全程所消耗时间也要短很多。从程序保障程度看,第三人撤销之诉要略强于案外人申请再审程序。它保障了案外人从一审程序开始参与诉讼的权利。不过,如果确有必要,案外人申请再审程序中也可以采用发回重审的方式保障案外人的程序参与权。在程序效率方面,案外人申请再审具有比较优势。

2017年夏季问卷调查的结果显示,案件审理前81.7%的法官均会考虑本案是否存在必要共同诉讼人;遇到关联争议案件时,71.6%的法官表示会通过第三人参加制度合并审理;对于关联争议案件,91.3%的法官均会考虑通知相关方参加诉讼。涉及案外人权益保障,最重要的是能使之有充分的诉讼知情权和参与权。在这一视角,上述调查结论是有积极意义的,它们至少表明在主观意识上,我国法官对纠纷一次性解决原理是非常认同的,也有纠纷一次性解决的责任心。这一调查结论与笔者进行的参与观察和相关访谈中就此问题获知的诉讼实践状况信息有较大出入。后者的调查结果是法官在实践中对于追加当事人、第三人参与诉讼是非常抵触的。"宁拆不合"是一种实践中常见倾向。此种诉讼意识与诉讼中法官的实际行动的背离,不能不使我们深入思考我国民事诉讼中的诉的合并制度与法官管理制度。比较令人乐观的是,法官们有了认同纠纷一次性解决原理的意识基础,只要制度上错位之处得以矫正,正向的制度革新应当较易实现。

第五节 小结

本章结合对民事诉讼判决生效后救济程序的特殊社会需求,具体分析了民事诉讼判决生效后救济程序的内在功能、社会功能、程序正当化功能。其内在功能有依法纠错功能与更新审理功能;其社会功能依次是权利保障功能、解纷功能、法律适用统一功能、制约功能;民事诉讼判决生效后救济程序也需要程序正当化功能整合其内在功能与社会功能。就我国再审规范整体而言,辩论主义第一命题(确立命题)在再审规范中得到了较充分的体现;辩论主义第二命题(制约命题)在再审规范中的体现都不明确,"三益"案件的弹性空间给此命题的实现设置了难以预期的障碍;辩论主义第三命题(规制命题)在再审规范中有较明确体现。辩论主义第二命题(制约命题)在"三益"案件中的反转对再审程序功能的实现会产生难以预期的消极影响,程序正当化功能可能失效、纠错功能可能失灵、权利保障功能可能被"屏蔽"。在程序运作层面,第三人撤销之诉的依法纠错与更新审理功能获得程序保障,经最高人民法院的限缩解释,第三人撤销之诉的程序运作既处在可控范围之内,又可进行确有必要的权利保障。第三人撤销之诉的解纷功能仅在依法进行的权利义务衡量、判断、分配的基础上得以发挥。高层级法院的生效裁判会对三方乃至多方对立关系下的争议裁判产生一定的统一法律适用的功能。"申请参加未获准许"的"不能归责于本人的事由"的明确化,会使一审、二审审判人员在审查第三人参加诉讼申请时更为慎重,制约功能因此也能发挥作用。案外人申请再审程序的运作中依法纠错与更新审理功能也获得基本程序保障,"损害民事权益"的宽泛事由有可能使案外人申请再审程序在解纷功能发挥方面获得广阔空间。实践中,案外人申请再审案件发生数量不多,其他功能的发挥状况还有待观察。这两种救济途径上的裁判方式都遵行辩论主义,可以期待在运作中能使程序终结性与审判公正性间的冲突最小化。在程序间的关系层面,功能高度近似的案外人申请再审程序与第三人撤销之诉事实上处在并列状态,在程序效率方面,案外人申请再审更有比较优势。

第三章 民事再审制度运行状况的实证分析

自2007年起,我国民事诉讼进入变革轨道。2007年《民事诉讼法》修改侧重解决申诉难、执行难问题,对民事审判监督程序与执行程序两大领域的法律制度进行了修改;2012年进行的《民事诉讼法》修改是对我国《民事诉讼法》进行的自其实施以来的第一次全面修改,对审判监督程序也有重大修改与完善。2015年最高人民法院发布《关于适用〈中华人民共和国民事诉讼法〉的解释》,对判决生效后的救济机制(再审程序、第三人撤销之诉、案外人异议之诉)进行了更为系统的规定。

2014年6月6日,中央全面深化改革领导小组第三次会议审议通过《关于司法体制改革试点若干问题的框架意见》,标志着我国司法体制改革正式开启。此次司法体制改革主要包括司法人员分类管理制度、司法责任制、司法人员职业保障制度和省以下地方法院、检察院人财物统一管理四项改革。其中,司法责任制改革是核心。按照中央预期,司法体制改革将提升审案办案的效率和质量,确保司法公正。据报道,试点法院服判息诉率达历史高点。[①]主审法官责任制为核心的审判权运行机制改革不仅在改变审判主

---

① 邢世伟:《全国所有省份均启动司法改革》,《新京报》2016年1月22日。

体状况,也在改变审判的权力场域。2015年5月1日立案登记制正式实施,法院的案件来源状况发生巨大变化,至2016年3月,新收民商事一审、二审、再审案件上升21.8%。[①] 提高审判公正性,一个直观的体现就是案件再审程序应用率下降,或言再审案件减少。再审程序应用状况既是自身程序设计与相关主体互动的结果,也是诉讼制度、司法制度改革的结果,可用于评测改革的客观效应。为此,应对再审制度运行状况进行较为系统的研究。

第一节 再审收案状况的实证分析

一、数据显示的再审通常救济程序化问题

长期以来,对于再审发生状况缺乏直观的数据统计描述,也缺乏这方面的历时性的实证分析。我们通常会根据个人体验认为我国再审案件多而且很不正常。可是,我国再审案件多到多么不正常的程度,总是缺乏确切的数据来加以印证。启动再审,并不意味

[①] 2015年5月1日立案登记制正式实施后,民商事案件上升明显。新收民商事一审、二审、再审案件11044739件,上升21.8%;审结10505731件,上升20.06%。其中,新收婚姻家庭、继承纠纷案件1817278件,上升7.59%,占民商事案件的16.45%;合同纠纷案件6631249件,上升30.82%,占60.04%;权属、侵权及其他民事纠纷案件2596212件,上升12.38%,占23.51%。具体而言,借款合同纠纷案件、涉金融案件、道路交通事故人身损害赔偿、医疗事故损害赔偿纠纷、产品责任案件、劳动争议、劳务合同纠纷案件大幅上升,涉房地产开发经营合同纠纷案件上升态势明显。最高人民法院研究室:《2015年全国法院审判执行情况》,《人民法院报》2016年3月18日。

着原审裁判一定错误。就我国再审实践而言,再审立案及再审审查只是对是否符合再审条件进行的初步判断。可作为原审裁判是否错误依据的应是再审审判结果。申请再审或申诉行为的发生量可以反映的是当事人对原审裁判的主观态度。申请再审或申诉行为可能是对确有错误生效裁判的"抗击",也可能仅仅是不满情绪的宣泄。有鉴于此,结合再审收案数,再审与二审案件对比值可以作为综合衡量当事人主观满意度与再审规范、诉讼资源配置互动状态的数据指标。二审是审级制度内的通常救济渠道,再审是民事诉讼判决生效后救济程序中最重要的一种救济程序。在原理上,再审是一种补充性的例外程序,类似于诉讼中的"消防通道"。我国再审程序与国外再审之诉程序最大的不同是再审的通常救济程序化。[①] 再审通常程序化有三方面体现:第一,是指不能以自身公正性维系其既判力的有争议裁判的大规模存在;第二,是指再审程序被非正常地扩大化适用;第三,是指再审程序与二审程序在程序利用方面无可辨识二者的悬殊差异。再审的通常救济程序化不仅严重动摇生效裁判的既判力、瓦解程序终结性,也会极大地减弱司法的社会认同。再审与二审案件对比值最直接的学术价值在于测度再审通常救济程序化的程度。

通常而言,两审终审的审级制度会引导当事人在用尽审级制度提供的两级法院审理的程序保障权利,若仍不服,再寻求再审救

[①] 张卫平:《再审事由规范的再调整》,《中国法学》2011年第3期;傅郁林:《审级制度的建构原理——从民事程序视角的比较分析》,《中国社会科学》2002年第4期;潘剑锋:《衔接与协调:民事诉讼法中相关制度的整合》,《河南社会科学》2011年第5期;韩静茹:《错位与回归:民事再审制度之反思——以民事程序体系的新发展为背景》,《现代法学》2013年第2期。

济。诉讼实践中也存在于一审判决生效后启动再审的特殊需求。我国民事诉讼法的立法者认可了满足这种特殊需求的必要性。根据我国民事诉讼法的规定,再审案件的发生情形有三种:一种是一审判决生效后启动的再审案件;另一种是二审判决生效后启动的再审;民事诉讼法修改前,再审判决之后还可以再启动再审程序。修法后,这种再审启动只能在检察院抗诉的情形下发生。前两种情形的再审还可以根据启动主体的不同进一步划分为当事人申请启动的再审、法院依职权启动的再审、检察院抗诉或检察建议启动的再审、案外人申请启动的再审。精确描述再审案件发生状况,应该对不同情形、不同启动途径发生的再审案件进行细分统计。可是,对再审发生状况的国家层面的司法统计数据中,没有区分发生途径的细分数据,因此,只能择其要者以"挖掘"指标性的数据。故而,本章的实证分析以民事再审收案数从总体上衡量我国再审案件发生及变化状况,以再审与二审案件对比值来衡量再审通常救济程序化的程度。

表1 再审与二审对比值统计表

序号	年份	民事再审收案数	民事二审结案数	再审与二审对比值
1	1986	16605 【15081(民事)+1524(经济纠纷)】	71707 【61768+10029】	23%
2	1987	15069 【13379(民事)+1690(经济纠纷)】	93327 【76359+16968】	16%
3	1988	16839 【14563(民事)+2276(经济纠纷)】	108470 【87671+20799】	16%
4	1989	25513 【22082(民事)+3431(经济纠纷)】	136830 【109614+27216】	19%

(续表)

序号	年份	民事再审收案数	民事二审结案数	再审与二审对比值
5	1990	30169 【24694（民事）+5475（经济纠纷）】	147877 【114401＋33476】	20%
6	1991	37503 【29919（民事）+7584（经济纠纷）】	168157 【128396＋39761】	22%
7	1992	42432 【32288（民事）+10144（经济纠纷）】	172870 【129079＋43791】	25%
8	1993	38762 【29417（民事）+9345（经济纠纷）】	164172 【118368＋45804】	24%
9	1994	39836 【30050（民事）+9786（经济纠纷）】	179687 【123005＋56682】	22%
10	1995	48384 【34683（民事）+13701（经济纠纷）】	208263 【138585＋69678】	23%
11	1996	54940 【37604（民事）+17336（经济纠纷）】	243510 【159702＋83808】	23%
12	1997	65442 【44745（民事）+20697（经济纠纷）】	263664 【177317＋86347】	25%
13	1998	73741 【48694（民事）+25047（经济纠纷）】	294219 【204958＋89261】	25%
14	1999	83915 【57430（民事）+26485（经济纠纷）】	339929 【244550＋95379】	25%
15	2000	83651 【57816（民事）+25835（经济纠纷）】	363522 【264798＋98724】	23%
16	2001	82652 【60122（民事婚姻家庭、继承、房地产等）+ 22530（民事经济合同、海事海商、企业破产等）】	377492 【282809＋94863】	22%
17	2002	48180	357821	13.4%
18	2003	46151	370770	12%
19	2004	45205	377052	12%
20	2005	42737	392191	11%

(续表)

序号	年份	民事再审收案数	民事二审结案数	再审与二审对比值
21	2006	43140	406381	11%
22	2007	37766	422041	8.9%
23	2008	35246	517873	6.8%
24	2009	37429	598355	6.3%
25	2010	40906	593373	6.9%
26	2011	37740	571762	6.6%
27	2012	34324	583855	5.9%
28	2013	33362	612431	5.4%
29	2014	29145	711018	4.1%

（一）再审通常救济程序化问题的基本依据与当下状况

1. 再审通常救济程序化问题的基本依据

自1986年始，《中国法律年鉴》开始提供比较系统的法院审判统计数据。这一年，我国民事再审与二审案件对比值比较大（23%）。1987年的再审与二审案件对比值降至16%。自1987年始，我国民事诉讼中的再审与二审案件对比值开始进入有规律的变化轨道。这种变化趋势是逐年缓慢增大。具体而言，是由1987年的16%逐年递增到1991年的22%的再审与二审案件对比值。1991年《民事诉讼法》实施后，再审通常救济程序化的问题更加明显并持续10年之久。1986—2014年我国民事再审与二审案件对比值总体上呈现出"马鞍形"的变化轨迹。"鞍桥"部分是发生在1991年到2001年之间。自1991年至2001年，再审与二审案件对比值居高不下，而且在1992、1997、1998、1999四个年份里再审与二审案件对比值都高达25%。

根据日本1998年司法统计资料,日本再审改判比率为35万比1。① 如果以此数据作为一个再审程序例外性的可参考依据,符合再审程序本质特征的再审与二审案件对比值应该为千分之几的数值状况。以此观之,在我国民事诉讼中,再审通常救济程序化问题不仅存在而且非常明显。在1991年至2001年间,再审通常救济程序化问题是非常严重的。

2. 再审通常救济程序化问题的缓减

自2002年开始,我国民事诉讼中的再审与二审案件对比值进入螺旋递减轨道。具体而言,是从2002年13.4%的再审与二审案件对比值螺旋递减到2014年的4.1%。再审与二审案件对比值在2002年发生"断崖式"回落,除2010、2011两个年份略有回升的"变奏"外,总体变化趋势是不断走低。

以符合再审程序本质特征的再审与二审案件对比值应然数值状况为参照,2002年至2014年再审与二审案件对比值的变化轨迹只能表明我国民事诉讼中的再审通常救济程序化的问题有所缓减,但是,再审仍然未走出通常救济程序化的状态。

在1986年至2001年这一再审通常救济程序化特征极度明显期,再审与二审案件对比值的最大差额为9%(25%-16%)。2001年之后出现的再审与二审案件最低对比值与三十年来的最高的再审与二审案件对比值差额为20.9%(25%-4.1%)。由是,可以说近十余年来,再审通常程序化特征的衰减幅度较大。

(二)引起再审通常救济程序化问题缓减的诉讼意识因素

2002年之后,我国民事诉讼中的再审通常救济程序化的问题

---

① 张卫平:《再审事由规范的再调整》,《中国法学》2011年第3期。

有所缓减的数据表象,是两种变量互动的结果,一是再审收案数递减,一是上诉案件结案数大幅增长。2002年之后,再审与二审案件对比值减少有两方面的数值变化原因,一是民事再审案件收案数减少,二是二审结案数增加。其中,二审结案数数以万计的迅猛增长也是非常值得注意的变量。忽视上诉案件大幅增长的"冲淡"效应,很可能对再审通常程序化特征的衰减趋势有盲目乐观的想象。

2017年夏季问卷调查中对普通社会公众的问卷调查的调查结果显示:如果发生民事争议,公众更加倾向于求助于法院或者公安局,比例分别是44.9%和39.4%。相对而言,样本对于法官的信赖度最高,比例是48.7%;其次是警察,比例是27%。对当前法官的素质,大部分公众认为一般,比例是53.6%;还有三成样本认为相对较高。就不同级别法院的法官素质,48.5%的样本认为差距非常大;当有必要进入民事诉讼时,大部分社会公众样本(65.9%)会找律师代理,而且社会公众样本中有12.9%经历过民事诉讼;在有过民事诉讼经历的256个社会样本中,四成样本表示在庭审中偶尔会被法官打断发言、41.4%的样本表示自己的发言通常不会被法官打断;受调查样本偶尔会经历申请调查证据、申请鉴定被法官拒绝的情形,比例是三成;在民事诉讼调解中,涉及案件事实争议时,64.5%的受调查样本认为应该先查清事实后,再谈解决方案。这组问卷调查结果传递出一系列反映社会公众诉讼意识积极变化的信息。首先,对于法官的信赖程度已经远远超越对警察的信赖程度。这种对法官和法院的信赖与社会公众对生效判决的信从存在正相关关系。这对于再审案件的减少是有直接影响的。其次,不论公众认为上级法院法官的素质高于下级法院法官素质的观念是否与法官素质的真实状况相吻合,但是,这种观念本身对于两审终审审级制度的实现是呈正相关关系的。再次,大多数当事人或潜在的当事人对律师有了依赖感与信任感,这对于民事诉讼权利保障功能的实现是至关重要的积极变化,对于诉讼程序保障权利的实际效果是具有积极推动力的,对于再审案件的减少是有直接影响的。最后,那种只要调解就放弃事实争议的传统诉讼观念在改变,这会避免很多因调解而"模糊"的事实判断、因"模糊"的事实判断而损害权利的调解现象的发生。上述社会公众的意识变化,是再审通常救济程序化得以缓解的很重要的原因。不过,上述调查结果也反映出诉讼中仍存在比较严重的辩论权不受重视、程序保障不足的问题。这是导致再审通常救济程序化"病症"短期内不能"根除"的现实因素。

2017年夏季问卷调查中对律师的调查结果显示,针对我国民事诉讼的可预测性,68.6%的受调查律师表示比较强,但同时也有23.3%的律师表示比较弱;针对二审依法纠错的可能性,46.2%的律师表示因案件而有所不同,19.3%的律师表示很可能。对于生效后撤销判决的可能性,67.7%的律师表示可能性很小,但同时29.1%的律师表示不同案件可能不同;对于二审程序问题的纠错可能性,39%的样本表示可能性很小,但也有25.1%的律师表示很可能;就二审事实问题的纠错可能性,三成样本表示很可能;就法律适用问题的纠错可能性,32.7%的律师表示很可能。在裁判生效后的救济过程中,律师的作用是举足轻重的,甚至可以说,如果没有称职的律师做代理就很难有裁判生效后的维权胜利。这组调查结果揭示了影响律师行为关键的预测变量纠错可能性。根据笔者这些年来对我国律师的观察,对于律师唯利是图的人性假设应当改变。至少,作为中国人,中国律师是重"面子"的。根据学者们的研究,"面子"对于国人而言,意味着声望、社会地位、社会尊严。① 就笔者接触到的大多数律师而言,声望、社会地位、社会尊严在他们的人生价值群中是占据很重的位置与分量的。较为称职的律师会给前来求助的当事人进行诉讼风险预估,"赢"的可能性是预估的主要内容。如果一个律师估计再审"赢"的可能性远远低于二审"赢"的可能性,他往往会提出息诉认判的建议。事实上,"赢"的可能性常常也是当事人与律师进行协商委托事宜时的商谈内容。因此,律师宁可预测得"悲观"一点,以免败诉后丢"面子"。当再审纠错可能性低已经成为大多数律师的通识时,再审的发生率自然会下降。尽管,这种下降背后有一部分被动的因素。

二、再审通常救济程序化问题缓减的规范层面原因分析

近十余年来,再审通常程序化特征的衰减幅度较大,意味着有争议裁判规模收缩,意味着生效裁判社会认同度上升。从绝对数量看,再审收案数量从 1999、2000 年的峰值期急剧下滑之后,逐步进入螺旋式下滑轨道,而再审与二审案件对比值也是略有起伏地逐步下滑。探明这种总体上良性变化的发生机理,有助于我们寻找到真正的问题。

分析法律实践的变化规律,法律规范是首要因素。1978 年以来,新中国立法进入了新的发展时期。围绕着改革开放和现代化

---

① 董磊明、郭俊霞:《乡土社会中的面子观与乡村治理》,《中国社会科学》2017年第 8 期。

建设这个中心任务,新时期立法大致经历了四个发展阶段:1978年至1982年,立法的全面恢复和发展;1983年至1992年,有计划的商品经济背景下的立法;1993年至2002年,建立社会主义市场经济体制背景下的立法;2003年至今,全面贯彻落实科学发展观背景下的立法。[①] 我国立法机关工作同志认为,改革开放新时期,立法工作也分为三个阶段:第一阶段,1979年至1992年为快速恢复发展阶段;第二阶段,1993年至2003年2月为深化充实阶段;第三阶段,2002年至今为完善形成阶段。[②] 将1978年至1982年立法阶段与1983年至1992年立法阶段进一步切分,可以凸显有计划的商品经济背景下立法的独特性与建设性。1978年至1982年立法阶段,除全国人大颁布了1982年《宪法》外,全国人大及其常委会还制定颁布了现行有效的法律22件。在有计划的商品经济背景下的立法阶段(1983—1992年),除全国人大于1988年对1982年《宪法》做了个别修改外,全国人大及其常委会还制定颁布了现行有效的法律70件。建立社会主义市场经济体制背景下的立法阶段(1993—2002年),除全国人大于1993年、1999年对1982年《宪法》做了两次修改外,全国人大及其常委会还制定颁布了现行有效的法律98件。全面贯彻落实科学发展观背景下的立法阶段(2003年至今),除全国人大于2004年对1982年《宪法》做了必要修改外,全国人大及其常委会还制定颁布了现行有效的法律32件。[③]

[①] 李林:《改革开放30年与中国立法发展》(上),《北京联合大学学报(人文社会科学版)》2009年第1期。
[②] 陈斯喜:《新中国立法60年回顾与展望》,《法治论丛》2010年第2期。
[③] 李林:《改革开放30年与中国立法发展》(上),《北京联合大学学报(人文社会科学版)》2009年第1期。

在改革开放后几个立法阶段,有计划的商品经济背景下的立法阶段(1983—1992年)、建立社会主义市场经济体制背景下的立法阶段(1993—2002年),我国立法发展速度最快、法律制定数量最大,为民商事立法、经济领域立法、社会法领域的立法奠定了基础。审判依据以法律为准是现代法治国家基本特征之一。大量法律的制定,为通过诉讼解决争议、通过诉讼的利益分配形成新的民商事关系与社会关系开辟了广阔的道路。新的法律催生新的诉讼,但新的诉讼未必一定要经再审才能终结。法律规范的全面性、系统性、明确性,能够减少再审程序的适用。随着立法技术的完善,我国法律体系日臻健全,这使得法律适用误差得以减少,再审通常救济程序化特征衰减也是应然之理。不过,仍须注意下述问题。

(一) 1991年《民事诉讼法》未能解决再审通常救济程序化问题

1982年生效的《民事诉讼法》(试行)第十四章审判监督程序中规定了两种启动方式,一是法院内部监督启动方式。这种方式又分为经由法院院长、审判委员会的法院启动再审方式,通过上下级法院的监督启动再审的方式。二是当事人、法定代理人申诉启动方式。这两种启动方式的启动事由非常概括,只有外延宽泛的"确有错误"四个字;这两种启动方式都没有判决生效后启动再审的时间限制。这本身就是一种将再审通常救济程序化的制度安排。

在1991年正式实施的《民事诉讼法》重整了民事再审法律规范。1991年《民事诉讼法》确定了法院依职权再审、当事人申请再审、检察院抗诉再审三种再审途径,对于再审的审判程序也作出规定。在再审事由方面，法院依职权再审仍是比较概括的"确有错误"事由，当事人申请再审事由是从事实认定、法律适用、审判程序合法性三方面分解出的五项事由，检察院抗诉再审的事由则为四项。① 在再审启动的时限方面，仅当事人申请再审途径有两年之限，另两种途径则无具体规定。三种启动途径、宽松的启动条件、缺位的再审审查程序增加了生效裁判进入再审的可能性。客观地讲，1991年立法蕴含了通过事由明确规范再审的意愿。然而，根据1991年《民事诉讼法》的规定，宽泛、便捷、低廉的再审救济渠道在启动渠道多、无短暂的上诉期的限制、低廉成本等各方面都优越于上诉这种通常的救济程序。这又承续了1982年的立法思维。再审程序的这些优越性越突出，越为公众所熟知，再审通常救济程序化问题就越为明显。另须注意，1991年后我国民事诉讼率进入高速增长期。再审收案数与民事诉讼率存在一致性与滞后性两方面的关系：一方面，再审是判决生效后的救济程序，再审案件或来源于一审生效裁判或来源于二审生效裁判，一审案件的基数对再审收案数有着直接影响。改革开放后，我国民事诉讼率进入快速增长期，直到1997年才增速放缓。② 再审案件数与民事诉讼率同

---

① 1991年《民事诉讼法》第179条规定，当事人的申请符合下列情形之一的，人民法院应当再审：（一）有新的证据，足以推翻原判决、裁定的；（二）原判决、裁定认定事实的主要证据不足的；（三）原判决、裁定适用法律确有错误的；（四）人民法院违反法定程序，可能影响案件正确判决、裁定的；（五）审判人员在审理该案件时有贪污受贿，徇私舞弊，枉法裁判行为的。第185条规定的抗诉事由有：（一）原判决、裁定认定事实的主要证据不足的；（二）原判决、裁定适用法律确有错误的；（三）人民法院违反法定程序，可能影响案件正确判决、裁定的；（四）审判人员在审理该案件时有贪污受贿，徇私舞弊，枉法裁判行为的。

② 朱涛：《社会变迁中的诉讼数据：国际经验与中国现实》，《国家行政学院学报》2014年第1期。

步增长,符合其作为民事诉讼判决生效后救济程序的特点。另一方面,在一审裁判文书生效或者二审裁判文书生效后,再审程序才有可能启动。因此,再审收案数的递增趋势会出现滞后于民事诉讼诉讼率变化趋势的情形。在民事诉讼率高速增长的场域中,案件数量与法官数量和职业素质高度不对称,1991年立法在明确再审事由方面的努力根本无力扭转再审通常救济程序化的"大势"。

(二) 2002年再审通常救济程序化现象的"变轨"

自改革开放以来,民事诉讼获得社会认同的路径,一是马锡五审判方式的承续,一是庭审中心主义的制度构建与完善。1982年《民事诉讼法》(试行)中规定了着重调解的原则,1991年《民事诉讼法》规定了自愿、合法的调解原则。作为新民主主义革命时期诉讼经验的延续,调解一直以来在我国民事诉讼中都受到格外的重视。这是马锡五审判方式重调解、重职权灵活应用的体现。不过,也须注意到,从《民事诉讼法》的修订过程来看,无论是1982年的《民事诉讼法》(试行),还是1991年的《民事诉讼法》,虽然在实质上还保有马锡五审判方式所具有的特质——职权干预,但其审判方式的非程序化、简便化、非形式化、强化调解的基本特色已经逐渐消退。同时,1991年的《民事诉讼法》通过在一定程度上强化当事人的主导性和契约性,使职权干预或职权主导的成分有所减低。对马锡五审判方式冲击最大的,是20世纪80年代末兴起的民事审判方式改革。民事审判方式改革并非是对马锡五审判方式的直接否定,不过落实《民事诉讼法》的过程必然是对以马锡五审判方式为代表的传统民事诉讼的部分否定,而且随着民事审判方式改革的发展,民事审判方式与马锡五审判方式更是渐行渐远。① 随着社会经济条件的变化,承续马锡五审判方式传统的社会认同模式出现了危机。② 1988 年召开的全国第 14 次审判工作会议提出四个方面的改革方向:第一,坚持依法独立审判的宪法原则。第二,认真执行公开审判制度,是法院认定的案件事实和证据,必须在开庭审理中经过公开调查、公开质证、公开辩论,只有经过法庭查证属实的事实和证据,才能作为定案的依据。第三,改进合议庭的工作。第四,强调当事人的举证责任。今后要依法强调当事人的举证责任,本着"谁主张,谁举证"的原则,由当事人及其诉讼代理人提供证据,法院则应把主要精力用于核实、认定证据。③ 重视并强调发挥庭审功能与通过当事人举证责任调动当事人的诉讼参与积极性是此次审判工作会议确定的改革基调。这次会议意义重大,可理解为最高人民法院在意识层面开始倾向于庭审中心主义的社会认同模式。不过,诉讼实践和学理探讨中在诉讼模式选择、诉讼规则

---

① 民事审判方式改革至今大体可以分为三个阶段:第一个阶段是 1980 年代末至 1990 年代中期,这是民事审判方式改革的初期。主要内容:第一,"强化"当事人的举证责任,即改变过去那种法院收集所有证据的做法;第二,强化庭审功能;第三,强调公开审判;第四,实行当事人当庭质证、法院当庭认证。第二个阶段是 1990 年代中期到 1990 年代末。主要改革措施有:第一,实施庭前证据交换制度;第二,实行查审分离制度;第三,试行证据失权制度,"证据失权",有的也称为"举证时限"等;第四,进一步强化当事人举证,使当事人举证制度化、规范化;第五,进一步明确法院调查收集证据的职权范围。第三个阶段是 1990 年代末至今。民事审判方式的改革更多地与审判组织的改进结合,综合性地推进民事审判方式的改革。引自张卫平:《回归"马锡五"的思考》,《现代法学》2009 年第 5 期。

② 有学者将其概括为马锡五审判方式的认同危机,见吴英姿:《论司法认同:危机与重建》,《中国法学》2016 年第 3 期。

③ 任建新:《充分发挥国家审判机关的职能作用更好地为"一个中心、两个基本点"服务——1988 年 7 月 18 日在第十四次全国法院工作会议上的报告(摘要)》,《中华人民共和国最高人民法院公报》1988 年第 3 期。

设计方面的争议一直存在,尤其是证据规则不完善,使得庭审中心主义的社会认同模式一直处在实践摸索状态。

再审通常救济程序化是"有错必究""有纷必理"的司法意识与诉讼规范、实践互动的结果。2001年时任最高人民法院院长肖扬在全国人民代表大会上作报告时提出,要推进申诉和审判监督制度改革,在确保公正的前提下维护生效裁判的权威性和稳定性。通过改革,要实现审判公开、程序合法、审限严格、裁判公正、依法执行的目标。[①] 2002年在加入WTO的时代背景下,最高人民法院要求全体法官进一步强化法治观念,所有审判活动都要严格依法进行;强化公开审判观念,做到审判规则公开、庭审过程公开、裁判文书公开;强化法治统一观念,排除各种干扰,正确适用法律。证据制度改革被视为2001、2002年度最重要的改革,其标志就是最高人民法院制定了《关于民事诉讼证据的若干规定》。另外的一个改革就是再审制度改革。在最高人民法院启动的审判监督制度改革中,确定了再审案件立案标准,在确保公民行使申诉权的前提下,维护终审裁判的稳定性,减轻当事人的诉讼负担。[②] 新世纪最初两年,最高人民法院的审判理念吸收了学术界已有充分论证的现代法治、现代审判应有特质的研究成果。这种理念下催生的新的审判实践,推动了再审通常救济程序化现象的"变轨"。

根据笔者对再审实践的参与观察和调查访谈以及2017年夏季问卷调查的调查结果,事实认定方面的分歧在再审启动原因方面

---

① 肖扬:《最高人民法院工作报告》,2001年3月10日在第九届全国人民代表大会第四次会议上。
② 肖扬:《最高人民法院工作报告》,2002年3月11日在第九届全国人民代表大会第五次会议上。

是主要原因,也是生效裁判获得社会认同障碍的关键所在。2001年12月6日由最高人民法院审判委员会第1201次会议通过了《关于民事诉讼证据的若干规定》。这一司法解释自2002年4月1日起施行。这一司法解释从当事人举证、人民法院调查收集证据、举证时限与证据交换、质证、证据的审核认定五个方面整合了既有的证据规则,明确规定了当事人举证责任及其分配规则体系、明确规定了证据调查收集的两种途径及其结合方式、确立了举证时限与证据交换制度、细化了质证程序、补充了证据审核认定的规则。这一司法解释不仅完善了我国民事证据与证明制度,而且促进了证据裁判理念与诉讼实践的结合,为构建庭审中心主义的诉讼制度初步奠定了规范基础。

正是新世纪初审判理念变革与证据制度的重要改革,使庭审中心主义的司法认同模式成为主流,无论有争议裁判文书规模还是非正常扩大适用意义上的再审通常救济程序化现象都有所减少。2008年之后,回归马锡五审判方式、倡导"大调解"的改革路向,在一定程度上使得调解与审判的关系发生紊乱,这使得2010年再审收案量与再审、二审案件对比值都有所升高。

(三)再审通常救济程序化现象的继续"解构"

1. 2007年《民事诉讼法》细化并明确了再审事由。2007年10月28日第十届全国人民代表大会常务委员会第三十次会议通过《全国人民代表大会常务委员会关于修改〈中华人民共和国民事诉讼法〉的决定》。在此决定中,共有七条改革再审制度的决定。具体而言,2007年的再审制度改革,包含了以下内容:第一,明确当事人可以向上一级人民法院申请再审;第二,将1991年《民事诉讼法》第179条规定的五项再审事由细化为十五项事由,将证据事由与程序事由确定为再审启动时的关键要素;第三,规定了再审申请与审查时的诉答制度,明确要求申请再审的当事人提交再审申请书等材料,参照答辩制度要求对方当事人提交书面意见;第四,规定了再审申请审查的时限与处理方式,明确了再审案件的管辖法院;第五,明确了当事人申请再审的时限(原则上为二年内;二年后据以作出原判决、裁定的法律文书被撤销或者变更,以及发现审判人员在审理该案件时有贪污受贿,徇私舞弊,枉法裁判行为的,自知道或者应当知道之日起三个月内提出);第六,明确规定了与当事人申请再审事由相同的检察院抗诉事由;第七,明确规定了对于检察院抗诉案件法院作出再审裁定的时限及涉及证据事由的抗诉案件的再审管辖变通制度。

上述修法决定中最关键的变革当属再审事由的细化,被细化的再审事由不仅是当事人申请再审的事由,也是检察院的抗诉事由;明确规定再审申请审查的时限与处理方式也是意义重大的变革;再次,两种特定事由的弹性申请时限,增加了当事人的再审申请机会;最后,再审案件管辖制度的明确也减少了再审的受理与审理过程中的程序困惑。

2007年启动的再审改革,基于申诉难(广义的申诉包括了申请再审)的实践状况判断,解决的主要方案是明确再审事由、规范再审受理程序。再审事由过于概括、再审受理程序随意性强是申诉难的直接原因,为此应当采取上述改革措施,是论证此轮改革正当性的基本理路。按通常理解,2007年修法之后,再审案件数会暴增,再审通常救济程序化现象会加剧。然而,2007年之后的再审案件受理数、再审与二审案件对比值螺旋下滑,再审通常救济程序化现象持续减少。这中间的主要原因是再审启动难与再审启动乱的现象是混杂在一起的,而且再审启动乱的现象还比较突出。明确再审事由、规范再审受理程序在保障确有法律事由的当事人申请再审权利的同时,客观上减少了再审启动乱的现象。

2. 2012年《民事诉讼法》缩短了再审申请期限、强化了检察监督。2012年8月31日第十一届全国人民代表大会常务委员会第二十八次会议通过《全国人民代表大会常务委员会关于修改〈中华人民共和国民事诉讼法〉的决定》。在此决定中,共有八条进一步改革再审制度的决定。具体而言,2012年的再审制度改革,包含了以下内容:第一,增加可以向原审法院申请再审的规定。第二,对再审事由进行两处调整,对于应调查未调查证据的情形,将"证据"限定为"主要证据";删去"管辖错误"事由。第三,增加规定当事人对已经发生法律效力的解除婚姻关系的调解书,也不得申请再审。第四,增加规定追索赡养费、扶养费、抚育费、抚恤金、医疗费用、劳动报酬等再审案件,可以不中止执行。第五,扩大检察院的监督权,增加规定检察院发现调解书损害国家利益、社会公共利益的,应当提出抗诉;增加规定了检察建议的监督方式,检察建议的监督对象扩及审判监督程序以外的其他审判程序中审判人员的违法行为;增加规定当事人向检察院申请检察建议或者抗诉的条件,检察院的审查期限与方式;增加规定检察院的调查权;对检察院提出抗诉,接受抗诉的法院交下一级法院再审的情形,排除了经该下一级法院再审的情形。第六,改变再审申请期限,通常情形下的申请期限由两年修改为六个月。新证据、伪造证据、文书被撤销、枉法裁判情形下的申请期限调整为自知道或者应当知道之日起六个月内提出。

上述修法决定中的关键变革有三点：一是缩短再审申请期限；二是允许特定条件下向原审法院申请再审；三是强化检察监督。2012年启动的再审改革，一方面基于再审案件骤增、法院难以承受再审压力的预期判断，解决的主要方案就是上述一、二两点举措。再审周期过长、单一的向上级法院申请再审渠道不具有合理性，导致高级法院、最高法院不得不以再审案件的审判作为主要职能，进而陷入功能紊乱，为此应当采取上述改革措施，是论证此轮改革的基本理路。从国外立法例看，撤销原审裁判的诉讼并非一定得向上一级法院寻求救济。单一的向上级法院申请再审渠道对于公民当事人与高层级法院而言，都要承受过重的审判成本。允许特定条件下向原审法院申请再审，无可厚非。另一方面，2012年启动的再审改革，基于法院系统启动再审的救济有效性不足的实践状态判断，为此大举加强检察监督。仅从再审案件受理数、再审与二审案件对比值螺旋下滑、再审通常救济程序化现象减弱以及由此可推导出的司法社会认同度总体上升的结论出发，还很难判断在有争议裁判减少的情形下加强检察监督是否合理。检察监督强化与否，还取决于有争议裁判的"问题"的严重性。这就需要结合下文再审结案数据统计分析加以判断。

3. 2015年生效的《民诉解释》第375—426条是对审判监督程序的解释。在这52条解释中涉及申请再审主体、申请材料、向原审法院申请再审的管辖制度、裁定再审的条件、不予受理的再审申请的情形、再审事由的细化规定、审查程序及处理方式、再审庭审程序及特殊情形处理、再审裁判方式、因一方当事人提交新证据致使再审改判的损害赔偿责任、再审中的部分调解、检察院抗诉与提出再审检察建议的条件与程序效果、案外人申请再审程序条件、小额诉讼的再审程序。在这些规定中,不予受理再审申请情形的规定规制效果明显。《民诉解释》中规定不予受理再审申请的条文共四条,即第383、410、416、417条。总体上看,《民诉解释》进一步规范了再审启动行为,具有突出意义的是确立了"一次再审"规则和"三加一"案件终结模式。

上述规范层面的变化,在很大意义上是在控制再审程序非正常扩大适用方面克服再审通常救济程序化弊端。能否从根本上消除再审通常救济程序化,更重要的是原审裁判的正当性、审级制度内诉讼运行的正当性。这个层面问题的解决最终取决于正在进行的司法改革的成效。

三、诉讼资源层面的原因分析

结合民事再审收案数量,民事再审与二审案件对比值可以作为再审通常救济程序化程度、社会认同度的初步衡量依据。根据前述统计分析,可以得出如下结论:2002—2014年,再审通常救济程序化现象正在减弱,司法社会认同度渐趋上升;从横向比较视角看,再审通常救济程序化现象不仅存在,而且还很不正常,社会认同度仍极不理想。改革开放以来,我国在法律规范制定方面不断进取,不断更新的法律规范的理性程度也在不断提升。如法国社会学家皮埃尔·布迪厄所述,即使司法场域在社会再生产中发挥了决定性作用,但是,和其他场域相比,比如艺术场域、文学场域,甚至科学场域,司法场域的自主程度比较低。我们必须考虑司法场域与权力场域之间,以及司法场域通过权力场域与整个社会场域之间的全部的客观关系。司法行动所特有的目的、具体效果是在这种关系的世界中确定的。① 这些规范确否在诉讼实践中得以应用并体现理性正义,还须结合法律职业资源、经济资源、社会与文化资源状况加以分析。

(一)法律职业资源分析

自改革开放以来,我国法官人数不断增长。在法官人数不断增长的同时,法官的学历层次也不断提高。改革开放之初,全国共有3187个法院,法官只有6万人。② 截至2014年3月,我国法院共有近34万工作人员,其中法官19.6万名。③ 通常认为,学历背景与培训教育状况基本可以反映一个人的整体素质。1978年之后的两三年内,法院干部数量以空前的速度急增。当时主要是从党政机关、企事业单位选调,大批只有初中、高中文化水平的乡村干部、中小学教师和军队复转人员调入法院。当时全国法院队伍的政治素质总体是好的,但是文化和法律专业水平普遍偏低。数据显示,当时大专以上文化程度的只占总人数的7%,其中属于大学法律专业毕业的,还不到总人数的3%。这种状况与法院担负的审判工作任务极不适应。④ 数据表明,截至2007年年底,全国共有法官189413人,其中本科以上学历占65.1%,研究生以上学历占

---

① 〔法〕皮埃尔·布迪厄:《法律的力量:迈向司法场域的社会学》,强世功译,《北大法律评论》1999年第2辑。
② 杨维汉:《人民法院30年:在公平正义之路上奋力前行》,新华网2008年11月6日。
③ 林娜:《案多人少:法官的时间去哪儿了》,《人民法院报》2014年3月16日。
④ 王斗斗:《时代关键词见证法官队伍30年变迁》,《法制日报》2008年12月7日;金俊银:《中国法官教育培训工作的回顾和展望》,《西部法学评论》2010年第4期。

3.29%;全国共有检察官139132人,其中本科以上学历占65.1%,研究生以上学历占4.24%。① 在司法改革过程中,全国法院按照以案定额、按岗定员、总量控制、省级统筹的原则,经过严格的考试、考核程序,从原来的21万名法官中遴选产生12.5万名员额法官,主要配置在审判业务岗位,综合行政岗位一律不配备员额法官,实现了85%以上法院人员向办案一线集中,资源配置更加合理,队伍结构更加优化。② 这显然是推动公正审判指数提升的积极变量。

改革开放之初,我国仅有律师200多人、律师事务所70多家。目前,我国律师人数已达29.7万人,律师事务所已经发展到2.4万家。2015年律师办理各类诉讼案件330多万件、非诉讼法律事务近100万件、法律援助案件50多万件,为50万家政府部门、社会团体、企事业单位担任法律顾问,参与调解化解大量矛盾纠纷和信访案件。③ 2015年,全国法院新收案件近1800万件,新收、审执结案件同比增幅均创新高。2015年,全国法院(指地方各级人民法院、军事法院等专门人民法院,下同)新收各类案件17659861件,上升22.81%(指同比,下同)。审执结案件16713793件,上升21.14%。新收、审执结案件的同比增幅均是2014年的3倍多,也是近10年来的最高水平。④ 以2015年法院审执结案件数为基数,可测算出

---

① 《法官检察官学历层次大幅提高专业结构显著优化》,人民网2009年3月9日。
② 最高人民法院编:《中国法院的司法改革(2013—2018)》,人民法院出版社2019年版,第48—49页。
③ 王亦君:《全国律师事务所已达2.4万家律师发展到29.7万人》,中青在线,登录日期:2016年3月30日。
④ 最高人民法院研究室:《2015年全国法院审判执行情况》,《人民法院报》2016年3月18日。

2015年我国律师代理率为23%左右。总体上看,律师代理率还不够高。加之,我国律师资源分配存在明显的地域分布不平衡现象。诚如学者所言,在当下和今后中国律师业发展的具体操作上,还需要进行各种针对性的不懈努力:1.有必要审视目前律师业在整体上表现出来的某种涣散和失落,更加关心自己的利益整合和代言问题,关心律师协会的建设。2.有必要正视律师业内部的分层和分化,更加关心律师群体同质、同心、同命运的问题。3.有必要在满足社会需要和赢得社会认同方面求得平衡,重视律师的道义担当与律师的利他主义职业伦理。① 从历史发展的眼光看,无论从律师人数还是律师工作量来看,已经取得跨越式发展。另外也需注意,自2001年国家司法考试制度建立以来,到2012年中国已实施了10次国家司法考试,共50万人通过考试取得了法律职业资格。②

诚如学者所言,从趋势上看,中国大陆的法律职业共同体发展将是良好的,但现在却也存在两个隐忧。第一个隐忧,是法官的职业化速度远低于律师的职业化速度。第二个隐忧,是法学学者对法律职业共同体过于浪漫化的期待。在现在的中国,马克思主义法学理论、现代/后现代西方法学理论、传统中国法学理论,三者的意识形态之争依然十分明显。而此时,如果不强调法律职业共同体的客观性,即严格依照法律进行活动的技术性,那么,就有可能导致诸方无法协调、法官和检察官无所适从的不确定性结果。无论最终

---

① 张志铭:《回眸和展望:百年中国律师的发展轨迹》,《国家检察官学院学报》2013年第1期。
② 崔清新、杨维汉:《中国建立国家司法考试制度以来共有50万人通过考试》,新华网2012年2月28日。

的处方如何,其中都必须有一味药,这味药就是"法律职业伦理"。①

改革开放四十年来,法律职业的发展为提升我国民事审判正当性提供了持久、强劲的动力。这是再审通常救济程序化现象持续减少的很重要的现实因素。另一方面,法律职业的发展空间仍很大,比如,民事律师代理率仍不够高,目前法官员额制改革、律师制度改革的深化都正在进行中。这将是我国法律职业发展与审判公正性提升的共同增长点、从根本上解决再审通常救济程序化问题的发轫之处。

(二) 诉讼的经济资源分析

1. 经济的快速增长促生纠纷、增加纠纷的复杂性,是导致再审案件、再审与二审案件对比值发生变化的重要变量。1993年至2002年是我国市场经济体制初步确立的时期,也是我国经济体制改革的攻坚时期。这一时期产权明晰的现代企业制度开始建立、非公有制经济成为社会主义市场经济组成部分、市场化的医疗改革与住房改革开始推进。20世纪90年代,中国进入改革开放和现代化建设快速发展的关键时期,既是发展的黄金时期,也是各种矛盾的多发期,还是社会建设发展的转型期。在经济改革取得巨大成就的同时,社会发展相对滞后导致了社会诸多不和谐现象频频发生,许多隐藏的深层次矛盾逐渐暴露出来,出现了一系列新问题和新矛盾。各种矛盾和冲突大量涌现。② 在这样的经济背景下,不

---

① 刘作翔、刘振宇:《对法律职业共同体的认识和理解——兼论中国式法律职业共同体的角色隐喻及其现状》,《法学杂志》2013年第4期。
② 吴超:《1992—2002年中国社会建设的十年探索》,《毛泽东邓小平理论研究》2014年第12期。

难理解为何1998—2000年再审收案数、再审与二审案件对比值呈现峰值的状态。

2. 居民人均可分配收入的增多，也是导致再审案件、再审与二审案件对比值发生变化的变量。在我国民事诉讼中，再审程序不是完全免费的。对已经进行过民事诉讼并取得生效判决的当事人而言，继续进行诉讼需要经济成本、需要有相应的经济收入方面的"后盾"。改革开放四十年来，尽管城市居民的人均可支配收入与农村居民人均可支配收入还不平衡，我国城乡居民的人均可支配收入总体上处在增长的过程之中。因此，"因贫弃诉"现象发生几率在降低。这种现象在城市发生的可能性要低于在农村发生的可能性。中国古代社会因经济能力的制约，形成了较为普遍的厌诉、忍受不公判决的文化心理结构。当下中国，公民、法人或其他组织有较强的经济能力来坚持权利诉求。这是一种进步。从诉讼行动者的行动能力角度看，经济条件制约的减弱，是再审案件收案数、再审与二审案件对比值长期高位运行的重要支撑因素。另一方面，因为有经济能力的支撑，当下也存在部分社会成员不惜花费，非理性过度"消费"司法的现象。这也构成再审通常救济程序化现象难以快速消退的重要因素。

3. 财政收入的增长使得法庭建设与审判经费有了较为充分的保障，为审判公正性的提升奠定了基础。在改革开放初期，我国法院的法庭建设与审判经费方面的问题都比较严峻。不仅法院缺乏应有的庄严肃穆的建筑，执行公务车辆、办公设施、日常办公经费都捉襟见肘。在边远落后地区，这些问题更突出。正是在这种经济条件下，有的法院"出门揽案"，有的法院积极"招商引资"，审判中立性受到很大影响。随着国家财政收入的增长，新法院大楼在各地纷纷建成,办公设施、日常办公经费的保障也取得非常大的进步。尽管,目前这方面的问题仍比较多,比如,法院送达、调查没有足够的专用车辆,法官或法官助理不能打出租车(法院不给报销出租车票),乘公交车效率又比较低。在这些地区,法官与法官助理就容易与当事人"三同"办案("同行、同吃、同住")。法院经费保障的改革也正在进行之中。从历史发展的视角看,法庭建设与审判经费保障方面的进步,对于我国审判公正性的提升、再审案件螺旋递降、再审通常救济程序化现象的消减有着重要的物质支撑作用。

(三)纠纷解决社会资源分析

经济发展与纠纷发生量的正相关关系已无大的争议。关键的问题是如何预防、减少不该发生的纠纷,如何以妥当方式解决已经发生的纠纷。自21世纪初伊始,可选择性纠纷解决机制在我国快速发展。这中间,仲裁与人民调解的发展尤为突出。作为一种重要的纠纷解决机制,仲裁在化解社会矛盾、维系社会稳定方面做出了重要的贡献。据国务院法制办统计,2015年,全国仲裁机构已达244家,受理案件近140000件,标的额总计超4000亿元。在仲裁实践发展的同时,我国已有仲裁学院成立。[①] 通过不同途径专业化水准的提高,我国人民调解委员会的调解服务也正在走出"信任低谷",并且在调解日常纠纷与行业性纠纷方面正在释放巨大能力。可选择性纠纷解决机制对民商事纠纷的大量吸纳与解决缓解了法院的收案压力,同时,也为法院审判公正性的提高、再审通常救济程序化现象的消减创造了必要的条件。

---

① 《中国首家仲裁学院落户重庆首批招收50名硕士生终结"仲裁无学院"时代》,《法制日报》2016年6月20日。

四、诉讼习性层面的原因分析

司法形式化将明晰性和可预测性引入社会关系中。由此,司法形式化确立了一种理性,这种理性是习性的实践原则和习惯的制裁(正是通过它们,那些没有进行系统阐述的原则就直接适用到具体的案件中)永远无法加以彻底保证。[①]

改革开放以来,市场经济改革促生了利益分配格局的差异性。利益分配的差异性以及随之而来的利益分配的个体化使得民事纠纷领域的利益冲突更为显著,冲突主体之间的对立性也更为明显。在民事主体实现个体利益过程中,体现出两种诉讼习性,一种是依法维权的习性,另一种是无理缠斗的习性。无理缠斗指的是缺乏法律上的理由而纠缠、斗争。近年来,无理缠斗的习性在再审场域中比较突出。无理缠斗者常常将申诉、上访、申请再审等救济途径结合使用。这些当事人的利益诉求缺乏法律依据、缺乏有证明力的证据,但仍通过频繁的、多年申诉甚至反常态的申诉行为(如以自焚、跳楼相威胁,涮标语、拉横幅等)坚持"维权"不止。这种现象很容易被归结为"申诉难"的现实问题。这些缠斗行动者的利益诉求缺乏法律上的理由,但有可能在情理上有一定的道理。正所谓不平则鸣。司法正义、诉讼功能有限性应已为共识。诉讼只能通过给当事人有理由的主张与论辩机会来保护有法律上的理由的诉求。就目前我国的法律制度而言,无论申请再审还是申诉都要以

[①] 〔法〕皮埃尔·布迪厄:《法律的力量:迈向司法场域的社会学》,强世功译,《北大法律评论》1999年第2辑。

有法律上的理由的诉求为基础。当情理正义与法理正义发生混同,并由此产生的上述缠斗现象应更确切地概括为"申诉乱"。2007年以来,通过再审事由明确化、再审受理与审理程序规范化的再审规范完善,在客观上起到了将依法维权行为与无理缠斗行为分流的效果。因此,2007年之后,并没有随着再审制度改革出现再审收案数、再审与二审案件对比值的上升。社会转型过程中,利益分配不当的成本,一部分还是要社会成员来分担。在拒绝缠斗行为这点上看,与信访终结机制相伴而行的再审制度改革似乎有点"残忍"。但这是转型社会必须要忍受的"阵痛"。如果情理正义优位于法理正义,再审途径向无理缠斗者敞开,不仅生效裁判的既判力、法院的司法权威受到严重损害,诉讼对社会公众的法治导向的引导功能也会被严重扭曲。依法维权习性与无理缠斗习性在诉讼实践中并存的状态还会持续一段时间,不过,后者逐步减少乃至完全消除是可期待的趋势。目前,通过再审制度改革、通过"三加一"的诉讼终结模式的建构和法院人员与组织重构为核心的司法改革,正在使以清醒的权利意识、自我责任意识、法律程序意识支撑的依法维权习性成为诉讼场域新常态。

综上所述,我国改革开放以来形成的法律职业资源、经济资源、社会解纷资源为审判权依法行使提供了基础条件,也促进了审判权依法、正当行使。由于各类资源配置方面的局限性以及诉讼习性间的博弈,仍存在审判公正性与民众正义需求不同步、审判公正性与法官正当需求不同步的问题。这就是我国司法改革要解决的问题,也是司法公正度、司法的社会认同上升的空间所在。再审通常救济程序化现象要在这样的社会变革过程中逐步消减。

第二节 再审结案数据的实证分析

一、改判、维持比变化轨迹分析

笔者在分析自1989年以来的再审审判结果的数据时发现，可以用改判、维持比作为衡量审判公正性的一个基本参数。2015年《民诉解释》第407条规定，人民法院经再审审理认为，原判决、裁定认定事实清楚、适用法律正确的，应予维持；原判决、裁定认定事实、适用法律虽有瑕疵，但裁判结果正确的，应当在再审判决、裁定中纠正瑕疵后予以维持；原判决、裁定认定事实、适用法律错误，导致裁判结果错误的，应当依法改判、撤销或者变更。《民诉解释》第408条规定，按照第二审程序再审的案件，人民法院经审理认为不符合民事诉讼法规定的起诉条件或者符合民事诉讼法第124条规定不予受理情形的，应当裁定撤销一、二审判决，驳回起诉。[①] 通常所说的改判包括依法改判、撤销或者变更三种情形。2015年《民诉解释》明确了改判的条件："原判决、裁定认定事实、适用法律错误，导致裁判结果错误的"。这一改判条件与以往再审实践中采行的改判条件并无大的区别，只是更为明确、更为直接。如果以再审裁判作为评价尺度，原裁判认定事实、适用法律错误的案件就是错案。改判是对原审裁判结果最直接的否定评价，维持原判是对原

[①] 《最高人民法院关于适用〈中华人民共和国民事诉讼法〉的解释》，《人民法院报》2015年2月5日。

审裁判结果最直接的肯定评价。改判、维持比越低,表明当年进入法院再审程序中的错判案件越少;改判、维持比越高,表明当年进入法院再审程序中的错判案件越多。一定时期内的改判、维持比可以作为衡量该时期审判公正性的数据指标。

表2 再审改判维持比统计表

序号	年份	改判	维持	改判、维持比
1	1989	3844 (3321+523)	14035 (12362+1673)	0.27
2	1990	4477 (3626+851)	17417 (14689+2728)	0.26
3	1991	5492 (4331+1161)	22266 (18330+3936)	0.25
4	1992	5956 (4451+1505)	18334 (14529+3805)	0.32
5	1993	5970 (4415+1555)	14495 (11340+3155)	0.41
6	1994	6401 (4646+1755)	14836 (11639+3197)	0.43
7	1995	7418 (5074+2344)	15569 (11733+3836)	0.48
8	1996	9207 (6105+3102)	17017 (12491+4526)	0.54
9	1997	11414 (7579+3835)	17938 (13072+4866)	0.64
10	1998	16332 (10343+5989)	16492 (10984+5508)	0.99
11	1999	18898 (12450+6448)	17591 (12200+5391)	1.1
12	2000	21276 (14432+6844)	20294 (13847+6447)	1

（续表）

序号	年份	改判	维持	改判、维持比
13	2001	21050（15038+6012）	21721（15661+6060）	1
14	2002	15290	16514	0.9
15	2003	15167	15742	1
16	2004	15161	13709	1.1
17	2005	13965	13484	1
18	2006	13758	14376	1
19	2007	11569	13414	0.9
20	2008	10492	11719	0.9
21	2009	10106	11649	0.9
22	2010	9953	11683	0.9
23	2011	8862	10784	0.8
24	2012	7570	9369	0.8
25	2013	7724	9857	0.78
26	2014	7961	8545	0.9

《中国法律年鉴》于1989年开始登载明确的再审审判结果统计数据。自1989年至2014年，我国民事诉讼再审中的改判、维持比呈现出由低而高、渐趋稳定的发展走向，近年来基本上稳定在0.8—0.9的状态。直观地讲，这是一种有一起再审维持原判的案件，就有一起再审改判的案件的状态。这种状况是多种因素导致的。如案件数量、案件复杂程度不断增加，新法律的数量不断增加等。尽管这些原因具有一定的客观性，但是改判案件相对值如此之大，显然不是民事诉讼应有的理想状态。对于我国法院受理案件总体而言，有争议生效裁判在减少、生效裁判总体上的社会认同度在上升，但是发生争议的生效裁判的问题也是非常严重的。这些问题案件构成再审制度运行中的"短板"。如以1989年的改判、

维持比(0.27)作为对比参数,可以得出1997年以来被再审的原审裁判存在严重审判公正性问题的结论。

改判所涉及的主要是法律适用的实践。改判意味着法律适用的偏差乃至错误。笔者认为,法律规范的明确性、法律适用能力、法律职业伦理、司法私益化破解是减少"问题案件"的剖析方向。法律规范的明确性属于规范范畴的问题,后三者则属于资源范畴的问题。

法律可分为作为裁判依据的法、作为请求依据的法、作为行为依据的法、作为社会治理依据的法。作为请求依据的法、作为行为依据的法、作为社会治理依据的法的规范构成较为复杂,本书此处所论法律规范仅涉及作为裁判依据的法律规范。我国民商事法律规范仍处在不断完善过程之中,各部门法律规范尚有不明确之处。这就给法官的法律适用带来了困扰,在进行解释、适用时需要进行自由裁量。再审法院与原审法院对法律规范解释路径与解释内容不同,就可能出现改判。在事实认定方面,如2002年《证据规定》在具体案件的证明责任分配方面不可能面面俱到,而各部门法中对此也无确切规定。在一些疑难案件中,法律规范不明确之处常会引起在事实证明问题上,再审法院与原审法院之间存在分歧。有一些证明规则是明确的,但在民事诉讼实践尤其是基层法院的民事诉讼实践中有时会产生不同程度的"变形"或"搁置"现象。比如,举证时限规则、非法证据排除规则、证明妨害规则。这种可归结于情理正义与法理正义冲突的"变形"或"搁置"现象在实体法的适用中也时有发生。这种情理正义与法理正义冲突往往是规范与资源之间冲突的外显。

在诉讼资源方面,依前文所述,律师代理率在23%左右而且律师资源分配存在明显的地域分布不平衡现象。当事人朴素的权利观、模糊的证据观与事实观和激烈的"维权"行为相互交织,有时会产生使法律规范被"变形"或"搁置"的效果。这些法律职业发展制约与"问题案件"的质量问题有不可分割的联系。经济的发展,大标的额案件的出现,因法律共同体职业伦理的薄弱,"寻租"与"勾兑"现象出现的概率也有可能增加。司法私益化持续侵害民事诉讼的正义根基。"问题案件"中当事人的强烈不满、激烈抗争,冲销、遮蔽了社会公众对生效裁判社会认同度整体上升的事实。我国民事诉讼中的再审程序一直以来被冠以"审判监督程序"之名。这种职权主义的程序架构,深为学界所担忧。在审判公正性堪忧的现实境况下,舍弃监督、放松监督,对于立法机关而言都有着不言而喻的障碍与阻力。

持续高位的改判、维持比与"问题案件"的严重质量问题,无疑在验证真实发现、法益确定是民事诉讼内在功能的论断。审判是一种精细化作业。每个案件都牵系着当事人的切身利益。权利意识高涨的当代中国,诉讼内在功能的紊乱在权利受损的当事人那里必然会产生"剧烈反应"。改判、维持比能否降低,取决于立法的科学化程度,取决于法律职业共同体的法律解释技能、论证说理技能、应用证明规则技能以及职业伦理的整体进步。这也许不会是一个漫长过程,但一定是艰难的事业。不过,是否以不断加强再审的监督性的话语及实践来践行提升审判公正性的承诺,在学理上仍有可探讨空间。笔者认为,对于法官最有力的监督是当事人的监督。能否在诉讼原理上认同当事人实质参与的价值和意义,能否认同辩论主义的程序保障价值,能否充分保障当事人的辩论权,是提升审判公正性的关键所在。

二、发回重审率变化轨迹分析

在我国的法院体系内,由基层法院到最高人民法院,对于不同层级的法院,审判人员数量、可用于审判的场所、可供安排庭审的时间是逐级递减的。由于审判资源的制约,对于存在程序违法问题、事实不清问题的案件,完全由上一级法院重新审理存在现实压力。发回重审是我国民事诉讼二审中应对此种压力的一种裁判方式。在二审案件中,对原审违反法定程序的案件应当发回重审,对于原审裁判文书认定事实不清的也可以发回重审。在再审中,也可以采用发回重审的裁判方式。对于原审为一审的案件,再审法院发回重审即发回原一审法院再审;对于原审为二审的案件,再审法院发回重审也是发回原一审法院再审。对上诉裁判不服还可以申请再审。再审的发回重审率是观察原审审判过程中事实认定问题与程序违法问题的有效数据指标,故此,有必要对其变化轨迹加以描述、分析。

表3 再审发回重审率变化统计表

序号	年份	发回重审	再审结案数	发回重审率
1	1998	3909 (2553+1356)	73494 (48152+25342)	5%
2	1999	4830 (3250+1580)	82949 (56103+25846)	6%
3	2000	5081 (3358+1723)	85155 (58531+26624)	6%
4	2001	4683 (3372+1311)	82550 (59514+23036)	6%

（续表）

序号	年份	发回重审	再审结案数	发回重审率
5	2002	2575	48916	5%
6	2003	2644	47412	6%
7	2004	3014	44211	7%
8	2005	3044	41461	7%
9	2006	2998	42255	7%
10	2007	2849	38786	7%
11	2008	3107	35704	9%
12	2009	4325	38070	11%
13	2010	5012	41331	12%
14	2011	4932	38609	13%
15	2012	5050	33902	15%
16	2013	4093	32897	12%
17	2014	3811	29375	13%

发回重审的程序适用一审程序，当事人对重审裁判不服，还可以上诉。故此，发回重审自带引起诉累的痼疾。笔者以为，发回重审制度引致诉累的痼疾主要是来自诉讼实践中循环发回重审的做法。从上下级法院的分工与职能、审判资源分配角度看，发回重审裁判方式有其现实必要性，依据我国《宪法》《法院组织法》，上级法院与下级法院是指导、监督与被指导、监督的关系。再审中发现原审法院程序违法或认定事实不清，发回原审法院重审，既在发挥依法纠错功能，也有促进程序规范化、事实认定规范化的制约功能。

自1998年至2008年，发回重审率相对比较平稳，而在2008年之后，发回重审率开始攀升。这样的数据状况，可以结合规范与资源两方面进行分析。

（一）"事实不清""程序错误"事由的高频再现及其细化界定

《中国法律年鉴》于1998年开始在再审审判结果的统计数据中列入发回重审的条目。1998年至2007年，再审发回重审率由5%增至7%；2008年至2014年，发回重审率在9%至15%之间"徘徊"，除2008年之外，其余年份的发回重审率都在10%之上。这意味着在2008年之后的再审裁判文书中"认定事实不清""程序错误"已经成为高频出现的事由。这一现象的出现，有两方面的可能性，一方面是，2008年之后的一审、二审审判实践中，事实认定问题、程序问题更为严重或者说争议更大；另一方面是，2008年之后，再审法院在审判策略上更倾向于发回重审的方式。

在我国1991年颁行的《民事诉讼法》中规定，"程序错误""认定事实不清或证据不足"是二审发回重审的两种事由。这也是就二审案件进行的再审裁判的发回重审事由。前者可称为程序性发回重审事由，后者可称为事实性发回重审事由。发回重审裁判方式的内在功能是纠正原审的程序错误与"不清楚"的事实认定，其制约功能则是促进审判中正确适用程序、准确认定事实。正当程序与事实认定的准确性是紧密联系在一起的，比如，正当的质证程序被忽视，事实认定就会产生很大的失误可能性。在长期存在的"重实体、轻程序"的诉讼习性支配下，诉讼实践场域中，法官、当事人、律师对于正当程序的构成要素缺乏应有的共识。只有发回重审事由被界定清楚，发回重审这种裁判方式的制约功能才可能得以发挥。

从理论分析视角看，发回重审裁判方式的制约功能会随着其内在功能的发挥而自然产生对原审审判过程的反摄效应。但是，发回重审裁判方式在诉讼实践中的"不良表现",使得法律规制的重点一直没有置于发回重审裁判方式制约功能的激发上。

1."整治"发回重审的规范建构

自20世纪90年代以来,发回重审过于随意、发回重审没有次数限制的现象一步步成为社会诟病的诉讼"怪现状"。2002年7月31日,最高人民法院颁布法释〔2002〕24号司法解释《关于人民法院对民事案件发回重审和指令再审有关问题的规定》(2002年4月15日最高人民法院审判委员会第1221次会议通过)。依据该司法解释,二审法院对同一案件,只能发回重审一次;如法院依职权启动再审,原审法院启动再审的只能再审一次;上级法院指令下级法院再审的,只能指令再审一次(违反法定程序情形除外);因当事人申请再审而启动再审程序的,对同一案件只能依照审判监督程序审理一次。这一司法解释的颁行并没有完全杜绝诉讼实践中频繁、多次发回重审的现象。

2012年《民事诉讼法》修改时将第153条改为第170条,明确规定原审人民法院对发回重审的案件作出判决后,当事人提起上诉的,二审法院不得再次发回重审。除此之外,《民事诉讼法修改决定》还将事实性发回重审事由"原判决认定事实错误,或者原判决认定事实不清,证据不足"改为"原判决认定基本事实不清"。将"原判决认定事实错误"从发回重审事由中剥离出来,仅作为改判事由;将"原判决认定事实不清,证据不足"事由限缩为"原判决认定基本事实不清"。如何理解从"事实不清"到"基本事实不清"的限缩转变呢?2015年《民诉解释》第335条对此问题进行了解释。据此规定,基本事实是指用以确定当事人主体资格、案件性质、民事权利义务等对原判决、裁定的结果有实质性影响的事实。这一界定进一步限缩了发回重审事由的范围。

2012年《民事诉讼法修改决定》还将程序性发回重审事由"原判决违反法定程序,可能影响案件正确判决的"改为"原判决遗漏当事人或者违法缺席判决等严重违反法定程序的"。2015年《民诉解释》第325条将严重违反法定程序情形限定为审判组织的组成不合法的、应当回避的审判人员未回避的、无诉讼行为能力人未经法定代理人代为诉讼的、违法剥夺当事人辩论权利的等四种情形。

2. 基于制约功能视角的两点疑问

自2002年以来,通过13年的努力,我国民事诉讼立法基本完成了对发回重审条件与次数的限定,也进行了"认定事实不清""程序错误"事由的细化界定。这不仅是对二审程序裁判方式的限定,也是对就二审案件进行的再审程序的裁判方式的限定。不过,上述规制发回重审程序滥用的过程,完全是在"纠错"显功能期待下进行的,既要纠原审的错,也要纠发回重审滥用的错。因此,直至今日,仍然存在两个问题:一是认定事实不清与认定事实错误的区别点在哪里？二是严重违反法定程序的界定依据是什么？

对于第一个疑问,无论立法机关还是司法机关都没有清楚的规定,也没有清楚的解释。这是一个决定裁判方式选择路径的问题。这个问题不能解决,会影响到整个救济程序的制约功能发挥。笔者认为,事实不清事由实际上是一个多余状态。事实认定要么是事实认定准确,要么是事实认定错误。事实认定不清很接近事实真伪不明的状态,在这种状态下就应该依据证明责任分配法则进行判决,而不是发回重审。设置这样一种二审或再审裁判事由,会诱致原审裁判的事实认定怠惰行为。无论对于当事人而言还是对于法官而言，发回重审的后果比改判的后果要轻得多。

对于第二个疑问，无论立法机关还是司法机关都没有清楚的解释，但是，这个问题直接关涉到发回重审裁判方式的制约功能释放与发挥。就再审而言，2007年《民事诉讼法》修改时，明确规定了内容为十五项的再审事由。这些再审事由中与程序运作相关的七项事由包括：原判决、裁定认定事实的主要证据未经质证的；对审理案件需要的证据，当事人因客观原因不能自行收集，书面申请人民法院调查收集，人民法院未调查收集的；管辖错误的（2012年修法时被删除）；审判组织的组成不合法或者依法应当回避的审判人员没有回避的；无诉讼行为能力人未经法定代理人代为诉讼或者应当参加诉讼的当事人，因不能归责于本人或者其诉讼代理人的事由，未参加诉讼的；违反法律规定，剥夺当事人辩论权利的；未经传票传唤，缺席判决的。还规定了违反法定程序可能影响案件正确判决、裁定的其他情形作为再审事由弹性条款。再审事由的明确化为再审审判也提供了确切的指引，以往被忽视或漠视的程序问题受到重视，也为再审法院判断原审裁判的事实认定状况提供了明确的依据。

《民事诉讼法》第170条规定，第二审人民法院对上诉案件经过审理，按照下列情形，分别处理：……（四）原判决遗漏当事人或者违法缺席判决等严重违反法定程序的，裁定撤销原判决，发回原审人民法院重审。最高人民法院自2015年2月4日起施行的《民诉解释》第325条规定，下列情形，可以认定为民事诉讼法第170条第1款第（四）项规定的严重违反法定程序：（一）审判组织的组成不合法的；（二）应当回避的审判人员未回避的；（三）无诉讼行为能力人未经法定代理人代为诉讼的；（四）违法剥夺当事人辩论权利的。2015年2月16日最高人民法院颁布并自2015年3月15日起施行的《最高人民法院关于民事审判监督程序严格依法适用指令再审和发回重审若干问题的规定》(以下简称《发回重审规定》)第5条规定,人民法院按照第二审程序审理再审案件,发现第一审人民法院有下列严重违反法定程序情形之一的,可以依照民事诉讼法第170条第1款第(四)项的规定,裁定撤销原判决,发回第一审人民法院重审:(一)原判决遗漏必须参加诉讼的当事人的;(二)无诉讼行为能力人未经法定代理人代为诉讼,或者应当参加诉讼的当事人,因不能归责于本人或者其诉讼代理人的事由,未参加诉讼的;(三)未经合法传唤缺席判决,或者违反法律规定剥夺当事人辩论权利的;(四)审判组织的组成不合法或者依法应当回避的审判人员没有回避的;(五)原判决、裁定遗漏诉讼请求的。在规制发回重审滥用行为过程中将发回重审的程序事由通过列举的方式加以限定,排除程序违法的兜底式弹性条款,特别是未将"原判决、裁定认定事实的主要证据未经质证的""对审理案件需要的证据,当事人因客观原因不能自行收集,书面申请人民法院调查收集,人民法院未调查收集的"两项程序违法事由作为严重违反法定程序事由,客观上限缩了发回重审的情形,可能从表面上一时减少了发回重审裁定,但是,长远看这种界定对于整个救济程序制约功能的发挥是极为不利的,对于健全诉讼行动者的程序意识、对于促进对正当程序的遵行、对于增强原审的真实发现能力是极为不利的。违反法定程序很难区分严重与轻微,比如,未组织质证与剥夺当事人辩论权究竟孰轻孰重?就我国目前的规定看,前者造成的实质损害实际上更直接、更严重。这种毫无弹性的对违反法定程序行为的区分是否合理,值得深思。一审中当事人的质证权、申请法院调查收集证据权得不到充分保障是后果极为严重的不良诉讼现象,这种区分将导致诉讼实践中对未列入"严重违反法定程序"行列的违法行为的持续漠视。

如果 2008 年以来再审发回重审率高企现象完全由第二种假设所致,即再审法院倾向于发回重审的偏好,上述限缩性界定发回重审事由的法规范调整是合理的;然而,如果 2008 年以来再审发回重审率高企现象的出现也有第一种假设的因素,即一审、二审审判实践中的事实认定问题、程序问题比以往更为严重,上述限缩性界定发回重审事由的法规范调整不仅难称合理,而且有明显的负面效应。认定事实不清的发回重审事由可以去除,但程序性发回重审事由不可克减。克减程序性发回重审事由,不仅使原审审判中的程序瑕疵或者错误难以纠正,而且会在整个民事诉讼中淡化程序保障意识,进一步加剧实践中的程序不规范行为。事实证明过程与诉讼程序的展开存在紧密关联,程序不规范行为得不到遏制,事实认定方面发生误差的概率也会更高。在 2003 年之后片面倚重调解的司法政策导向作用下,第一种假设对再审发回重审率高企现象的作用不可低估。

(二)"政策实施共同体"场域内权力资源的"灵活运用"

美国耶鲁大学教授米尔伊安·R.达马斯卡建立的比较分析框架从政府特征、司法目的、司法组织结构特征三个层次归纳了六个理想类型。在政府特征方面的两个理想类型是能动型政府与回应型政府;在司法目的方面的两个理性类型是解决纠纷目的型司法与政策实施目的型司法;在司法组织结构特征方面的两个理想类型是科层制与协作制。在展开上述分析与论证的基础上,米尔伊安·R.达马斯卡进而将司法程序区分为科层型权力组织的政策实施程序、科层型权力组织的纠纷解决程序、协作式官僚组织中的纠纷解决程序、协作式权力组织中的政策实施程序。① 从上述论述中的比较分析脉络看,米尔伊安·R.达马斯卡的比较判断为,欧陆的旧制度时代(约为法国大革命之前的时期)、苏联时期以及我国改革开放以前时期的诉讼程序都属于科层型权力组织的政策实施程序;欧陆诉讼程序、英美诉讼程序都属于纠纷解决程序,前者为科层型权力组织的纠纷解决程序,后者为协作式官僚组织中的纠纷解决程序。美国当代诉讼中的能动主义倾向与公共利益诉讼科层型体现出协作式官僚组织中的纠纷解决程序的特征。米尔伊安·R.达马斯卡将诉讼社会功能中的首要预设作为诉讼程序类型的区分点,实际上展开的是历史性比较分析。在方法论上,这一比较项选择的科学性是有待商榷的。根据笔者对西方民事诉讼法学目的论的理解,存疑之处有两方面:一方面,在当代,无论大陆法系还是英美法系,诉讼目的都不是一元的,而是多种目的共存的。纠纷解决型与政策实施型难以准确概括两大法系的诉讼目的,也难以作为区分两大法系司法实践的依据。比如,在其以近代以来诉讼发展史为背景的考察结论中,将苏联时期、我国改革开放以前时期的诉讼程序作为政策实施型诉讼程序。在此结论中,很难解释的就是我国法院在这一时期展开的诉讼调解具有超强的纠纷解决社会功能。尽管诉讼调解的超强纠纷解决功能的发生有政策因素的推动,但也有其实在地解决纠纷的独立的功能面向。即便认为这两

---

① 〔美〕米尔伊安·R.达马斯卡:《司法与国家权力的多种面孔》(修订版),郑戈译,中国政法大学出版社2015年版,第235—312页。

种功能紧密结合、难分彼此,对于这种诉讼功能叠合的特殊状况,米尔伊安·R.达马斯卡的诉讼程序类型区分理论也是解释乏力的。另一方面,一个国家多种诉讼目的构成与层次是随着该国法治发展状况而不断发展的,法治前阶段、法治初级阶段的诉讼目的侧重纠纷解决、政策实施,而法治高级阶段的司法目的更侧重于发现真实与准确适用法律、法律秩序形成、权利保障、程序保障。在成熟的法治国家,纠纷解决与政策实施都需要经由正当程序为基础的发现真实与准确适用法律这一诉讼基本功能间接实现,而非诉讼目的体系中支配性的直接目的。尽管如此,《司法与国家权力的多种面孔》一书提供的知识增量与启示意义是不容忽视的。比如,我们可以从中看到英美民事诉讼与欧陆民事诉讼在程序正义基准性与实体正义基准性上的差异、在事实探知充分性与事实探知有限性上的差异。米尔伊安·R.达马斯卡将诉讼程序运行规律与政府运行特征相互结合、将法律实施场域与权力场域相互结合的研究方法对处在法治初级阶段的我国更具有启示意义。毋庸置疑,纠纷解决与政策实施都属于我国当下的诉讼语境中的强势话语。"案结事了"的政策话语将诉讼与纠纷解决的目的紧密结合在一起。这种情势与能动型政府特征、法院科层制组织结构具有密切关联。有学者认为我国司法体制属于司法二元体制。[①] 政治体系与法律体系紧密结合,法院不可避免地具有落实政策的现实功能。在这个意义上,整个法院是政策实施的共同体。司法独特规律是在这一场域内被认识和运用的。党的十八大之后展开的司法改革高度重视司法的独特规律并设计与逐步实施着一系列重大改

[①] 吴英姿:《论司法认同:危机与重建》,《中国法学》2016年第3期。

革举措。在此之前,一些司法独特规律在政策实施的场域内没有能得到应有的尊重。以结案率、改判发回率、信访投诉率为核心的法院考核制度直接影响法院的运作机制。在一省之内,上级法院是下级法院的考核主体。在全国范围内,一省的三级法院又是一个被考核的共同体。慎用增加负面指标的审判行为,是法院应对考核的"默会的知识"或者"习性"。对于一个"问题判决",就其对负面指标的影响而言,发回重审的裁判方式比改判的裁判方式的负面影响较小。因此,在政策实施共同体的场域内,发回重审率的攀升现象有内在必然性。从资源角度看,这种现象是权力资源在损害最小化原则支配下的"灵活运用"。从程序法原理角度看,这种发回重审裁判方式的"灵活运用"完全是该裁判方式的异化适用。2015年1月20日召开的中央政法工作会议上,中央政法委要求,中央政法各单位和各地政法机关今年对各类执法司法考核指标进行全面清理,坚决取消刑事拘留数、批捕率、起诉率、有罪判决率、结案率等不合理的考核项目。建立科学的激励机制,落实办案责任,加强监督制约。① 最高人民法院《关于全面深化人民法院改革的意见——人民法院第四个五年改革纲要(2014—2018)》第21条要求,废止违反司法规律的考评指标和措施,取消任何形式的排名排序做法。有研究者认为,这预示着运行多年的"指标考核制"将淡出司法领域,中国司法将进入"后指标"时代。② 法院绩效考核制的"退隐",将大大削弱发回重审裁判方式异化适用的权力资

---

① 《中央政法委:取消有罪判决率结案率等考核指标》,新华网2015年1月21日,最后访问时间:2016年6月7日。
② 毛立新:《中国司法将进入"后指标"时代》,《中国青年报》2015年1月27日。

源因素,也大大减少再审发回重审率高企现象第二种成因假设的可能性。在此前提下,须高度重视再审发回重审率高企现象第一种成因假设,需要反省2015年《民诉解释》《发回重审规定》对发回重审事由进行限缩性界定的合理性。

英美法系有程序上"无害错误"的观点,即初审的裁判错误必须达到损害实体公正的程度才被撤销。有青年学者认为,这种观点在我国再审发回重审制度中并不具有可适用性。结合我国《民事诉讼法》第200条规定的再审事由来看,虽然原审的程序性错误可以作为启动再审的事由,但是在再审事由中并未将程序性错误可能影响实体判决结果作为此种错误的限定要件。① 另外有学者提出,可将再审事由列举的程序违法事项推定为与判决结果有因果关系,作为绝对的发回重审事由,法院可以依职权认定,除非当事人自愿放弃审级利益,要求法院直接予以改判。② 在我国尚处于法治建设初级阶段、法律职业群体和当事人的程序意识都难称健全、程序保障实践的积累期比较短暂的语境中,对质证权、申请法院调查取证权的重要性认识显著不足而且这两种权利缺乏有效保障的前提下,上述见解是值得重视的。

三、再审调解率变化轨迹分析

在我国民事诉讼中,不仅一审、二审过程中可以调解,再审过

---

① 李潇潇:《民事再审发回重审的独立特质及双重限制模式构建》,《法学家》2016年第3期。
② 陈杭平:《组织视角下的民事诉讼发回重审制度》,《法学研究》2012年第1期。

程中也可以调解。判决与调解也是再审最重要的两种结案方式。为此,有必要整理再审调解率的数据,描述其变化轨迹,并对其加以分析。

表4 再审调解率变化统计表

序号	年份	调解案件数	再审结案数	再审调解率	二审调解率	一审调解率
1	2002	3427	48916	7%	7.30%	30.30%
2	2003	3406	47412	7.20%	7.60%	29.90%
3	2004	3647	44211	**8.20%**	**8%**	31%
4	2005	3967	41461	**9.60%**	**8.50%**	32.10%
5	2006	4504	42255	**10.70%**	**9.30%**	32.50%
6	2007	5008	38786	**13.30%**	**10.80%**	33.40%
7	2008	4452	35704	**12.90%**	**12.30%**	35.20%
8	2009	4853	38070	12.70%	15%	36.20%
9	2010	5936	41331	14.30%	16.20%	38.80%
10	2011	6031	38609	15.60%	15.90%	40.60%
11	2012	5220	33902	15.30%	15.90%	41.70%
12	2013	4298	32897	13.10%	14.50%	36%
13	2014	3277	29375	11.20%	11.70%	33.40%

1991年至2002年,我国一审调解结案率进入下降轨道(1991年调解结案率为59.1%,1998年调解结案率为45.84%,2000年调解结案率为39.08%,2002年调解结案率则为30.3%)。2003年至2012年的十年间,一审调解结案率持续上升(29.9%—41.7%)。与一审调解结案率相比较,我国民事诉讼中二审调解率与再审调解率是比较低的,2002年至2014年,二审调解率最高值为16.2%(2010年),最低值为7.3%(2002年);再审调解率最高值为15.6%(2011年),最低值为7%(2002年)。特别需要注意的是,2004年至2008年,连续五年再审调解率高于二审调解率。

关于再审调解的难度,学者已有论述。民事再审案件的发生通常是因为当事人对案件性质、诉讼事实以及重大情节的认定分歧所致。再审调解面临的当事人对案件事实和适用法律的认识统一难度大,造成了再审调解难以像一、二审程序中的调解一样进行。当事人的再审调解意愿降低与长时间的诉讼对立状态有关。当事人再审诉讼可能不再是追求法院的公正判决,而是实现报复对方、折腾对方。原判败诉一方,可能视再审启动为自己的胜利,再审中轻易难以接受调解;而原判胜诉方则会以一、二审判决为根据,理直气壮地主张维护生效判决,同意让步调解也有困难。① 在审判实践中,再审案件有经历时间长、事实难查清、当事人矛盾突出、不易调解等难点,再审案件调解的难度无疑要比一、二审案件大很多,也是法官们的共识。② 笔者认为,再审调解难的深层理由可从当事人处分权与既判力之间的关系加以探讨。既判力是指确定判决中对诉讼标的中的实体性事项的判断,所具有的确定力和通用力。③ 判决的实质确定力是指判决确定的实体权利义务问题,不得争执,不容改变。④ 在执行中,法院不得主持调解,获得共识的理由是判决已经确定,无论当事人还是法院都不得变更判决内容。在再审时,判决也已经生效,当事人之间的实体权利与义务也已经确定,为何还可以进行调解呢?基于我国《民事诉讼法》第9条规

---

① 张丽霞、李静一:《民事再审调解的正当性探论》,《求索》2008年第5期。
② 王鑫、徐成:《成都中院研讨再审调解 全市审监法官切磋技艺》,《人民法院报》2006年6月5日;李云超、金晶:《闯出再审调解新路径——遵义市中级人民法院审监工作纪实》,《人民法院报》2006年8月15日。
③ 丁宝同:《民事判决既判力研究》,法律出版社2012年版,第31页。
④ 柴发邦主编:《中国民事诉讼法学》,法律出版社2000年版,第398页。

定的调解原则,通常认为我国诉讼程序中都是可以进行调解的。可是,这一通识在既判力与当事人处分权的相互关系上存在未解的悬疑。当事人在诉讼程序中可以处分自己的实体权利与诉讼权利,但是,当事人的处分权是有边界的。不得违反法律规定,是处分权行使的边界。我国《民事诉讼法》第49条规定,当事人必须依法行使诉讼权利,遵守诉讼秩序,履行发生法律效力的判决书、裁定书和调解书。据此规定,履行发生法律效力的判决书、裁定书和调解书是当事人在民事诉讼中的义务。履行的前提是承认并维护生效判决的确定力。进入再审程序的生效判决,可分为应当改、应当维持、经过重审程序可能改三种情形。如果属于事实认定、法律适用错误而应当改判的情形,以调解方式结案,规避了对事实认定与法律适用错误应当进行的纠正。同时,调解实质上是当事人之间的合意,如果这种合意是改变原判中因事实认定错误、法律适用错误而作出的实体权利义务分配,就是以当事人合意"纠正"错误的判决。笔者认为这在程序法理上是难以成立的。如果属于事实认定清楚、法律适用正确而应当维持的情形,法官主持调解,只能是减损胜诉方已为生效判决确定的权利。因程序问题、事实不清而被发回重审的案件,如果进行调解最终也会是上述两种结果。

2005年5月31日,最高人民法院颁发《关于加强再审调解工作的通知》。该通知要求广大审监法官应当牢固树立司法为民意识,克服畏难情绪,转变再审难调的观念,纠正就案办案、轻调重判等错误认识,不断强化再审调解意识。同时,在审理再审案件中,应当注意把握再审案件特点,研究再审调解规律,讲究调解方法,注重调解效果。此通知颁发后,各地高级法院对再审调解的重视程度明显提升,再审调解率也有明显的增长。尽管如上述"通知"

所述,近年来再审调解解决了"一大批疑难复杂、年久怨深、矛盾容易激化的再审民事案件",我们还是不能漠视再审调解的合法性质疑。再审调解转变为再审和解制度,应是合意性解纷机制与再审制度衔接的更为妥当的契合点。

再审中大力倡导调解,突出了再审的解纷功能,凸显了再审通常救济程序化的问题。再审通常救济程序化有多方面的表现,其中很重要的一方面就是程序目的同一性。在立法部门的专家看来,解决纠纷是民事诉讼法的根本任务。① 任务、社会功能与目的存在概念分野。解决纠纷是民事诉讼非常重要的社会功能,但是,将纠纷解决任务目的化,将纠纷解决目的一统化并不符合民事诉讼程序的规律。民事诉讼的救济程序也存在被纠纷解决目的格式化的问题。作为通常救济程序的二审程序的目的是解决纠纷,作为非常救济程序的再审的目的也是解决纠纷,于是调解率也是二审、再审审判效果的重要衡量指标。2004—2008年,竟然连续五年出现再审调解率高于二审调解率的怪现象。这非常明显地体现了再审通常救济程序化的特征。再审被纠纷解决目的格式化的可能后果就是弱化再审的法益确定功能。对于再审而言,再审被纠纷解决目的格式化的现实与再审调解的合法性都需要认真反思。

四、不同审判习性间的博弈

特定场域的实践中,不同习性会有不同的结果。就前文所述

---

① 王胜明:《民事诉讼法的根本任务和指导思想》,《中国法律年鉴(2013)》,第33页。

再审结案数据与分析,进入再审的"问题案件"的"问题"还比较严重。因此,有必要从审判习性角度深入剖析现象背后的原因。

改革开放以来,在诉讼模式的话语意识与实践意识中一直存在马锡五审判方式与当事人主义诉讼模式的分歧。随着市场经济的发展、程序意识与权利意识的勃兴、法律制度的健全,当事人主义诉讼模式的观念逐步获得较多认同。自2008年之后,重回马锡五审判方式作为支配诉讼场域的政策话语,使得诉讼实践出现了较大波动。据笔者观察,马锡五审判方式与当事人主义诉讼模式的背后都有支配其运作轨迹的法官习性。支配马锡五审判方式的是职权依赖的习性,支配当事人主义诉讼模式的则是倚重当事人作用的习性。有学者论及,马锡五审判方式中一切以手续简便和实事求是为出发点,在这种观念的支配下,程序在很大意义上被看成是有害的,因为如果严格遵守正当程序的要求有时会导致手续相对烦琐,不利于实体问题的迅速处理。这样,必然会使审判实践中出现"重实体、轻程序"的弊端。仅以民事诉讼为例,法官在审判过程中事前就广泛地接触当事人,实地调查了解案情,包揽了本应由当事人履行的举证责任,只要能够方便当事人参与诉讼和客观公正地处理案件,程序都是可有可无的东西。对案件的实体处理正确与否成为唯一的评判标准,因此,无论是在立法中还是审判实践中,对于违反程序规定的行为,除非会导致对案件的实体问题处理有误,否则,是否遵循正当程序就是细枝末节的问题了。[①] 马锡五审判方式中的法官习惯于通过实地调查了解事实真相、通过说服教育调解纠纷。这种特别重视审判外"做工作"的习性,是一种

---

① 张泽涛:《司法权专业化研究》,法律出版社2009年版,第370—371页。

职权依赖习性,是一种职权为民所用、人民内部矛盾调和为本、相信群众、依靠群众的稳定的性情倾向系统。这种习性在精神层面是无可厚非的。① 应当深入探究的是,这种习性支配下注重审判外调查、调解的工作方式是否适应当前的诉讼案件数量庞大、司法资源有限、当事人法律意识与程序意识增强的现实状况,是否符合法官应秉持中立的司法规律? 这种职权依赖习性,忽视了诉讼应当具有的必要的程序保障。这种弊端在基层法院的事件中尤为突出。有的基层法院派出法庭随意召唤未经正式任命人员临时充任人民陪审员;因为具有法官资格的人数不足或将案件交给书记员办(2004年1月—2005年1月);承担招商引资任务,"对涉及投资商户的人身、财产损害案件及投资企业利益的各类经济案件,优先受理、优先审理、优先执行"(2003—2004年);通过"案卷制作术"掩盖法官"自审自记"或书记员"自记自审"的违法行为。② 据笔者观察,在一些高层级法院,在2012年修法前,滥用径行裁判机制,二审常不开庭,使二审审判公正性无从保障。一些法院不敢应用证明妨害规则、忽视非法证据排除规则,使庭审应有的正当化功能难以发挥。

司法认同的形成条件包括:第一,司法制度的目标是否契合社会成员的利益需求;第二,司法制度的有效性,即司法在多大程度上能够兑现其对社会作出的公正解决纠纷的承诺;第三,社会关于司法公正的正确认知与价值共识。当代中国司法正在经历历史性

---

① 张卫平:《回归"马锡五"的思考》,《现代法学》2009年第5期。
② 丁卫:《秦窑法庭——基层司法的实践逻辑》,生活·读书·新知三联书店2014年版,第97、100、101、223、224页。

转型,从马锡五审判方式迈向制度化程度较高的现代司法制度,由此带来社会对司法的认同从过去基于情理而生的身份认同转向以法律和程序为关键变量的制度认同。① 十八届四中全会决定确立了审判为中心的司法改革路线图。以审判为中心就是要以庭审为中心、以当事人的辩论权保障为基点、以通过正当程序的正当化功能为诉讼程序目的体系中的基本目的、以审判权对诉权的理性回应为审判权运行的基本机制。这意味着法官的审判外"做工作"的工作方式必须让位给审判中心的工作方式,倚重当事人的参与,辩论要成为主导性法官习性。本文所分析的数据都在本轮司法改革之前。这些数据也显示了法官习性改变的必要性。有助于实现实体公正是论证审判外"做工作"习性的主要依据。从心理学角度看,这种论证过程难以成立。法官在事实认定中的常见心理歧见有:预见(以起诉文书为基础)、偏见(以道听途说为铺垫)、先见(以想象能力为纽带)、成见(以经验阅历为支撑)、互见(以印证模式为标准)、己见(以卷宗笔录为依据)。② 凡此种种事实认定法官心理歧见都可以与审判外"做工作"习性建立对应"链接",尤以偏见、成见为重。易言之,审判外"做工作"习性使法官很容易在事实认定中被自己的心理歧见误导。事实认定错误几率高,何谈有助于实体公正实现?

恶意诉讼现象使倚重当事人的诉讼习性的正当性蒙上阴影。对恶意诉讼现象应该具体情形具体分析。单方恶意行为的出现,

---

① 吴英姿:《论司法认同:危机与重建》,《中国法学》2016 年第 3 期。
② 陆而启:《法官事实认定的心理学分析》,法律出版社 2014 年版,第 255—291 页。

往往是职权依赖习性的恶果,因为对方的防御与反攻击不能产生实际效果。就表象而言,串通型诉讼与过度依赖当事人的诉讼习性有一定关联,扩及争议关系的整体而言,这种诉讼的出现还是与投机者缺乏对实质当事人回防能力的忌惮的动机密切相关。实质当事人的知情权与参与权、撤销权的缺失是串通类恶意诉讼的根本原因。

职权依赖习性使得诉讼实践中存在比较严重的不尊重当事人的辩论权、不重视庭审的真实发现机能、轻视当事人辩论意见中的法律论证、忽视程序正当化功能等程序虚无化现象。这是再审改判、维持比高与发回重审率高的很重要的原因。再审调解率高则是重审判外"做工作"的工作方式的直接体现。当下司法改革中,最有效的应属以"换人"为特征的法官员额制改革。法官员额制改革能否与司法保障制度改革、司法责任制度改革协调推进,决定着法官习性能否彻底改变,也决定着再审改判、维持比与发回重审率能否回落,以及再审通常救济程序化问题能否得到根除。

第三节 再审状况的区域性实证分析

一、对 A 省与 B 省法院再审状况的实证分析

(一)三级法院受理再审案件的结构性变化

笔者在调研中获悉,近年来省级行政区域内三级法院在受理再审案件时存在中级人民法院、基层人民法院受理的再审案件数

量远远高于高级人民法院受理的再审案件数量的情形。在A省，2014年民事再审新收案件共计1959件，基层人民法院收案763件、中级人民法院收案906件、高级人民法院收案290件；2015年民事再审新收案件1398件，基层人民法院收案607件、中级人民法院收案586件、高级人民法院收案205件。这种再审案件主要由基层人民法院与中级人民法院受理的状况，悖逆于民事再审程序主要作为审级制度补充性程序的理性制度定位及运行逻辑。

这种情形在B省法院也同样存在。2014年B省法院共受理再审案件3466件，其中，省高院、中级法院、基层法院分别受理307件、1822件、1337件，各自所占比例为8.8%、52.6%、38.6%。总体上看，中级人民法院、基层人民法院受理的再审案件占绝大多数。不过，至2015年，B省三级法院受理再审案件发生了结构性变化。这个结构性变化是由中级人民法院、基层人民法院受理再审案件多，高级人民法院受理的再审案件少的再审案件受理结构，转向高级人民法院受理再审案件多，中级人民法院、基层人民法院受理再审案件少的结构。

2015年B省法院受理民事申请再审案件比2014年高出1206件，上升幅度为70.69%。总体上看，2015年B省三级法院在再审案件受理结构上发生了高级人民法院受理大多数再审案件的变化。

(二)"减负"规则的异化解释与扩大化适用

2012年《民事诉讼法》修改中对再审制度部分规则的修改在很大程度上是给高级人民法院与最高人民法院减负。具体的内容，一是缩短再审申请期间，二是给"两类案件"提供了可以向原审法院申请再审的新途径。围绕着"两类案件"新规则,在最高人民法院和高级人民法院层面出现了对"减负"规则的扩张解释与扩大化适用。2013年1月1日生效的《民事诉讼法》第199条规定,当事人一方人数众多或者当事人双方为公民的案件,也可以向原审人民法院申请再审。2013年3月29日最高人民法院办公厅印发《全国法院民事再审审查工作座谈会纪要》(法办〔2013〕36号)。该纪要第1条作出如下解释:"当事人一方人数众多或者当事人双方为公民的案件,当事人申请再审的,应当向原审人民法院提交申请再审材料,原审人民法院应当及时接收。"不难看出,"也可以向原审人民法院申请再审"是赋予当事人新的选择权,"应当向原审人民法院提交申请再审材料"则限制了当事人的选择权。尽管,《全国法院民事再审审查工作座谈会纪要》中也规定在原审法院接收再审申请材料后要区别情况处理,当事人选择向上一级人民法院申请再审的,要通过释明分别处理;当事人不同意向原审人民法院申请再审的,原审人民法院要将申请再审材料、案件全部卷宗和释明情况一并报送上一级人民法院。"应当向原审人民法院提交申请再审材料"的要求不仅对当事人的行为选择构成强制,也成为原审人民法院释明的根本依据。增加再审当事人程序选择权的规则被异化解释为限制当事人选择权的规则。事实上,原审人民法院的上一级法院不再接受双方都是公民的申请再审案件成为一项实践中发生作用的规则。只有在公民向上一级法院申请再审的意愿极为强烈时,双方当事人为公民的申请再审案件才有可能获得上一级法院的受理。

另一方面,《全国法院民事再审审查工作座谈会纪要》将当事人人数众多解释为"原告或者被告一方为三人以上的案件",同时还规定"原审人民法院受理的三件以上的劳动争议、物业服务合同纠纷等一方当事人相同且诉讼标的是同一种类的案件,其中三件以上案件当事人申请再审的,可以作为当事人一方人数众多的案件"。经过该纪要对"减负"规则的异化解释与扩大化适用,占比甚重的申请再审案件被"集中"到基层人民法院或者中级人民法院。

(三)再审"减负"与再审满意度的冲突

从当事人角度看,案件在原审人民法院申请再审缺乏案件在上一级人民法院申请再审的权威性,对再审程序的满意度不会很高;在法院内,尤其是同一审判部门内的"熟人社会"中,发现同院同事的错误并加以纠正是难度非常大的事。当一个判决在作出前经过审判委员会讨论,除非再次经过审判委员会讨论,法官岂能改变法院内最高审判组织的决定?即便审判委员会再次讨论此案,能改变原讨论决定的可能性也很小。再有,重新组成合议庭也是在原审法院进行再审的难题,限于法官数量,原审法院可能采取的做法或为从其他业务部门"调剂"法官组成合议庭,或者普遍吸收人民陪审员参加合议庭(裁判一审生效的再审案件)。从其他业务部门临时"调剂"来的法官、人民陪审员对于案涉法律规定并无深入研究,并不能体现再审时应有的专业判断上的慎重性、周全性。综上,在现有的法院审判机制下,原审法院对本院作出生效裁判进行具有实效性的重新审理与裁判的可能性很小。再审"减负"改革很可能制造新的矛盾,滋生一些本可以在诉讼程序中能够解决的信访案件。2015年《民诉解释》第75条明确规定:"民事诉讼法第五十三条、第五十四条和第一百九十九条规定的人数众多,一般指十人以上。"《民诉解释》第379条规定:"当事人一方人数众多或者当事人双方为公民的案件,当事人分别向原审人民法院和上一级人民法院申请再审且不能协调一致的,由原审人民法院受理。"上述新的规则对于人数众多的再审案件的范围进行了保持法律解释一致性的规范,及时结束了对此类案件的非正常"分流"。不过,《民诉解释》并没有对《全国法院民事再审审查工作座谈会纪要》中设定的"应当向原审人民法院提交申请再审材料"规则的正面回应。如此观之,再审"减负"与再审满意度的冲突仍将持续。

(四)相当数量再审案件发生在基层人民法院现象的成因

一审裁判后当事人不上诉,裁判文书生效;当事人就此生效裁判文书可以申请再审。二审或再审发回重审案件,按照一审程序进行重审,重审案件的裁判文书若当事人不上诉,也在上诉期届满后发生法律效力;对此种重审裁判文书,当事人也可以申请再审。一审案件如果调解结案,调解书自签收之日生效;对生效调解书,当事人也可以申请再审。再审小额诉讼案件,一审终审,当事人可就小额诉讼裁判文书申请再审。就目前的民事诉讼法的法律规定看,在基层人民法院发生再审申请案件有上述四种情形。

当事人不行使上诉权而通过再审寻求救济是滥用审判资源的行为。这种行为背后主要是怠于行使权利或节约个体诉讼成本的诉讼习性。诉讼场域,是诉讼习性与规则互动的关系网络。诉讼习性或助力于规则的实现或解构规则,规则既可以强化诉讼习性也可以改变诉讼习性。对于释放负能量的诉讼习性应当通过规则调适加以改变。2015年《民诉解释》第392条仅将当事人未就超诉讼请求、遗漏诉讼请求事由上诉的情形排除出可再审案件的范围,并未将怠于行使上诉权则无权申请再审的原理扩及所有再审事由。从法规范体系解释的角度看,这样的规定缺乏法规范体系应有的一致性。难道说,超诉讼请求、遗漏诉讼请求事由是所有可再审事由中最不重要的事由吗?这种理由显然缺乏理论与实证数据的支持。如果将这一规定理解为应用怠于行使上诉权则无权申请再审的原理的试探性举措,尚可理解。总体上看,当下的规则仍在助长怠于行使上诉权、过度"消费"审判资源的诉讼习性。这是基层人民法院有较大数量再审案件的重要成因。在目前当事人的正义意识与裁判实际水平下,对于调解结案的案件、小额诉讼程序案件,在一定条件下提供再审救济具有合理性。不过,如果当事人充分参与、对自己的行为负责,强制调解下产生调解书的几率很小,误用或滥用小额程序的情形也很难发生。因此,有必要在这方面设定若当事人在诉讼程序中未行使程序异议权,则无权就此事项申请再审的限制条件。

(五)职权型再审启动方式仍发挥重要作用

在 B 省调研时获悉,职权型再审启动方式仍然发挥重要作用。在所有受理的再审案件中,法院依职权决定再审案件与检察机关抗诉再审案件合计占比为 30%—40% 左右(2014 年法院依职权决定再审案件占比为 19%、检察机关抗诉再审案件占比 13.2%;2015 年法院依职权决定再审案件占比为 26.2%、检察机关抗诉再审案件占比 16.7%)。《民诉解释》第 404 条将法院依职权决定再审案件分为有申诉人的依职权决定再审案件与无申诉人的依职权决定再审案件。在广义的法律规范层面,申诉作为当事人申请再审之外的寻求救济行为被规定下来。即便如此,申诉也应是当事人申请再审行为的补充方式。申言之,职权型再审启动方式都应是当事人申请再审方式的补充方式。就笔者所调查区域获得的信息,补充性的职权型再审启动方式显然比重过大。这种职权型再审启动方式的大比重现象,至少有三方面的成因:第一,一审、二审案件质量堪忧;第二,当事人申请再审渠道不畅;第三,信访压力仍未消退。这三方面成因是相互关联的,案件质量方面的成因是根本原因。当事人申请再审的正常渠道受到阻抑,必然会寻求信访方面的救济。每个法院设有人大、政协联络办公室,每个法院的诉讼服务中心也都设有信访接待窗口,遇有持续、激烈"鸣冤者",法院依职权决定再审就成为不得已而与之的疏解方式。在司法机构外的求援与法定的向检察院申请抗诉或检察建议有时相互结合,有时前后相继,使得职权型再审启动方式难以在短时间内收缩。

(六)对再审立案的人为控制

笔者在调研中,对A、B两省的知名律师进行了访谈。访谈中多位律师谈及当地对再审立案进行人为控制的状况。据与谈律师讲,在当地再审申请的成功率很低。一起民事再审申请案件要经过承办人—庭长—院长三个环节的审核,如果最后一个环节控制严格,这起再审申请案件就不能立案。再审立案需要拼关系、拼资源,常常卷入法外因素,有的案件需要人大代表的情况反映。通过其情况反映能够取得效果的一般是具有中国共产党党籍的人大代表;企业或者民主党派的人大代表的情况反映的效果要差很多。即便是通常认为应该获得再审立案的新证据事由,也很难启动再审。与谈律师认为,再审压力大是一审程序保障不足、二审维持率过高导致的。在一个省级行政区域,大多数再审案件会向高级人民法院集中,高级人民法院的"减负"举措也已用尽,不过,人为控制再审不是治本之策。不加强一审的程序保障与真实发现功能、二审的依法纠错功能,再审难与再审压力大的双向难题始终会困扰我国民事诉讼。

二、对 C 市中级人民法院再审状况的实证分析

(一) 对 C 市中级人民法院再审受理状况的实证分析

G 省地处我国西南地区,2014 年 G 省的 GDP 总量为 9251.01 亿元,GDP 增速为 10.8%。① 2015 年各省 GDP 增速排名中,G 省位列第三。② 2015 年中国城市 GDP(经济总量)100 强排名中 C 市位列第 77 位(GDP 为 2692 亿元,同比增长 12%,人口 468 万)。③ 本文拟以这样一个经济发展程度较为靠后,但是,经济增速很快的城市的中级法院作为样本法院对其再审状况进行实证分析。

1. 对 C 市中级人民法院再审受理基本数据的实证分析

如表 5、表 6、表 7 所示,C 市两级法院再审受理案件在所有受理案件中所占比例约为千分之四,这个比例比预想的要低很多;在再审案件中,民事再审案件占大多数,约为 86%。从近年来再审案件数量看,2015 年立案登记制实施以前,再审案件在数量上的变化

---

① 《2015 年中国各省市 GDP 数据排名及增速预测广东人均 GDP 破万美元》,中新网 2015 年 2 月 3 日。
② 《2015 年中国各省市 GDP 数据排名及增速重庆增长率为 11%》,中国经济网 2016 年 1 月 20 日。
③ 《2015 中国城市 GDP 排名出炉! 第一无悬念》,新华网 2016 年 1 月 21 日。

有起伏,新《民事诉讼法》实施后的 2013 年,再审案件增长较明显,2014 年又有所回落。

表5　C 市两级法院受理案件情况统计表

年份	收案	结案
2012	46426	44861
2013	51348	50945
2014	56836	53247
2015	79725	71592
2016 年 1—6 月	51256	24374

表6　C 市两级法院再审受理案件情况统计表

年份	再审收案	本院决定再审	抗诉	指令再审	提审
2012	191	107	32	51	1
2013	229	131	36	61	1
2014	216	135	20	59	2
2015	212	132	12	66	2
2016 年 1—6 月	193	110	2	81	

表7　C 市中院再审案件受理情况统计表

年份	再审收案	本院决定再审	抗诉	指令再审	提审	再审结案
2012	125	66	26	32	1	103
2013	172	93	30	48	1	148
2014	142	68	17	55	2	115
2015	113	56	9	46	2	101
2016 年 1—6 月	125	60	1	64		42

再审案件的数量与民事一审案件受理数量有明显关联。2013 年 C 市的一审案件数量有较明显的上升。以 C 市 H 区法院为例,

该区法院2013年受理案件数量翻番达4099件。① 就启动方式而言,样本法院的再审来源统计只列了本院决定再审、抗诉、指令再审、提审四种方式,没有细分当事人申请再审与法院依职权再审的再审启动方式。

《由"无限再审"到"有限启动"——探寻维护司法公信与保障民众合理诉权之间的平衡点》一文提供了2008—2012年S省H市法院再审启动方式的数据(含当事人申请启动再审案件数、检察院提起再审案件数、法院依职权启动案件数与再审结案总数)。② 尽管案外人申请再审的数据未纳入此文的研究对象范围,再审主要启动方式在再审实践中的权重还是得以准确再现。此文所提供的数据,以及笔者对这组数据的逐年计算的比值还是能够体现我国东部省份中级法院再审案件在案件来源方面的特征的。此特征可概括为:绝大多数再审案件的来源渠道是当事人申请再审;检察院提起再审虽然是第二位的再审案件来源渠道,但是与当事人申请再审来源渠道相比数量悬殊;法院依职权启动再审,案件数量极

---

① C市H区人民法院《司法体制改革试点工作专报》(第二期),2015年6月26日。

② 田源、李燕:《由"无限再审"到"有限启动"——探寻维护司法公信与保障民众合理诉权之间的平衡点》,http://heze.sdpeace.gov.cn/contents/215/3973.html,最后访问时间:2016年3月6日。由此文提供的数据可见,2008年当事人申请启动再审案件数、检察院提起再审案件数、法院依职权启动案件数与再审结案总数的比值依次是0.81、0.16、0.01。2009年当事人申请启动再审案件数、检察院提起再审案件数、法院依职权启动案件数与再审结案总数的比值依次是0.8、0.16、0.04。2010年当事人申请启动再审案件数、检察院提起再审案件数、法院依职权启动案件数与再审结案总数的比值依次是0.8、0.21、0.03。2011年当事人申请启动再审案件数、检察院提起再审案件数、法院依职权启动案件数与再审结案总数的比值依次是0.82、0.15、0.04。2012年当事人申请启动再审案件数、检察院提起再审案件数、法院依职权启动案件数与再审结案总数的比值依次是0.79、0.16、0.05。

少,在各种再审案件的来源渠道中,其权重最轻。通过访谈,笔者获知,在C市H区法院,再审主要启动方式在再审实践中的权重基本与S省H市法院的情况一致。

我们可以从再审案件规模、再审的非正常扩大化适用的状况、再审程序与二审程序的程序利用差异等方面透视我国民事诉讼中的再审通常救济程序化问题。样本法院再审案件受理情况的数据至少能表明在再审案件规模、再审的非正常扩大化适用方面,再审通常救济程序化问题在该法院无明显体现。另一方面,样本法院的上述数据实际上也提示了一个事实,一审判决生效后启动再审、向原审法院申请再审的情况比较少见。以我国审级制度作为分析基础,中级人民法院通常是二审法院,再审案件的"主流"应在高级人民法院。平均约占四分之一的指令再审案件,更进一步印证了这样的事实。这些指令再审案件,哪些属于上级法院(就再审申请案件)裁定再审后指令下级法院再审,哪些属于上级法院依职权决定再审并指令再审,也需要进一步关注。

2. 再审启动方式中的检察监督启动

在对G省C市中级人民法院的调研中,多名法官提到通过检察监督启动的再审在再审实践中问题比较突出。在对Y省的一位资深检察官的访谈中,他也结合自己多年的民行检察监督经验,谈了自己对民行检察监督工作的认识。故此,将这两部分访谈资料整合于此,作为研究检察监督启动再审方式的研究素材。

(1) 访谈材料一

"我们法院再审受理案件方面这几年有些变化,尤其是2012年《民事诉讼法》修改之后。总体上案件受理数有增加,再审案件受理的案件数也有增加,但是,变化不是太明显。我倒是觉得检察院监督权的强化,使我们检法两家的关系有点紧张。检察院民行检察监督口的人,素质不太高,有时候跟我们的认识不太一样。你比如说,有损国家利益、社会公共利益的生效调解书检察院可以抗诉。可是,什么算有损国家利益、社会公共利益,这要认识不一致,案子就很难办。我说个案子,甲跟乙村村委会签合同要租用乙村土地一块,用来办学校。甲又跟丙、丁、戊等十多人签合同借钱用来兴建学校,用地上建筑物做抵押。后来甲给不了租金,乙村村委会起诉甲要她给租金。法院调解以地上建筑物抵租金。调解书生效后,丙、丁、戊等人到法院申请再审,法院驳回。于是丙、丁、戊等十多人到检察院申请抗诉。检察院认为生效调解书损害社会公共利益,提起抗诉。我们觉得这个案件里是不是涉及损害社会公共利益,还有争议。"[1]

(2)访谈材料二

"我在检察院工作这么多年,民行检察监督干过、侦查监督也干过、公诉也干过,检察院对法院的民行检察监督很难见成效。困难主要是,民行检察监督工作人员总体素质和法院民事法官的素质还有差距。我们这头的看法,法院那头不怎么认同。检察院介入民事纠纷,我觉得现在进行的检察院公益诉讼的试点的路子是对的。检察院应该把这个作为介入民事纠纷的主要入口。"[2]

C市的审判数据中,再审来源数据的统计项目分为本院决定再审、抗诉、指令再审、提审四类。按照收案数的多少来排序,先后分

---

[1] 访谈日期:2015年8月13日。访谈对象:G省C市中级人民法院资深法官郭某。

[2] 访谈日期:2015年11月9日。访谈对象:Y省S市人民检察院资深检察官李某。

别是本院决定再审、指令再审、抗诉、提审。自2012年以来,抗诉案件在再审收案数中的比例依次为21%(2012)、17.4%(2013)、12%(2014)、8%(2015)、0.8%(2016年1—6月)。总体上看,样本法院以抗诉为启动方式的再审收案数在再审收案总数中的比例呈下滑趋势。2015年《民诉解释》明确确定了"三加一"诉讼终结机制。在此之前,更确切地讲,在2012年《民事诉讼法》修改后,"三加一"诉讼终结机制已经开始试运行。对于我国审判监督程序的改革方向,学界主流观点是变多重启动方式为再审之诉的一元化启动方式。立法机关在2012年修法时采取强化检察监督的修法路径,部分地方法院则对检察监督启动再审有抵触,检察院部分工作人员对于民行检察监督的有效性也有疑虑。我国《宪法》赋予检察院法律监督机关的法律地位,在有充分理由且经正当程序修宪前,通过检察监督启动再审的再审启动方式具有规范意义上的正当性。通过学术文献梳理和调研,不难发现对检察监督的社会认同尤其是学界与司法机关对检察监督的认同方面仍存在争议。在学理上,检察监督比较大的争议是其职权启动方式与当事人处分权之间的冲突;在诉讼实践中也确实发生过检察监督启动再审违背当事人意愿的案例。在这方面,《检察院抗诉规则》已经作出明确规定,确立了当事人申诉前置的检察监督启动方式。这一举措在很大程度上缓和了检察院职权启动再审与当事人处分权的紧张关系。不过,2012年《民事诉讼法》赋予检察院在决定是否提起抗诉或提出检察建议时的调查取证权。检察院对民事案件的调查取证权既可能补强确有取证困难的当事人的取证能力,也可能打破当事人平等对抗的格局使诉讼的公平性受到质疑。据访谈材料一和访谈材料二,目前,检察院民事行政检察监督部门人员总体职业素质水平与法院民事法官的职业素质水平不相匹配,是需要引起注意的问题。如果这一问题不能得到切实解决,民事检察监督启动再审的实效性是很难保证的。

(二) 对 C 市中级人民法院再审审理状况的实证分析

1. 样本法院再审案件审理数据概况及分析

近年来,C 市中院审监庭再审案件的改判、维持比总体上是逐步上升的。如表 8 所示,自 2012 年以来,该院的改判、维持比依次是 0.76(2012)、1(2013)、1.52(2014)、1.48(2015)、0.55(2016 年 1—6 月)。与全国法院民事再审改判、维持比相比较,2015 年以前,C 市中院审监庭再审案件的改判、维持比偏高。依这一数据,C 市中院辖区内的基层法院所做的生效裁判文书、该中院所做的生效裁判文书在审判公正性方面仍有比较大的提升空间。但是,此院 2016 年再审案件的改判、维持比有望大幅下降。

近年来,C 市中院审监庭再审案件的发回重审率总体上是逐步上升的。自 2012 年以来,该院的发回重审率依次是 18.4%(2012)、18.9%(2013)、19.1%(2014)、15.8%(2015)、2.4%(2016 年 1—6 月)。与全国法院民事再审发回重审率相比较,一直到 2015 年,C 市中院审监庭再审案件的发回重审率偏高。依这一数据,C 市中院辖区内的基层法院以及该中院在程序保障方面、事实认定机制方面仍有提升空间。在笔者对该省多名法官的访谈中,被访谈者都提到了绩效考核压力大的问题。只有惩戒机制,没有奖励机制的绩效考核使被访谈者深受困扰。[①] 因此,导致 C 市中

[①] 访谈日期:2015 年 8 月 13 日。访谈对象:G 省 C 市中级人民法院资深法官刘某(男)、刘某(女)、施某等。

院审监庭再审案件的发回重审率偏高现象的原因中,原来的绩效考核制的"灵活"应对,也是很重要的因素。2015年至2016年,随着绩效考核制的淡出,样本法院的发回重审率开始下降。

近年来,C市中院审监庭再审案件的调解率总体上是螺旋上升的。自2012年以来,该院的调解率依次是7.8%(2012)、2%(2013)、5.2%(2014)、7.9%(2015)、12%(2016年1—6月)。与全国法院民事再审调解率相比较,2015年以前,C市中院审监庭再审案件的调解率低于全国再审调解率的平均值。再审调解率低并非负面意义的事实,它只能说明再审调解率在我国不同法院存在不均衡的体现。另一方面,就此数据而言,不能印证再审调解率与经济发展程度的相关性。

表8 C市中院审监庭再审审理案件情况

年份	再审结案	维持	改判	发回	调解	其他	撤诉	驳回	终结
2012	103	33	25	19	8	16	2		
2013	148	43	43	28	3	1	12	16	2
2014	115	31	47	22	6	6	1	2	
2015	101	29	43	16	8	2	1	2	
2016年1—6月	42	20	11	1	5	2	2		2

2. 样本法院抗诉再审案件审理数据概况及分析

近年来,C市中院审监庭审理的抗诉再审案件的改判、维持比总体上是逐步上升的。如表9所示,自2012年以来,该院抗诉再审案件的改判、维持比依次是0.44(2012)、0.64(2013)、1.67(2014)、2.5(2015)。与全国法院民事再审改判、维持比相比较,C市中院审监庭再审案件的改判、维持比偏高。依这一数据,C市中院抗诉再审案件的改判、维持比不稳定,2014年的改判、维持比突然上升。但是,这一数据的出现与案件样本量较少有直接关系,特异性较强。从前文访谈资料看,C市中院与检察院之间还是存在一定"博弈"关系的。在各尽其职的"博弈"中,抗诉案件仍有高出平均值的改判、维持比。可以表明,被抗诉生效裁判文书在审判公正性方面仍有比较大的提升空间。近年来,C市中院审监庭审理的抗诉再审案件的发回重审率总体上是逐步上升的。如表9所示,自2012年以来,该院抗诉再审案件的发回重审率依次是13.6%(2012)、26.9%(2013)、25%(2014)、11.1%(2015)。在"三加一"终结机制的终结环节,仍然有比例较高的事实问题、程序问题,是值得省思的。自2012年以来,该院抗诉再审案件的调解率依次是4.5%(2012)、0(2013)、6.3%(2014)、0(2015)。在样本法院,无论发回重审率还是调解率,抗诉再审案件都具有比较强的不确定性,不过,发回重审率有畸高情形,调解率有归零情形。大体可以得出的结论是,即便在抗诉再审案件中,仍然存在发回重审的促动力量;抗诉再审案件的调解比通常再审案件调解更难。此类案件中调解难,与当事人对抗的激烈程度有关。在"三加一"诉讼终结模式下,检察院抗诉后再审是最后的救济程序,当事人对抗应该是更为激烈。

表9　C市中院审监庭再审抗诉案件审理情况

年份	再审抗诉结案	维持	改判	发回	调解	其他	撤诉	驳回	终结
2012	22	9	4	3	1	4	1		
2013	26	11	7	7				1	
2014	16	3	5	4	1	2	1		
2015	9	2	5	1		1			
2016	1		1						

(三) 在样本法院的庭审观摩记录材料与访谈材料分析

1. C市中院民事一审案件庭审观摩记录材料

"这是一起代表人诉讼案件。三十余名出租车司机诉某出租车公司确认股权。司机这方诉称几年前他们带自己的车入股公司,与公司有取得股权方面的协议,有代表替他们持有股权。公司则主张这三十余名司机从来没有取得过股权,他们有物权而没有股权。此次庭审,先由一名法官主持法庭调查,在被告公司的代理人强调原告只有物权、没有股权,并准备提交相应证据时,原告一方当事人中有数名女司机率先越过旁听席与审判席之间的隔离栏,连呼带叫要揍被告公司代理人,紧接着其余到庭的司机当事人都冲向被告席。辱骂声四起。法庭内没有法警,主持审判的法官紧急呼叫门外值班的法警。法警进门,厉声喝止伸手指点、斥责、辱骂的众司机。司机们仍不依不饶,冲着法官大叫:'你不让我们好好活!我们也不会让你们好好活!'主持调查的法官紧急拨打审判长电话。一会儿工夫,审判长着法袍出现在法庭上,审判长大声喊了几句让大家安静的劝说的话;司法们的诉讼代表人也出来安抚大家。法庭恢复了平静,庭审继续进行,当庭未能宣判。"

2. 访谈材料三

甲法官:"要说到程序,我们觉得送达是个问题。我们庭案子多,被告通知不到的时候,一般会公告送达。"

乙法官:"公告送达问题比较多,判完了,当事人出现了,说你没给他送达,就上诉了。我们每个案子都会直接送达,直接送达时候困难比较多。单位里的车有时候约不上,需要坐公交去送达。

送达时候打车,单位是不给报销的。有的时候,找到一个地址,找不到人,还得等,还得问,一晃一天就过去了。我们还得写判决、还得开庭,这时间不够用。"

甲法官:"车不够用是一回事,关键是书记员、助理不够用。我们案子多,根本不可能像你们庭那样去送达。"

乙法官:"不去找,就公告送达,风险比较大。"

甲法官:"那也没办法,总得开庭吧。"①

就笔者的参与观察及访谈,样本法院在诉讼程序运行的某些方面,如证据交换、法庭调查之间的关系,配备法警的场合,公告送达适用条件的把握等,还有未达成共识之处。结合上述庭审观摩材料、访谈材料与前文的再审状况数据分析,初步可以判断样本法院在诉讼程序保障方面仍有很大的提升空间。另外,在庭审观摩中,笔者发现这起原告人数多达三十余人的代表人诉讼中,人数众多的原告居然没有律师代理。由于没有律师代理,原告基于情理的朴素的正义意识与诉讼程序的要求存在很大的差距,这才出现理性论辩过程被哄闹法庭行为打断的情况。与全国法院民事再审改判、维持比相比较,C 市中院审监庭再审案件的改判、维持比偏高,这与当地的经济发展水平有密切关联。由于经济资源、法律职业资源对以辩论权为中心的程序保障层次的制约,审判公正性问题仍是当地民事诉讼、再审所面对的最主要问题。

---

① 访谈日期:2015 年 8 月 14 日。访谈对象:G 省 C 市中级人民法院青年法官甲、乙。

第四节 再审典型案例实证分析

本节笔者拟通过对自己参与观察的三起具有典型意义的再审案件的真实状况的描述与分析,在细节层面探寻再审运行中存在的问题。

一、案例一:争讼 17 年的再审案件分析

【争议简述】

本案中再审申请人 Y 与被申请人 Z 的纠纷是因 N 市汽车板簧总厂销售处在 1994—1997 年间的经营活动而起。Z 与 N 市汽车板簧总厂于 1994 年联营设立 N 市汽车板簧总厂销售处。Z 就 N 市汽车板簧总厂销售处的经营活动向 Y 主张返还的货款、利润。N 市汽车板簧总厂销售处的营业执照证明该企业的负责人是 M。Y 是 Z 聘用的营业员。Z 陈述中提及以营业利润的百分之五十作为 Y 的报酬。1997 年 4 月 N 市汽车板簧总厂销售处被 N 市工商管理局注销。企业注销申请人为 N 市汽车板簧总厂,申请注销理由为"由于经营不善造成损失"。在企业申请注销登记注册书中的第一栏"企业人员安置、设备、设施、物资、债券、债务等处理情况"中,N 市汽车板簧总厂明确表示,"企业的人员由本厂安置,设备、设施、物资由厂收回。一切债权、债务由 N 市汽车板簧总厂负责。"

【再审过程】

1999 年 12 月 17 日 Y 省 N 市 W 区人民法院(1999)宛龙民初

字第202号民事判决书判决Y向Z支付货款、利润总计68220元并承担诉讼费3374元。Y不服,上诉至N市中级人民法院。N市中级人民法院于2000年8月16日作出(2000)南民终字第991号民事裁定,撤销原判,发回重审。2002年11月9日N市W区人民法院作出(1999)宛龙民初字第202号民事判决,双方当事人均不服,向N市中级人民法院提出上诉。2003年9月4日N市中级人民法院作出(2003)南民一终字第278号民事判决。Y不服,向N市中级人民法院申请再审。2004年6月17日N市中级人民法院作出(2004)南民立监字第280号民事裁定对本案进行再审。2004年10月15日N市中级人民法院作出(2004)南民再字第88号民事裁定撤销N市中级人民法院(2003)南民一终字第278号民事判决和N市W区人民法院(1999)宛龙民初字第202号民事判决,发回重审。2005年6月28日,N市W区人民法院作出(1999)宛龙民初字第202号民事判决,Y不服提出上诉。2005年11月7日N市中级人民法院作出(2005)南民二终字第529号民事判决,已经发生法律效力。Y提出申请请求N市中级人民法院再审。2007年11月16日N市中级人民法院作出(2007)南民立监字第120号民事裁定,中止原判决的执行,另行组成合议庭对本案进行再审。(2007)南民再字第78号裁定撤销(2005)南民二终字第529号民事判决及W区人民法院2005年6月28日作出的(1999)宛龙民初字第202号民事判决,驳回被申请人Z的起诉。Z向Y省高级人民法院申请再审称,N中院认定"本案已经法院多次开庭审理并判决,到目前为止还是事实不清,定案的证据不足",根据民事诉讼法第153条第1款第(三)项裁定驳回申请人的起诉属于程序违法,适用法律错误。Y省高级人民法院于2008年7月27日作出

（2008）民再申字第1142号民事裁定，提审本案。Y省高级人民法院作出（2009）豫法民提字第151号民事判决，判令撤销Y省N市中级人民法院（2007）南民再字第78民事裁定；维持Y省N市中级人民法院（2005）南民二终字第529号民事判决和N市W区人民法院2005年6月28日（1999）宛龙民初字第202号民事判决。Y不服Y省高级人民法院（2009）豫法民提字第151号民事判决，向最高人民法院申诉。2011年4月17日最高人民法院作出（2011）民再申字第15号民事裁定，指令Y省高级人民法院再审本案。Y省高级人民法院于2011年9月14日公开开庭审理了本案。2011年12月15日Y省高级人民法院作出（2011）豫法民再字第00036号民事裁定书，裁定撤销Y省高级人民法院（2009）豫法民提字第151号民事判决、N市中级人民法院（2007）南民再字第78号民事裁定和南民二终字第529号民事判决、N市W区人民法院（1999）宛龙民初字第202号民事判决；本案发回N市W区人民法院重审。N市W区人民法院于2013年8月19日作出（2012）宛龙民初字第177号民事判决书，判决：自本判决生效后十日内由第三人Y省N市监狱支付原告Z钢板套款41220元。Z、Y省N市监狱不服提起上诉。N市中级人民法院于2014年6月4日作出（2013）南民二终字第953号民事裁定书，裁定撤销W区人民法院（2012）宛龙民初字第177号民事判决，发回W区人民法院重审。N市W区人民法院于2015年7月7日作出（2014）宛龙民一重字第001号民事判决。Z、Y省N市监狱不服，向N市中级人民法院提起上诉。N市中级人民法院于2015年10月21日受理后，依法组成合议庭，于2015年12月14日公开开庭进行了审理。2016年3月9日N市中级人民法院作出（2015）南民三终字第01226号民事判决书，判决驳回上诉,维持原判。

Y的再审案持续17年来,W区法院作出5个判决,市中院作出6个裁定、2个判决,省高院作出4个裁定、1个判决,最高人民法院作出1个裁定;W区法院作出执行裁定7个,市中院作出执行裁定1个,市检察院作出抗诉裁定2个。据其自述,为了这30个文书,其进京18次,去省人大13次、省高院21次、市人大11次、市纪委12次、市政法委10次、市检察院民行处40次(一年零三个月)、W区检察院9次、市信访局8次、市中院80余次、W区法院76次。本案最终的结果是由第三人Y省N市监狱支付原告Z钢板套款41220元,Y没有给付Z货款、利润的义务。

【本案分析】

本案再审过程极不正常。这十几年的"跌宕起伏"本不应该发生。

1. 职业伦理缺失问题

审理本案有两个基本点:一是当事人主体资格,二是原告诉讼请求依据事实的证明责任分配。

何以确定本案当事人? 1997年4月N市汽车板簧总厂销售处被N市工商管理局注销。企业注销申请人为N市汽车板簧总厂,申请注销理由为"由于经营不善造成损失"。在企业申请注销登记注册书中的第一栏"企业人员安置、设备、设施、物资、债券、债务等处理情况"中,N市汽车板簧总厂明确表示,"企业的人员由本厂安置,设备、设施、物资由厂收回。一切债权、债务由N市汽车板簧总厂负责。"最高人民法院《关于适用〈中华人民共和国民事诉讼法〉若干问题的意见》第51条规定,企业法人未经清算即被撤销,有清算组织的,以该清算组织为当事人;没有清算组织的,以作出撤销决定的机构为当事人。N市汽车板簧总厂作为注销N市汽车板簧总厂销售处的申请人对该销售处的财物进行了"盘存",如Z对N市汽车板簧总厂销售处经营期间的货款、利润有争议应当先与N市汽车板簧总厂进行结算。如对结算结果不满意,应当以N市汽车板簧总厂为被告提起诉讼。N市汽车板簧总厂是实体责任的承担者,Y并非实体责任的承担者,也不是适格被告。由于《民事诉讼法》第108条案件受理条件中对被告的要求是"有明确的被告",而不是要求"适格的被告",所以,应当判决驳回原审原告Z的诉讼请求。

本案举证责任该如何分配?《最高人民法院关于民事诉讼证据的若干规定》第2条规定,当事人对自己提出的诉讼请求所依据的事实或者反驳对方诉讼请求所依据的事实有责任提供证据加以证明。没有证据或者证据不足以证明当事人的事实主张的,由负有举证责任的当事人承担不利后果。Z对于其设立的企业的财务活动有管理的权利并应承担相应责任。这种责任既包括实体责任,也包括举证责任。就货款与利润究竟是否确实存在以及是否被支取的事实属于权利形成的要件事实,应当为权利主张者承担举证责任。同时,货款与利润究竟是否确实存在以及是否被支取的事实也是涉及企业财务管理活动的事实,负有企业财务管理责任的Z承担该争议事实的举证责任才符合公平原则。易言之,应该由Z承担Y取得其货款与利润的事实的举证责任才公平。

这两个问题都是法律适用中的常识性问题。在2011年最高人民法院作出指令再审的裁定前,Y省的三级人民法院没有能力意识到并解决这两个常识性问题?2011年最高人民法院作出指令再审的裁定后,为什么还有两轮发回重审?为什么需要 Y 在 17 年间频繁求助于人大、纪委、政法委、检察院、信访局的外部压力下,法院最终才能对这样一起简单案件做出一份符合法律规定的判决?笔者认为,这是一起折射出法院系统职业伦理严重缺失的典型案件。

2. 程序意识淡薄现象

根据最高人民法院《关于审判人员严格执行回避制度的若干规定》第 3 条,凡在一个审判程序中参与过本案审判工作的审判人员,不得再参与该案其他程序的审判。另据《中华人民共和国民事诉讼法(2007 修订)》第 181 条的规定,再审立案审查与再审审判是两个审判程序。因此,参与过再审立案审查的审判人员在再审审判时应当依法自行回避。本案中,Y 省高级人民法院审判人员 W 裁定再审时是合议庭的组成人员并且是审判长,在再审审判时又是合议庭的组成人员并且还是审判长。审判人员 W 应当回避而没有回避,符合《民事诉讼法》第 179 条第 1 款第(八)项的"审判组织的组成不合法或者依法应当回避的审判人员没有回避的"情形。这一情形并没有被最高人民法院认定为再审事由。

N 中院作出的(2007)南民再字第 78 号裁定认定"本案已经法院多次开庭审理并判决,到目前为止还是事实不清,定案的证据不足",根据民事诉讼法第 153 条第 1 款第(三)项裁定驳回申请人的起诉。应当说,在这份裁定的裁判理由部分比较准确地理解并应用了证明责任分配的原理,应否受理、是否在进入审判程序后驳回起诉确属程序问题,但是,本该判决驳回诉讼请求,却裁定驳回起诉。这也是程序意识淡薄的一种体现。

二、案例二：执行"僵局"中的股权确认纠纷再审案件分析

【争议简述】

2005年7月，Y公司因经营不善，股东之间矛盾重重。为此，公司员工（同时也是股东）决定在公司内部进行股权转让。股权转让过程中，均由H与股权转让方之间签订《原Y公司股东股份内部转让协议书》，并以H名义向股权转让方支付了转股款、收回原股权证。公司股权转让手续全部办理完毕后，H在工商行政管理局办理了股东变更登记手续。2005年11月8日至12月9日，W、C等人与H就他们提供的928.2万元资金如何在Y公司入股事宜，产生争议。为此，W、C等人于2006年向M自治区D法院提起股权确认诉讼。2007年6月M自治区E市中级人民法院对此案作出（2006）鄂民三终字第176号民事判决书，驳回W、C等人的诉讼请求。W、C等人向M自治区高级人民法院申请再审。M自治区高级人民法院（2008）内民再提字第51号民事判决维持了M自治区E市中级人民法院（2006）鄂民三终字第176号民事判决书。W、C等人向最高人民法院申诉，最高人民法院（2011）民监字第416号民事裁定书指令M自治区高级人民法院再审此案。2013年6月21日M自治区高级人民法院作出（2012）内民再二字第13号判决。该判决的基本事实认定是W、C等九人实际出资，继受取得股权，并实际经营管理公司，应确认为Y公司的股东，其股权份额依照股东大会认定。因为此公司在2005年办理工商登记后进行过增资扩股，工商局无法根据此判决进行变更登记。在本书初稿形成时，这起股权确认纠纷再审案件仍在执行"僵局"中。

【本案分析】

本案最终判决在认定事实、适用法律、审理程序方面都有值得"推敲"之处。也让人不能不对审理次数越多越公正的再审机制假想产生深刻质疑。

1. 最终再审判决的法律依据应否明确、具体

双方缠斗七年,最终判决列示的实体法法律依据是《中华人民共和国公司法》第4条、第72条第2款、第74条。依据这三个法条都不能直接确定股东资格。特别需要注意的是,《中华人民共和国公司法》第72条第2款规定,股东向股东以外的人转让股权,应当经其他股东过半数同意。本案中没有哪一个出让股权的股东进行过这样的程序行为。M自治区高级人民法院(2012)内民再二字第13号判决作为判决理由阐述了这样一段:"本案Y公司在转制后虽经工商部门注册为有限责任公司,但并非严格依照公司法设立的企业法人,在管理上既要参照《中华人民共和国公司法》的规定,更主要的是执行国家有关企业转制的政策规定。"这一理由是否背离法律规定是值得深究的。"国家有关企业转制的政策规定"究竟是什么规定呢?"国家政策对股权仅允许内部转让的规定"又是什么规定呢?在此判决中并未明确指出。经认真核查,实际上在当时、当地,就Y公司这样的公司不存在这样的仅允许股权内部转让的政策规定。据《公司法》第74条规定,如果公司认可股东的股权转让行为,公司应当注销原出资证明书,向新股东签发出资证明书,并相应修改公司章程和股东名册中有关股东及其出资额的记载。M自治区高级人民法院(2012)内民再二字第13号判决援引这一条款,却确认根本没有出资证明书、公司章程记载、股东名册记载的W、C等人的股东资格,这能否称为"依法审判",值得探讨。

特别需要注意的是,关于股东资格确认,我国是有明确的法律依据的。这一法律依据是《最高人民法院关于适用〈中华人民共和国公司法〉若干问题的规定(三)》(已于2010年12月6日由最高人民法院审判委员会第1504次会议通过,并自2011年2月16日施行)的第23条。《最高人民法院关于适用〈中华人民共和国公司法〉若干问题的规定(三)》第23条规定,当事人之间对股权归属发生争议,一方请求人民法院确认其享有股权的,应当证明以下事实之一:(一)已经依法向公司出资或者认缴出资,且不违反法律法规强制性规定;(二)已经受让或者以其他形式继受公司股权,且不违反法律法规强制性规定。本案因股权转让引发争议,即W、C等人是否继受取得股权的争议,应适用第(二)项。如果股权转让协议生效,则必然受让取得股权;如果没有股权转让协议,则必然无法受让取得股权,故股权转让协议是受让股权的充分且必要条件。M自治区高级人民法院(2012)内民再二字第13号判决没有援引这一法律依据,在W、C等人根本没有与原出让股权的股东签订股权转让协议的情形下,判决W、C等人具有股东资格。这能否称为"依法审判",值得探讨。

2. 明显存在的程序错误应否纠正

(1)当事人身份确定的明显错误。《最高人民法院关于适用〈中华人民共和国公司法〉若干问题的规定(三)》第22条明确规定,当事人向人民法院起诉请求确认其股东资格的,应当以公司为被告,与案件争议股权有利害关系的人作为第三人参加诉讼。在作出M自治区高级人民法院(2012)内民再二字第13号判决的审判程序中没有依据这一法律依据调整当事人地位,H是被按照原审被告来确定当事人身份的。这一程序错误,一直到最后一次再审判决都没有得到纠正。

（2）应当依申请调查收集的证据一直不调查收集。在最后一次再审的庭审中，H一方对W、C等人一方提出的证据中的所谓内部转股通知书的真实性提出质疑，同时向法庭申请鉴定，因为此通知真实性值得质疑，拼接伪造可能性极大，申请鉴定是否同一时间出自同一打印机。令人遗憾的是，直到判决作出，合议庭都没有组织鉴定。

三、案例三："被拒"的检察抗诉申请案件分析

【争议简述】

2004年9月14日，T公司、Y公司签订《建设工程施工合同》一份。Y公司与实际施工人Z又签订了该项目的《承包合作协议》。工程款八千多万元汇入Y公司由Z与Y公司"共同监管的账户"，Y公司扣留自己所得1%的管理费和税金后，又将工程款7748万元转入到由T公司的股东开办的B公司的账户上。当Z垫资施工到地上十一层（包括地下三层）时，2006年1月17日，T公司突然以Y公司为被告起诉至北京市F区人民法院，要求解除施工合同、返还施工现场。2006年1月20日，北京市F区人民法院在受理T公司的起诉两天后就作出了（2006）丰民初字第4804号民事先予执行裁定并执行。

2006年3月9日，Z将T公司诉至北京市高级人民法院。2009年8月31日北京市高级人民法院作出（2006）高民初字第328号民事判决书。在其判决事实认定部分的第六部分"对已完工程的造价及现场存留物价值的认定"中，北京市高级人民法院判决将现

场存留的建材、设备、设施等确定为4237378.53元,并体现在T公司应支付给Z的尚欠工程款的判项中。Z不服一审判决,在判决书送达后上诉至最高人民法院。最高人民法院认为,Z提供的遗留材料清单是张某单方制作的、无其他证据支持。T公司提供的《15-C现场楼外剩余材料实际盘点记录》《15-C现场楼内剩余材料实际盘点记录》,是在北京市F区人民法院对另案先予执行的过程中形成的,具有执行法官的签字确认,该证据的证明力要大于Z单方制作的现场遗留材料清单。因此,一审法院认定鉴定机构以此为鉴定依据所作出的鉴定结论计算遗留材料的价值,并无不当。Z向最高人民检察院申请抗诉,请求最高人民检察院依法对最高人民法院(2009)民一终字第101号民事判决书中相关判决内容提起抗诉。最高人民检察院以超过申请期限(判决生效后六个月内)为由驳回再审申请。

【本案分析】

审判权与检察监督权的关系在我国民事诉讼中的重要程度仅次于当事人诉权与审判权之间的关系。这一点主要体现在再审程序中。在诉讼实践中,向检察院求助,也会成为当事人维护自己权利主张的重要选择。目前的"三加一"终结程序机制实施之前,检察院何时介入民事审判在民事诉讼法中缺乏明确规定;当事人何时、基于何种事由可以向检察院提出权利主张,大多数当事人都不是特别清楚。在当事人向检察院提出权利请求的过程中,最常见的一种误识就是向检察院申诉没有时间限制。在此案中,Z在维权的最后阶段就出现了这样的问题。

其实,不仅是Z这样的普通当事人,向检察院申诉是否有时间限制的问题,也常常令一些律师感到困扰。

2017年夏季问卷调查的结果显示，对于再审案件裁定再审难度上，超过七成检察官表示困难或者非常困难，以及对于申请检察院监督案件获得检察院支持的难度上，55.3%的检察官样本表示因个案有所差异。检察官自己都感到通过检察监督启动再审难，那就不能不从规范层面探寻原因。据笔者查阅的资料，向检察院申诉的时限在2001年就有相关的"内部规定"。最高人民检察院民事行政检察厅〔2001〕高检民发第4号文《关于规范省级人民检察院办理民事行政提请抗诉案件的意见》第1条规定，对下列民事行政申诉案件，省级人民检察院应不予受理：申诉人在人民法院判决、裁定生效二年之内无正当理由，未向人民检察院提出申诉的案件。在Z向检察院申诉时尚未满二年时限，但是，此时新修订的《民事诉讼法》已经将当事人申请再审的时限缩短至六个月，检察院申诉审查部门以此为由没有受理Z的申诉请求。2013年9月23日起施行的《人民检察院民事诉讼监督规则（试行）》也没有明确规定向检察院申诉的时限。在笔者的调查中，也发现其他一些类似的案件，因当事人不知道必须在六个月时限内向检察院申诉而未能进入救济程序的最后环节。这样重要的规则，至少应该在司法解释中予以明确规定，这也是一个程序保障问题。

第五节　判决生效后救济程序构造中的再审

在我国民事诉讼中，判决生效后救济程序构造是一个相对较大的系统。据现行民事诉讼法的规定，它又由对本案当事人的救济系统、对案外第三方民事主体的救济系统两个子系统构成。根据启动方式的不同,对本案当事人的救济系统可进一步分解为当事人申请救济系统、职权救济系统。职权救济系统又进一步分解为法院职权救济系统和检察院职权救济系统。

判决生效后救济程序构造具有反思性、反馈性、补救性。作为民事诉讼系统的一个子系统,判决生效后救济程序构造也应发挥民事诉讼的内在功能、社会功能、程序正当化功能。发现真实、确定法益是民事诉讼的内在功能。程序正当化功能是现代民事诉讼应该具有的功能。就民事诉讼内在功能和程序正当化功能的发挥,判决生效后救济程序构造具有反思性与反馈性。生效判决书中的事实认定是否正确、是否清楚,法律适用是否正确,程序是否合法在判决生效后救济程序中会被重新审视并得出相应的判断,此之谓判决生效后救济程序系统的反思性;经判决生效后救济系统重新就事实认定、法律适用、程序运行作出判断、形成裁判文书,会对原审法院、原审当事人及代理人的诉讼行为作出明确反馈,矫正不良行为倾向或错误的法律认知,此之谓判决生效后救济程序系统的反馈性。维护民事权利是民事诉讼社会功能中最为重要的基础性社会功能。民事主体之间争议的民事诉讼权利、义务在生效判决书中已经确定或者因生效判决书的法律效力而受到直接影响,因为尊重生效判决书法律效力是维护法秩序、维护司法权威的基本要求,只有在确实存在事实认定、法律适用错误或者严重程序错误的情况下,才能撤销生效判决书的法定效力并对相关民事主体的民事权利施以救济。对民事主体的权利救济的基本渠道是一审和二审民事诉讼程序。在权利维护方面,判决生效后救济程序构造具有补救性。

在判决生效后救济程序系统中,当事人救济型再审系统具有基础性和示范性。无论从数量的多寡还是发生概率的普遍性上看,发生争议的民事权利与义务主要是当事人之间的权利与义务争议。判决生效后,仍就判决确定的权利与义务存在争议的也主要是当事人之间的权利与义务争议。因此,当事人救济型再审系统在判决生效后救济系统中具有基础性。当事人救济型再审系统的制度形成时间长,原理与制度、规则之间具有相对稳定的协调性。在判决生效后救济系统中,当事人救济型再审系统中的制度设置与安排在整个系统中具有示范性。在法院的实务操作层面,当事人救济型再审系统中的制度设置与安排是判决生效后案外人救济程序的直接参照依据。

以最低的诉讼成本赢得生效判决社会认同度最大化,是当代各国在民事诉讼中最真切的理想。在此理想的指引下,判决生效后救济案件、再审案件当然是越少越好;对判决生效后救济案件、再审案件的程序"支出"当然是越小越好。但是,不容忽视的是,再审案件会不会少、对再审案件的程序"支出"能不能降低,起决定意义的是原审裁判的正当性、审级制度内诉讼运行的正当性。通过从再审案件的受理情况、审结情况的全国数据到代表性地区的实践样态,再到典型案例中的突出问题,这样"由面及点"的实证性描述以及反馈性分析,不难看出,改革开放四十年来,尤其是 21 世纪以来,我国民事诉讼在审级救济系统内的审判工作有长足的进步,但是,在事实认定方面远未尽力弥合法律真实与事实"真相"之间的差距,程序运行的规范性方面仍极不理想。通过再审来进行权利补救、通过再审来"矫治"法官轻视程序的惯常性行为倾向仍具有较强的现实必要性。

第六节 小结

在民事再审收案数据分析方面,再审与二审对比值统计分析显示,在我国民事诉讼中,再审通常救济程序化问题不仅存在而且非常明显。在1991年至2001年,再审通常救济程序化问题是非常严重的。2002年至2014年,再审与二审案件对比值的变化轨迹只能表明我国民事诉讼中的再审通常救济程序化的问题有所缓减,但是,再审仍然未走出通常救济程序化的状态。忽视上诉案件大幅增长的"冲淡"效应,很可能对再审通常程序化特征的衰减趋势有盲目乐观的想象。本章就再审通常救济程序化问题的规范层面原因分析结论是:1991年《民事诉讼法》未能解决再审通常救济程序化问题;再审通常救济程序化现象"变轨"的主要原因是新世纪初审判理念变革与证据制度的重要改革,使庭审中心主义的司法认同模式成为主流。2007年以来,规范层面的变化,在很大意义上是在控制再审程序非正常扩大适用方面克服再审通常救济程序化弊端。能否从根本上消除再审通常救济程序化,更重要的是原审裁判的正当性、审级制度内诉讼运行的正当性。这个层面问题的解决最终取决于正在进行的司法改革的成效。本章就再审通常救济程序化问题的诉讼资源层面的原因分析结论是:我国改革开放以来形成的法律职业资源、经济资源、社会解纷资源为审判权依法行使提供了基础条件,也促进了审判权依法、正当行使。由于各类资源配置方面的局限性以及诉讼习性间的博弈,仍存在审判公正性与民众正义需求不同步、审判公正性与法官正当需求不同步的问题。这就是我国司法改革要解决的问题,也是司法公正度、司法的社会认同上升的空间所在。再审通常救济程序化现象要在这样的社会变革过程中逐步消减。

在民事再审结案数据分析方面,改判、维持比变化轨迹分析结论是:持续高位的改判、维持比与"问题案件"的严重质量问题,无疑在验证真实发现、法益确定是民事诉讼内在功能的论断。权利意识高涨的当代中国,诉讼内在功能的紊乱在权利受损的当事人那里必然会产生"剧烈反应"。再审的案件中反映出的诉讼内在功能失灵的问题还很严重。发回重审率变化轨迹分析结论是:如果2008年以来再审发回重审率高企现象完全由再审法院倾向于发回重审的偏好所致,目前限缩性界定发回重审事由的法规范调整是合理的;然而,如果一审、二审审判实践中的事实认定问题、程序问题比以往更为严重的事实也是此现象的原因,上述限缩性界定发回重审事由的法规范调整不仅难称合理,而且有明显的负面效应。认定事实不清的发回重审事由可以去除,但程序性发回重审事由不可克减。法院绩效考核制的"退隐",将大大削弱发回重审裁判方式异化适用的权力资源因素,也大大减少再审发回重审率高企现象的习性成因假设的可能性。在此前提下,须高度重视再审发回重审率高企现象的错误成因假设,需要反省2015年《民诉解释》对发回重审事由进行限缩性界定的合理性。再审调解率变化轨迹的分析结论是:2004年至2008年,竟然连续五年出现再审调解率高于二审调解率的怪现象。这非常明显地体现了再审通常救济程序化的特征。再审被纠纷解决目的格式化的可能后果就是弱化再审的法益确定功能。对于再审而言,再审被纠纷解决目的格式化的现实与再审调解的合法性都需要认真反思。本章对不同审判习性间博弈的分析结论是：职权依赖习性使得诉讼实践中存在比较严重的不尊重当事人的辩论权、不重视庭审的真实发现机能、轻视当事人辩论意见中的法律论证、忽视程序正当化功能等程序虚无化现象。这是再审改判、维持比高与发回重审率高的很重要的原因，再审调解率高则是重审判外"做工作"的工作方式的直接体现。当下司法改革中，最有效的应属以"换人"为特征的法官员额制改革。法官员额制改革能否与司法保障制度改革、司法责任制度改革协调推进，决定着法官习性能否彻底改变，也决定着再审改判、维持比与发回重审率能否回落以及再审通常救济程序化问题能否得到根除。

再审状况的样本法院分析结论有检察院民事行政检察监督部门人员总体职业素质水平与法院民事法官的职业素质水平不相匹配，是需要引起注意的问题。由于经济资源、法律职业资源对以辩论权为中心的程序保障层次的制约，审判公正性问题仍是部分地区民事诉讼、再审所面对的最主要的问题。再审状况的案例实证分析结论是审判实践中仍存在职业伦理缺失问题、程序意识淡薄现象、法律适用的规范性问题。

第四章 案外人救济程序实证分析

经2007年、2012年《民事诉讼法》的修改,我国民事诉讼中已形成以案外人申请再审、案外人执行异议之诉、第三人撤销之诉构成的案外人救济程序。如前所述,案外人申请再审程序、第三人撤销之诉的诉讼动因在于撤销、改判生效裁判,而案外人执行异议之诉虽与作为执行根据的生效裁判无关,但是,这种救济程序也是发生在裁判生效之后。毋庸置疑,这是一个复杂体系。自2007年以来,学术界与实务界以极高的学术热情投入到案外人救济程序的研究中,在案外人救济程序的理性建构、实务指引方面提出了不少有启发性的观点。笔者认为,案外人救济程序的核心问题是程序体系的合理性问题。要解决这个问题,需要立足修法后案外人救济程序的实践,结合各类案外人救济程序的运行数据与生效裁判开展实证研究与分析。在笔者一直关注的中国裁判文书网上,不仅有各类案外人救济程序的裁判文书,也有基于已公布裁判文书的一些数据披露。笔者拟以中国裁判文书网上公布的各类案外人救济程序的裁判文书及相关数据作为研究素材,进行案外人救济程序的实证分析。中国裁判文书网上公布的经案外人救济程序产生的裁判文书数量庞大。经这类程序通过最高人民法院审判产生的裁判文书既能看到一个案外人救济程序案件在"时间流"中的发展历程,也可以捕捉到最高人民法院在此类程序运行中的观点与立场。故此,本章展开案外人救济程序的实证研究与分析将裁判文书素材限缩到最高人民法院的裁判文书。

第一节 第三人撤销之诉的实证分析

一、对基础数据的初步分析

截至2016年7月6日,中国裁判文书网公布民事裁判文书共计11853845篇,其中,民事案由中筛选所得第三人撤销之诉案件总计3525件,主要分布在中级法院(1587件)、基层法院(1433件);高级法院(445件)与最高法院(60件)的第三人撤销之诉相对少一些。在关键词筛选栏中出现"利害关系"的词频为822次,出现"有独立请求权的第三人"的词频为244次;关键词"驳回"的词频为832次,"不予受理"词频为187次;关键词"程序合法"的词频为85次。第三人撤销之诉主要涉及的权利类型为债权(347)、所有权(338),具体的案由涉及抵押(217)、房屋买卖(207)、买卖合同(162)、民间借贷(148)、优先受偿权(133)、借款合同(130)、土地使用权(128)、担保(126)、离婚(123)、租赁(110)、建设工程(107)。①

尽管中国裁判文书网上公布的裁判文书并非我国法院作出的全部裁判文书,但是,这是目前数量最大的裁判文书库、最大的"样

---

① 中国裁判文书网,最后访问时间:2016年7月6日。

本群",因此这些基础性的统计数据有助于对第三人撤销之诉运行状况形成初步判断。首先,第三人撤销之诉发生率为万分之三左右,相比较而言,这是比较低的;其次,第三人撤销之诉主要增加了中级法院、基层法院的审判工作量,尚未给高级人民法院、最高人民法院形成大的压力;第三,在第三人的类型划分中,与"利害关系"一词发生关联的是无独立请求权第三人,"利害关系"一词的高词频意味着以无独立请求权第三人之名意图启动第三人撤销之诉的情形比较多;第四,约29%的第三人撤销之诉得到的是消极后果,总体上看第三人撤销之诉的纠错功能还是发挥正常的;第五,在第三人撤销之诉中,诉讼参与者对程序合法性的关注度不够高;第六,在当代民事生活中,抵押、房屋买卖、借贷等领域易于产生多方关联的利益交错的关系格局,这是第三人撤销之诉存在的经济社会基础。

二、50 例最高人民法院裁判文书的基本情况、问题与分析

在笔者随机筛选的 50 例最高人民法院裁判文书中,没有对最高人民法院的生效裁判提出的第三人撤销之诉的裁判文书。事实上,在中国裁判文书网公布的、最高人民法院审判的第三人撤销之诉的裁判文书中就没有这类裁判文书。在这 50 例最高人民法院裁判文书中,既有二审案件裁判文书,也有再审案件裁判文书。在这些裁判文书中,以是否满足提起第三人撤销之诉条件为争议焦点的裁判文书居多,少部分案件是对案件中争议的实体法律关系进行了审判。其中,涉及海南省南海现代渔业集团有限公司房屋买卖合同纠纷的第三人撤销之诉案件具有群体性特征,共有 18 个

案件。在这50例裁判文书中,最终的审判结果以驳回上诉、维持原判或者驳回再审申请的否定性结果居多。以下就这50例裁判文书中体现的突出问题加以分析。

(一) 诉讼标的金额小的第三人撤销之诉案件也很可能终结于最高院

【案例1】

债权人陈某因其与丁某的债务纠纷,以该债务属于郑某、丁某共同债务为由要求撤销郑某与丁某的离婚诉讼判决,该第三人撤销之诉的诉讼标的金额为452500元。陈某、丁某对广东省高级人民法院终审民事判决不服,分别向最高人民法院申请再审。经审理,这两起第三人撤销之诉的再审案件的结果都是被最高人民法院裁定驳回再审申请。①

【案例2】

姜某因房屋买卖合同纠纷起诉某房地产开发有限公司,新疆维吾尔自治区乌鲁木齐市沙依巴克区人民法院(2013)沙民三初字第663号民事判决(以下简称663号判决)、新疆维吾尔自治区乌鲁木齐市中级人民法院(2014)乌中民四终字第125号民事判决(以下简称125号判决)均支持了姜某的诉讼请求,姜某依据判决完成房屋过户登记在先。乌鲁木齐某学校认为己方与某房地产开发有限公司先签订了《商品房预售合同》且同时办理了预告登记,才是真正的所有权人,遂提起第三人撤销之诉。经两级法院审理,663号判决、125号判决被撤销。姜某不服,就此案向最高人民法

---

① 中华人民共和国最高人民法院民事裁定书:(2015)民申字第1031号、(2015)民申字第1032号。

院申请再审。经审理,最高人民法院驳回姜某的再审申请。①

【分析】

通过上述案例,不难看出,第三人撤销之诉的级别管辖起点在诉讼实践中会高于通常案件。如果第三人撤销之诉针对的生效裁判文书是经中级人民法院二审作出的,此第三人撤销之诉的一审受理法院就是该中级人民法院、二审受理法院是高级人民法院、再审受理法院则是最高人民法院。而往往案件的诉讼标的金额在基层人民法院受理案件的级别管辖标准之内。在"三加一"终结模式下,就会出现诉讼标的金额小的第三人撤销之诉案件终结于最高人民法院的现象。笔者并不认为诉讼标的金额小的案件不值得重视,而是认为在重视每个案件的公正性的同时也需要尊重案件性质与诉讼成本相一致的诉讼效益原则。从前文基础数据的分析看,就中国裁判文书网公布的裁判文书而言,第三人撤销之诉的上诉、再审申请还没有在高级人民法院、最高人民法院形成比较大的审判压力。不过,值得警惕的是,如果第三人撤销之诉使用率不断增高,这种类型的案外人救济案件必然会在高层级法院形成比较大的审判压力,进一步削弱其统一法律适用的功能。

(二)第三人撤销之诉的受理条件

【案例3】

B投资发展有限公司(以下简称B公司)是F公司的股东,法院对F公司与D的借贷纠纷做出民事调解书,B公司认为该调解书侵害到自己作为股东的权益,提起第三人撤销之诉。经两级法

---

① 中华人民共和国最高人民法院民事裁定书:(2015)民申字第2785号。

院审理后,B公司向最高人民法院申请再审,请求撤销(2015)苏民撤终字第6号民事裁定。B公司认为己方作为F公司的原股东,对公司是否涉及负债而引起公司股权对应净资产的变化,当然具有法律上的利害关系,属于有利害关系的无独立请求权第三人,有权提起第三人撤销之诉。最高人民法院认为,根据民事法人独立原则,在D与F公司民间借贷纠纷案一审期间,B公司与该案的处理结果无任何法律上的利害关系,无法作为第三人参与到诉讼中。B公司不是D与F公司民间借贷纠纷案的无独立请求权第三人,故裁定驳回B公司的再审申请。①

【案例4】

F因与Y市国有资产管理委员会办公室、G集团股份有限公司、S投资有限公司第三人撤销之诉一案,不服黑龙江省高级人民法院(2014)黑高立民终字第52号驳回起诉的民事裁定,向最高人民法院申请再审。原裁定认定F在2010年10月20日就知道或者应当知道(2008)伊商初字第36号民事调解书损害了其民事权益,因当时没有第三人撤销之诉制度,故F知道或应当知道其权益受损害之日的起算点为《关于修改〈中华人民共和国民事诉讼法〉的决定》的通过之日,即2012年8月31日。以此为起算点,F的起诉超过了六个月的期限,故裁定驳回起诉。最高人民法院认为,此种情形下应自上述修法决定施行日,即2013年1月1日,起算起诉期限,尽管如此,F的起诉也超过了法定的起诉期限,故裁定驳回F的再审申请。②

---

① 中华人民共和国最高人民法院民事裁定书:(2015)民申字第2570号。
② 中华人民共和国最高人民法院民事裁定书:(2015)民申字第1829号。

【案例 5】

L与M是夫妻。T是L与C的非婚生子女。M起诉L要求其返还在婚姻存续期间赠与C的财产。一审法院、二审法院判决支持了M的诉讼请求。T向二审法院提起第三人撤销之诉,被裁定不予受理;T向省高级人民法院上诉,被裁定驳回起诉。T向最高人民法院申请再审,最高人民法院审查认为,T认为生效判决侵犯了其合法权益,但没有提供证据证明发生法律效力的判决内容错误,赠与行为与抚养费问题是不同的法律关系,T如果认为自己需要生父L支付相关的抚养费,可以另案提起诉讼进行救济,故裁定驳回T的再审申请。①

【分析】

我国《民事诉讼法》在第56条规定第三人类型的条文中,以最后一款规定了第三人撤销之诉。此种只有有独立请求权第三人、无独立请求权第三人可以提起的第三人撤销之诉的获得受理条件可概括为主体要件、时限要件、管辖要件、事由要件、证据材料要件。主体要件要求第三人撤销之诉的起诉者必须是原案的有独立请求权第三人或无独立请求权第三人,且因不能归责于本人的事由未参加诉讼。据《民诉解释》第295条,"因不能归责于本人的事由未参加诉讼"的内涵是指没有被列为生效判决、裁定、调解书当事人,且无过错或者无明显过错的情形。其外延包括:不知道诉讼而未参加的;申请参加未获准许的;知道诉讼,但因客观原因无法参加的;因其他不能归责于本人的事由未参加诉讼的四种情形。时限要件是知道或应当知道之日起六个月内。管辖要件是到做出

---

① 中华人民共和国最高人民法院民事裁定书:(2014)民申字第1115号。

生效判决书、裁定书、调解书的法院起诉。事由要件要求生效判决、裁定的主文的部分或者全部内容,生效调解书中处理当事人民事权利义务的结果,不仅错误而且侵害了起诉者的民事权益。具体依据是《民诉解释》第296条。证据材料要件的要求已经细节化。《民诉解释》第292条规定了提起第三人撤销之诉应提交的证据材料。启动此类诉讼应提交的证据材料包括三类:第一,因不能归责于本人的事由未参加诉讼的证据材料;第二,发生法律效力的判决、裁定、调解书的全部或者部分内容错误的证据材料;第三,发生法律效力的判决、裁定、调解书内容错误损害其民事权益的证据材料。主体要件、时限要件、管辖要件都可归入程序性要件,事由要件、证据材料要件可归入实体性要件。

1. 第三人撤销之诉受理条件的审查次序

笔者发现,在第三人撤销之诉的受理条件的审查过程中,上述各个案件的审查法院大都缺乏明确的次序意识。案例3反映的是第三人撤销之诉中的一个疑难问题,即如何审查第三人撤销之诉的主体要件问题。案例5中的T是L与C的非婚生子女,他和L与C具有抚养权法律关系,该法律关系与L和M之间的财产权法律关系无因法律规定而形成的内在关联;T也不属于L和M之间财产返还诉讼的无独立请求权第三人;对L和M婚姻存续期间形成的共同财产,T也没有依法可以主张的独立请求权。因此,当事人不适格也是此案被驳回起诉的原因之一。下文案例6中陈某、邹三等与邹二之间存在继承权法律关系,该继承法律关系和邹二与某公司之间发生争议的煤矿经营权法律关系也无因法律规定而形成的内在关联;就判决确定的事实而言,陈某、邹三等对邹二与某公司之间发生争议的煤矿经营权也没有依法可以主张的独立请求权。因此,当事人不适格同样是此案被驳回起诉的潜在原因。在案例5中,驳回T起诉的关键理由是T"没有提供证据证明发生法律效力的判决内容错误";在下文案例6中,驳回陈某等四人起诉的关键理由是"她们在本案中的诉讼请求是要求撤销该院已生效的(2004)黔高民一终字第68号民事判决书中本院认为部分,并非针对该判决书的判决主文部分"。对于受理条件,只要一个要件不符合,就可以裁定驳回起诉。在审查过程中,按照先程序要件、后实体要件的审查顺序审查第三人撤销之诉原告提起的诉讼是否具备受理条件,符合兼顾程序保障与程序效益的诉讼原理。居先审查主体要件、时限要件、管辖要件三项程序要件,具有合理性。而案例5、6中,法院选择确定难度较大的实体性要件作为驳回依据,尽管在说理的充分性方面有值得肯定的地方,但是,在兼顾程序保障与程序效益的诉讼价值实现方面看,其裁判方式有失允当。案例4体现了第三人撤销之诉严格的时限条件,因迟延起诉而不能获得受理的第三人撤销之诉在本章择选的裁判文书中还有其他案例,但只有案例4直接以此依据作出裁定。可见,在第三人撤销之诉的受理条件审查方面,各地法院还没有认识到居先审查主体要件、时限要件、管辖要件三项程序要件的必要性。

在程序要件中,主体要件的审查有一定难度,其根源在于,实务界对于诉讼标的的界定缺乏共识。诉讼标的究系当事人之间争议的法律关系、实体请求权、诉讼请求、诉讼请求与纠纷事实还是诉讼请求与要件事实,理论界也莫衷一是。这导致在实务中长期以来形成的争议法律关系诉讼标的说在法官群体中也发生动摇,进而导致有独立请求权第三人诉讼地位的确定有一定难度。确定无独立请求权第三人的"判决结果与其有法律上利害关系"标准也没有清晰的可操作性解释。笔者认为,"判决结果与其有法律上利害关系"可以解释为,案外第三方民事主体主张的权利赖以发生的法律关系因法律规定而与原案争议的法律关系形成内在关联。在实务中,却很少有法官从法律关系内在关联视角理解"判决结果与其有法律上利害关系"。如,在李翠微起诉 B 街道办事处、D 公司第三人撤销之诉上诉案中,最高人民法院在裁判理由中述及:李翠微和 D 公司与 B 街道办之间就后两者之间的纠纷没有共同的诉讼标的,且李翠微和 D 公司之间就该纠纷也没有共有或连带关系,李翠微不是 B 街道办与 D 公司之间的诉讼标的的权利义务主体。李翠微的诉讼请求及理由与(2011)琼民再终字第 14 号民事判决仅仅是单纯的事实上、经济上的联系,并不能构成法律上利害关系。①在这段裁定理由中,并没有阐述清楚单纯的事实上、经济上的联系与法律上利害关系的区分界限。上述案例中,法官们尽量避免就稍显复杂的第三人判断问题给出理由,很大程度上是因为我国民事诉讼中的第三人界定存在标准模糊问题。假如一个第三人撤销之诉受理条件的审查法官查阅了上述案例,他也很难从这些案例中找到判断第三人诉讼地位的明确的识别方法。这也致使居先审查主体要件、时限要件、管辖要件三项程序要件的第三人撤销之诉受理条件的审查与裁判方式短时期内难以形成。

2. 第三人撤销之诉受理条件的"高门槛"

从避免在各地法院出现第三人撤销之诉泛化现象、避免给生效裁判文书带来影响面过大冲击的角度看,第三人撤销之诉受理条件不宜过低。不过,如果第三人撤销之诉受理条件的"门槛"过

---

① 中华人民共和国最高人民法院民事裁定书:(2014)民一终字第 267 号。

高,也会带来一些质疑设立此项制度意义的不满抨击。

在受理程序上,我国的第三人撤销之诉与通常民事诉讼最大的区别在于其对于第三人撤销之诉要进行适当的实质审查,具体体现为原告需要提交三类证据材料。不过,审查起诉阶段的证明标准与审判阶段的证明标准存在差异。审查起诉阶段,对案件应受理的事实的证明标准较低,可以说只要有这些方面的证据材料即可;审判阶段才以能否达到证明原告事实主张的高度盖然性程度作为证明标准。法定的三类证据材料指向了第三人撤销之诉的程序条件与实质条件,即便仅要求提交相应证据材料,也有较大难度。如黄某与H公司、G公司商品房销售合同纠纷一案中,黄某因不能提交"因不能归责于本人的事由未参加诉讼的证据材料",而使起诉未获受理;[①]案例5中T提起第三人撤销之诉,因没有提供证据证明发生法律效力的判决内容错误,而未获受理。相比较而言,第三人撤销之诉的原告提交发生法律效力的判决、裁定、调解书的全部或者部分内容错误的证据材料,以及发生法律效力的判决、裁定、调解书内容错误损害其民事权益的证据材料,难度更大。在对判决、裁定、调解书内容作出"主文"或者"处理当事人民事权利义务的结果"的限定后,更是提升了提交这两类证据材料的难度。

上述比较典型的案例从不同侧面印证了一个事实——从《民事诉讼法》第56条到《民诉解释》的规定,第三人撤销之诉的受理条件逐步明确、具体,从而也更为严格。总体上看,第三人撤销之诉的受理"门槛"是比较高的。在本章研究择取的第三人撤销之诉的裁判文书中,频繁出现"诉权"一词;要求受理其第三人撤销之诉

[①] 中华人民共和国最高人民法院民事裁定书:(2015)民一终字第37号。

的"第三人"每每在诉的理由陈述中请求法院尊重自己的诉权。在当代社会,诉权可以理解为一种基本人权,应该受到尊重和保护。笔者认为,我国民事诉讼应形成以诉权为基本权利的权利体系,这是民事诉讼能够在当事人权利与法院职权之间平衡运行的根本所在。长期以来,诉权被认为是原告启动诉讼程序的权利,被告与第三人的诉权无人顾及。

第二次世界大战以后,对于诉权本质的社会认知发生了极大变化,将诉权理解为启动诉讼程序在法律上的可能性是"二战"前较为流行的诉权观念,当代诉权观则更倾向于将诉权理解为获得公正审判的基本权利。我国于1998年签署了《公民权利与政治权利国际公约》。该公约第14条确定了以公正审判获得权为实质内容的公民诉权。《欧洲人权公约》也明确规定了涵盖民事诉权的公正审判获得权(Right to fair trial)。法国法院为此调整了关于诉的利益的审查标准,英国为此设立了最高法院。我国公布的《国家人权行动计划》(2016—2020年)继《国家人权行动计划》(2012—2015年)再次确定获得公正审判的权利为公民基本权利,并拟定了保障公正审判权获得权的实施计划。笔者认可将诉权理解为人权性质的权利、宪法性权利、民事诉讼中的基本权利。笔者也认识到,仍将诉权界定局限于一种旨在启动诉讼程序的权利,既有悖于人权的普适性,又与诉权范畴宪法化、国际化的世界大潮难以适应。有鉴于此,笔者认为诉权是一个国家内民事主体以其公民身份或法律规定的其他资格在法院享有的公正审判获得权。公正审判获得权涵盖了程序启动意义上的诉权的权利内容,并已经发展为覆盖程序运行全过程的程序性基本权利。公正审判权具备权利的"控制—归属"特征,能充分体现运用司法资源及程序的权利的自然权利、受益权、接受权、主观权利性质,也与民事诉讼法兼具公法与私法性质的部门法属性相一致。目前,诉权这一传统术语称谓在区分民事领域的公正审判获得权与刑事领域、行政领域的公正审判获得权方面仍有积极意义。在我国民事诉讼中,核心权利(起诉权、辩论权、处分权、取证权、上诉权、判决生效后救济权)、具体权利(管辖权异议权、查阅并复制案卷资料权等)构成的权利结构已见雏形。由于对诉权及其行使主体的认知限制,民事诉讼权利结构的体系化阐释难以展开。以程序启动权为理论起点的诉权学说,形成了以原告请求权为诉讼起点与归宿的理论体系。这一理论体系有助于保障原告的权利,但是,法官易陷入单向性思维,民事诉讼极易被塑形为单纯面向原告的救济活动,被告、第三人的诉讼主张容易被忽视。仅考虑原告的满意度,不考虑相对方的满意度,是单向性诉权学说影响的裁判方法在运用中难解的隐忧。单向性诉权学说排斥纠纷一次性解决理念,也无视第三人参与权的实践意义。依作为公正审判权的诉权观,案外第三方民事主体也具有法院应该充分尊重的诉讼参与权,第三方民事主体的诉讼参与权在意识层面方能获得与起诉权、辩论权、处分权、取证权、上诉权、判决生效后救济权同样的重视。

纠纷一次性解决理念在复杂纠纷频生的当代社会受到了越来越多的认同。尊重第三方民事主体的诉讼参与权,是践行纠纷一次性解决理念的关键一环。第三人撤销之诉是第三方民事主体诉讼参与权的后续保障。第三人撤销之诉不单纯要解决纠纷,还涉及对生效裁判文书效力在维持与撤销之间的抉择,涉及程序终结性与审判公正性之间的平衡。鉴于关联纠纷的复杂性,对于第三人撤销之诉受理条件的审查中,所采证明标准不宜过高。

(三) 第三人撤销之诉中的裁判文书预决效之惑

【案例6】

上诉人陈某是邹二的母亲,邹三、邹四、邹五是邹二的妹妹。邹父在1994年年初,用夫妻共同财产投资开办了盘县特区乐民镇某煤矿。1999年年初,因邹父生病,就让被告邹二参与煤矿的经营管理。同年,邹父因病去世。2003年,昆明市中山某公司向六盘水市中级人民法院(以下简称六盘水中院)起诉邹二侵占他们对煤矿的经营权。贵州省高级人民法院作出的(2004)黔高民一终字第68号民事判决书中认定"邹二作为唯一参与整改人,理应成为整改后煤矿的唯一合法权利人"。2013年4月14日,在煤矿兼并重组中,此煤矿应当分得59%的转让款项,邹二未将转让款按照继承法的规定分给陈某等四人。为此,陈某等四人向六盘水中院起诉要求分割原煤矿50%的财产权益。在诉讼过程中,被告邹二提供了贵州省高级人民法院(2004)黔高民一终字第68号民事判决书,原告才得知该判决书错误地认定邹二是原煤矿唯一合法权利人和投资人这一内容。为此,陈某、邹三、邹四、邹五作为该煤矿的实际权利人、(2004)黔高民一终字第68号民事判决书的案外人,向贵州省高级人民法院提起第三人撤销之诉,请求法院撤销贵州省高级人民法院作出的(2004)黔高民一终字第68号民事判决书认定的错误内容,即请求撤销该判决书认定被告邹二是盘县乐民镇某煤矿唯一合法权利人和投资人的内容。贵州省高级人民法院认为:陈某等四人在本案中的诉讼请求是要求撤销该院已生效的(2004)黔高民一终字第68号民事判决书中"本院认为"部分,并非针对该判决书的判决主文部分,故裁定驳回陈某等四人的起诉。陈某等四人向最高人民法院上诉,经审理,最高人民法院裁定驳回上诉,维持原裁定。①

【分析】

我国《民诉解释》第93条规定,下列事实,当事人无须举证证明:(一)自然规律以及定理、定律;(二)众所周知的事实;(三)根据法律规定推定的事实;(四)根据已知的事实和日常生活经验法则推定出的另一事实;(五)已为人民法院发生法律效力的裁判所确认的事实;(六)已为仲裁机构生效裁决所确认的事实;(七)已为有效公证文书所证明的事实。前款第二项至第四项规定的事实,当事人有相反证据足以反驳的除外;第五项至第七项规定的事实,当事人有相反证据足以推翻的除外。本案是由继承纠纷案件衍生出来的第三人撤销之诉,这样的第三人撤销之诉在诉讼实践中比较常见。为何会出现这样的状况?关键在于对上述生效裁判文书的事实预决力规定的理解,在诉讼实践中存在事实预决力绝对化的观念。据此规定,生效裁判文书的事实预决力可以被相反的证据推翻。在诉讼实践中,却极少发生在通常诉讼程序中通过当事人举证推翻一份生效判决确定的事实的案例。这也导致陈某等认为,撤销载有不利事实判定的另案判决是比在本案中举证推翻该判决的事实认定更为可行的诉讼策略。

我国《民事诉讼法》第155条规定,最高人民法院的判决、裁定,以及依法不准上诉或者超过上诉期没有上诉的判决、裁定,是发生法律效力的判决、裁定。第175条规定,第二审人民法院的判决、裁定,是终审的判决、裁定。在通常诉讼程序中,推翻另案生效

---

① 中华人民共和国最高人民法院民事裁定书:(2015)民一终字第279号。

判决的事实认定往往意味着推翻该生效判决。适于《民诉解释》的上述条文在实践中会出现以司法解释为依据推翻依照法律只能由判决生效后救济程序撤销的判决,是否属于法律适用中下位法对上位法的僭越?再有,另案生效判决的事实认定被局部或者全部推翻,其会处于怎样的效力状态,又应当处于怎样的效力状态呢?在另案当事人未全部参与、未质证的情境中,在此案诉讼程序中仅由此案当事人质证后的证据来推翻另案生效判决的事实认定,是否令另案未参与到本案诉讼中的当事人丧失了程序保障,进而可能损及其实体权利呢?在审判责任终身追究、信访压力仍然存在的当下,即使法官应用《民诉解释》第93条,对于推翻生效判决预决事实的证明过程实际上会采排除合理怀疑的证明标准,而结论往往会是该方当事人所举证据尚不足以推翻生效判决确定的事实。对预决事实的定性为免证事实。[1] 只有极个别案件中,法院适用《民诉解释》第93条,通过本案审理推翻了另案生效判决书确定的事实。[2] 在通常民事案件中,证明标准是高度盖然性证明标准,

---

[1] 参见以下民事判决书、民事裁定书:(2014)湘高法民再终字第197号;(2014)浙商终字第2号;(2017)渝民申字第2767号;(2017)皖民申字第337号;(2018)苏民申字第653号。

[2] 重庆誉好汽车空调有限公司与东风南充汽车有限公司买卖合同纠纷申请再审民事裁定书【(2015)渝高法民申字第00682号】。该裁定认为,本案中,3582号民事判决虽认定"东风南充公司从2006年5月13日起至2007年4月24日止,共向重庆誉好公司发货20次,130台发动机",但并不妨碍东风南充公司举证证明其向重庆誉好公司发货不止130台发动机,也不影响一审、二审法院根据东风南充公司举证情况对相关事实重新作出认定。重庆誉好公司申请再审称,本案一审、二审法院不能作出与3582号民事判决认定的事实相反的事实认定,即使纠错亦应当对重庆市渝北区人民法院受理的(2010)渝北法民初字第3582号案件启动审判监督程序的再审申请理由不能成立。

在证明生效裁判文书中确定的事实错误的证明过程中实际上采排除合理怀疑证明标准;除了通过判决生效后救济程序(再审或者第三人撤销之诉),面对另案生效判决中载有的不利事实判定,实际上在我国民事诉讼中是没有有效的诉讼应对举措的。对于第三方民事主体,第三人撤销之诉是此等情境中寻求救济的首选途径。最高人民法院通过《民诉解释》将裁判文书的主文作为第三人撤销之诉的诉讼对象,封堵了面对另案生效判决不利事实判定的案外第三方主体的救济之路。鉴于本身已在另一诉讼中,案外人申请再审无从提起的情况下,这种境遇中的案外人实际上是无路可退也无路可走的。这难免不使第三人撤销之诉落下"看起来很美"的讥评。

(四)正在走出"混沌"的相关程序间关系

【案例7】

D公司因与T公司、W的第三人撤销之诉(合同纠纷)一案,不服北京市高级人民法院(2015)高民终字第888号民事判决,向最高人民法院申请再审。最高人民法院认为,本案中,D公司已就(2010)宣民初字第3841号民事判决、(2010)一中民终字第11203号民事判决于2011年提出执行异议,如其坚持认为上述生效判决内容侵害其合法权益,依法应向人民法院申请再审。况且,北京市西城区人民法院在(2011)西执异字第9900号执行裁定中已明确向其释明,现D公司另行主张第三人撤销之诉于法无据。结合对第三人撤销之诉其他受理条件的审查结果,最高人民法院裁定驳回D公司的再审申请。①

---

① 中华人民共和国最高人民法院民事裁定书:(2015)民申字第2166号。

【案例8】

J公司因与N公司、H公司申请人执行异议纠纷一案,不服贵州省高级人民法院(2014)黔高民终字第16号民事判决,向最高人民法院申请再审。最高人民法院审查后认为,J公司对H公司只是获得了一般债权而不是物权。2014年6月12日,J公司和H公司达成的和解协议约定案涉负三层房屋的所有权属于J公司,不能对抗南方公司的优先受偿权,因为工程价款的优先受偿权优于抵押权,也优于其他债权。J公司关于N公司申请执行的(2009)遵义法民二初字第37号《民事调解书》系N公司与H公司恶意串通的虚假诉讼,不能作为法院执行依据的主张属于第三人撤销之诉,与本案不是同一法律关系,不属于本案审查范围。因此,二审法院判决对N公司申请执行案涉负三层房屋的申请许可执行并无不当,故驳回J公司的再审申请。①

【案例9】

C因与N支行、A公司、H公司的第三人撤销之诉一案,不服吉林省高级人民法院(以下简称吉林高院)(2015)吉民立初字第2号民事裁定,向最高人民法院提起上诉。C于2015年7月1日向吉林高院提起诉讼称:请求撤销该院(2000)吉经初字第88号民事调解书中非法处分C享有380万元担保债权额的抵押权部分的内容。C主要理由为:2012年7月19日,C受让了建行营业部对A公司本金380万元的债权。涉案房产已于1997年4月由A公司抵押给建行营业部。N支行明知建行营业部是第一顺位抵押权人,仍在其不知情的状况下恶意于2000年9月以A公司、H公司为被告

---

① 中华人民共和国最高人民法院民事裁定书:(2015)民申字第76号。

诉至吉林高院,并在诉讼过程中达成以物抵债协议,由吉林高院(2000)吉经初字第88号民事调解书予以确认。在强制执行过程中,C于2015年5月11日收到中国农业银行股份有限公司吉林省分行营业部向长春市绿园区人民法院(以下简称绿园法院)提交的《执行异议书》,方知该调解书的存在,故提起诉讼。N支行提交书面意见称:C向吉林高院提起第三人撤销之诉,属于平行诉讼,违反了民事诉讼法关于案外人执行异议之诉的规定。最高人民法院认为,在本案中,N支行以吉林高院(2000)吉经初字第88号民事调解书为据提起的案外人执行异议,其目的是期望阻却C与A公司借款合同纠纷一案的强制执行行为;C提起的第三人撤销之诉,是在知悉吉林高院(2000)吉经初字第88号民事调解书客观存在,并已对其所主张的民事权益产生实质影响的情况下,依法行使的诉讼权利。二者虽有一定关联,但各自目的不同,所指向的对象及其争议焦点亦各有不同,故并不属于针对同一争议问题寻求不同救济途径之情形。绿园法院对执行异议的审查亦非C提起第三人撤销之诉的前置程序。故裁定如下:撤销吉林省高级人民法院(2015)吉民立初字第2号民事裁定;指令吉林省高级人民法院对C的起诉立案受理。①

【分析】

我国《民事诉讼法》及2015年《民诉解释》通过"时段分置"的立法技术以执行异议为分隔带,来分置第三人撤销之诉与案外人申请再审程序;通过"时段—事项分置"的立法技术以执行异议及执行标的物性质作为区分点,来分置第三人撤销之诉与案外人执

---

① 中华人民共和国最高人民法院民事裁定书:(2015)民一终字第284号。

行异议之诉。对于具有相同功能的程序,当事人只能择一选用,而不可以并行使用。就这一点,案例2中,最高法院在裁判理由中就述及第三人撤销之诉与申请再审程序二者只可择其一。[①] 案例7涉及第三人撤销之诉与案外人申请再审的关系,因D公司已经提出过执行异议,该案裁定正确地适用相关法律规范,驳回在执行异议之后提出第三人撤销之诉的D公司的起诉。"时段分置"法解开程序竞合的功能在此案中得到完美诠释。

另一方面,案例8中对裁判理由的阐述中述及,民事调解书系N公司与H公司恶意串通的虚假诉讼的结果,不能作为法院执行依据的主张属于第三人撤销之诉,与本案不是同一法律关系,不属于本案审查范围。这起案件系申请人执行异议纠纷案件,质言之,系申请执行人许可执行之诉,该诉的前提是执行过程中案外人对执行标的提出书面异议,而且人民法院裁定中止对该标的的执行。此案中的案外人就是J公司。J公司已经提起执行异议,如其对生效调解书的合法性进行质疑应该申请再审而非提出第三人撤销之诉。笔者认为,案例8的裁定在这个问题上的解释揭示了这样的事实:实务部门对"时段分置"法的理解与应用还没有形成共识或者存在解释法律的误差。

案例9关涉第三人撤销之诉与案外人执行异议、案外人执行异议之诉之间的区别。该案裁判文书包含的信息中,有两方面问题值得注意、思考:一方面,N支行提交书面意见,意思是C应该在执行异议之后提起案外人执行异议之诉,而不是并行提起第三人撤销之诉。C认为生效调解书侵害自己的权益,因此,其可以选择的

---

① 中华人民共和国最高人民法院民事裁定书:(2015)民申字第2785号。

救济途径是案外人申请再审而不是第三人撤销之诉。N支行应有专业人士代理诉讼,就其提供的书面意见看,部分法律专业人士对于安排第三人撤销之诉与案外人执行异议之诉之间关系的"时段—事项"分置法还没有透彻理解,这将给法律实施造成一定障碍。另一方面,该裁定的理由阐释部分实际对于执行异议作出了仅限于第三人撤销之诉原告提起的执行异议的限缩性解释,这与法条文义也甚为贴切。不过,这样的限缩解释之后,N支行在执行异议被驳回后,也有提起案外人再审申请的权利。这就有可能出现C提起的第三人撤销之诉与N支行提起的案外人申请再审的程序并行的状况,即分别针对对方的生效裁判文书的救济程序的并行;这是相互关联,彼此意在否定对方权利根据的两个程序。这种状况的出现必然会导致旷日持久的诉讼"拉锯战"。反诉,是解决这一问题的唯一路径。因有"时段分置"法的限制,N支行不能在C提起的第三人撤销之诉中提起反诉,因为其反诉也是针对C的第三人撤销之诉,而其已经提起执行异议。如果对执行异议作出扩展解释,将其理解为可包含不同主体提起的执行异议,C则只能提出案外人再审申请。C提出的案外人再审申请与N支行提出的案外人再审申请,则可依据反诉的原理予以合并审理。在这个意义上,是否对执行异议进行扩展解释,对于处理诸种案外人救济程序的关系是具有实践意义的命题。

  总体而言,"时段分置""时段—事项分置"立法技术已经产生了合理配置救济程序、避免程序竞合的效应,但是,仍然有一些问题在困扰着相关法律规范的实施。比如,第三人撤销之诉与案外人申请再审的主体是否一致。对此问题,笔者将在下文对案外人申请再审制度的分析中予以阐述。

第二节 案外人申请再审程序的实证分析

一、对基础数据的初步分析

截至 2016 年 7 月 6 日,中国裁判文书网公布民事裁判文书共计 11853845 篇,其中,民事案由中筛选所得案外人申请再审案件总计 148 件,主要分布在中级法院(75 件)、基层法院(36 件);高级法院(24 件)与最高法院(13 件)的案外人申请再审案件相对少一些。按裁判年份筛选所得结果是,2016 年 19 件、2015 年 37 件、2014 年 47 件、2013 年 15 件、2012 年 3 件、2011 年 4 件。此类程序的裁判文书中主要是判决书(36)、裁定书(90)。在关键词筛选栏中出现的频次靠前的关键词是:合同(42)、驳回(39)、第三人(28)、所有权(27)、债权(19)、标的物(16)、利息(14)、授权(13)、处分(12)、返还(12)、利害关系(11)、程序合法(11)。①

通过上述基础性的统计数据对案外人申请再审程序运行状况可形成以下初步判断。首先,囿于执行救济程序的制度定位,案外人申请再审案件在民事案件受理总数中一直仅占极为微小的数额。2012 年之后有较大幅度的增长,但总数量仍很少。其次,案外人申请再审主要增加了中级法院、基层法院的审判工作量,尚未给高级人民法院、最高人民法院形成大的压力。第三,案外人申请再审案件的最终结果是解决程序问题的远远多于解决实体问题的,

---

① 中国裁判文书网,最后访问时间:2016 年 7 月 6 日。

有相当一部分案件的争议焦点是再审申请是否符合案外人申请再审的条件。第四,在案外人申请再审裁判文书中出现的关键词与第三人撤销之诉裁判文书中有高度重合之状态。比如,涉及的权利类型也主要是所有权、债权,在主体方面也出现了第三人,这表明这两种案外人救济程序的功能相同,有着共同的经济社会基础。

二、13例最高人民法院裁判文书的基本情况、问题与分析

在13例案外人申请再审案例中,10例案例的最终结果是驳回再审申请,1例案例支持了案外人的申请,2例案例部分支持了案外人的再审请求。从解决实体问题的角度看,案外人申请再审程序的救济力是微弱的。另外,更值得关注的是,2015年《民诉解释》制定、颁行后对案外人申请再审的条件形成的"重叠解释"状态会对诉讼实践产生怎样的作用呢?

(一)收缩中的案外人界定

【案例1】

黑龙江省高级人民法院判决:一、LT公司给付D公司借款本金154307621.74元及利息;二、如LT公司不能按期清偿上述债务,对其不能清偿部分,在1.5亿元范围内以其土地使用权及其地上建筑物折价或者拍卖、变卖所得价款由D公司优先受偿。上述判决发生法律效力后,案外人M、XLT公司均不服,向最高人民法院申请再审。最高人民法院经审查裁定黑龙江省高级人民法院对本案进行再审。黑龙江省高级人民法院判决维持该院(2009)黑高商初字第2号民事判决。M不服上述再审判决,向最高人民法院上诉。最高人民法院认为,M、XLT公司是否是适格的案外人是本案的争

议焦点之一。对此,据查明事实,M 与 LT 公司原法定代表人 S 系夫妻关系,其作为 S 的法定继承人有权继承 S 在 LT 公司中的股东资格并依法维护 LT 公司及其自身的合法权益,故 M 作为案外人有权申请再审;至于 XLT 公司的案外人资格问题,由于两者并无法人人格和财产权益上的承继关系,因此,虽然两者名称完全相同,但仍应认定 XLT 公司与 LT 公司属于两个不同的法人,XLT 公司不是本案适格的案外人,无权以 LT 公司承继者的身份申请再审。①

【案例 2】

L 因与 B 公司及 X 公司买卖合同纠纷一案,不服北京市高级人民法院(2009)高民申字第 02699 号民事裁定,向最高人民法院申请再审。最高人民法院认为,本案中,再审申请人 L 没有证据证明其通过房屋买卖合同取得诉争房屋产权并办理产权变更手续,或者通过实现担保物权的方式取得诉争房屋产权并办理产权变更手续。因此,再审申请人请求确认诉争房产归其所有缺乏事实依据,裁定驳回 L 的再审申请。②

【案例 3】

在交通银行股份有限公司广西壮族自治区分行与广西越洋房地产开发有限公司、福建省闽鑫建设工程有限公司建设工程施工合同纠纷二审案件中,最高人民法院民事裁定书中述及,"如果认为按照现行司法解释将抵押权人的异议,尤其是本案这类与生效法律文书内容有关的异议,界定为执行行为异议不便于理解,则至多可以认为该种异议处于模糊地带,即既可以理解为民事诉讼法第 225 条的执行行为异议,也可以理解为第 227 条的案外人异

---

① 中华人民共和国最高人民法院民事判决书:(2012)民四终字第 12 号。
② 中华人民共和国最高人民法院民事裁定书:(2011)民监字第 499 号。

议——钦州中院(2015)钦执异字第2号执行裁定中同时引用了民事诉讼法第225条和第227条,也反映了这种异议性质识别的困难。在尚不能准确清晰界定的情况下,则应当尊重抵押权人自己对于程序的选择,允许其自行选择第227条规定的申请再审程序和第三人撤销之诉程序,抵押权人未提出再审申请,而提起第三人撤销之诉的,应当受理。"①

---

① (2016)最高法民终193号。在该裁定中对执行异议与第三人撤销之诉关系的相关法律作出了非常清晰的解释:"民事诉讼法解释第303条第2款中,确定的原则是案外人申请再审与第三人撤销之诉不得并行,只能择一途径行使权利,提出案外人执行异议即属于进入了案外人执行异议救济途径,无论是驳回执行异议裁定作出前还是作出后,均应受所选择的救济途径的约束。对此,上诉人交行广西分行的争辩理由不能成立。但该条规定适用的前提是,相关异议属于民事诉讼法第227条规定的案外人异议。在第三人提出的异议不应归属于该条规定的案外人异议的情况下,民事诉讼法解释第303条规定的途径限制即失去意义。这是本案也是执行异议领域的一个基础的案外人异议识别问题,即抵押权人主张优先受偿权的异议是否属于民事诉讼法第227条规定的案外人异议,对此一审裁定中并未予以考虑。民事诉讼法第227条规定的案外人异议,与其字面所显示的意思有一定差别,并非案件当事人以外的人提出的涉及实体权利的异议都属于该条规定的异议。民事诉讼法解释第465条的规定表明,民事诉讼法第227条规定的案外人异议适用于'案外人对执行标的享有足以排除强制执行的权益'的情况。《最高人民法院关于适用〈中华人民共和国民事诉讼法〉执行程序若干问题的解释》第15条则更明确解释为:案外人异议是指其'对执行标的主张所有权或者有其他足以阻止执行标的的转让、交付的实体权利'的情况。按照上述司法解释的规定,抵押权人对执行标的物的权利,虽然属于实体权利,但该权利是就标的物变价款优先受偿的权利,并不能阻止标的物的转让或者向受让人交付。抵押权人请求保护其优先受偿权,因未得到保护而提出执行异议的,不属于阻止或排除强制执行的异议。尽管对于抵押权人异议究竟按照第225条还是第227条的规定处理仍不无进一步研究的余地,但如将其归属于案外人异议,则需要扩大目前司法解释对案外人异议界定的范围。在有明确司法解释要求按照民事诉讼法第227条审查处理抵押权人的异议之前,仍应按照现行司法解释理解为通过第225条处理(当然在参与分配情况下可以通过分配方案异议程序解决)。"《最高人民法院关于人民法院办理执行异议和复议案件若干问题的规定》(法释〔2015〕10号)第8条规定,案外人基于实体权利既对执行标的提出排除执行异议又作为利害关系人提出执行行为异议的,人民法院应当依照民事诉讼法第227条规定进行审查。据此规定,上述裁定理由中关于本案程序选择的法律解释是否充分,仍有商榷空间。本案体现了最高人民法院似有适当扩大第三人撤销之诉适用范围的倾向。

【分析】

对于案例1,值得注意的是,案外人界定问题,在诉讼实践中存在一定分歧。在案例1中,LT公司的股东、法定代表人离世,他的妻子M能否因继承股东资格而就对于LT公司不利的生效判决以案外人身份申请再审?案例1的裁判文书给出了肯定的答案。不过,需要注意的是,对这一案外人资格确定问题,法院援引的法律依据是《公司法》第76条、第152条。第76条规定,自然人股东死亡后,其合法继承人可以继承股东资格;第152条则规定,他人侵犯公司合法权益,给公司造成损失的,股东有权提起诉讼。这样的界定方式可从两方面理解:一方面,明确了再审中可以发生诉讼承担,如目前《民诉解释》第375条所规定的,当事人死亡或者终止的,其权利义务承继者可以根据民事诉讼法第199条、第201条的规定申请再审。这是一种因为既判力主体扩张而产生的由权利义务承继者行使当事人再审申请权的情形。也可以理解为一种诉讼承担的情形。另一方面,默认了股东可以就公司与其他民事主体之间的生效判决以案外人身份申请再审。此案中M继承了其亡夫的股东资格,法院也认可其同时也承担了其亡夫作为股东的案外人资格。

近来,最高人民法院在其裁定书中,给出了如下裁定理由:"股东和公司之间系天然的利益共同体。公司的对外交易活动、民事诉讼的胜败结果一般都会影响到公司的资产情况,从而间接影响到股东的收益。由于公司利益和股东利益具有一致性,公司对外活动应推定为股东整体意志的体现,公司在诉讼活动中的主张也应认定为代表股东的整体利益,因此,虽然公司诉讼的处理结果会间接影响到股东的利益,但股东的利益和意见已经在诉讼过程中由公司所代表,则不应再追加股东作为第三人参加公司对外进行的诉讼。对于已生效的公司对外诉讼的裁判文书,股东不具有提起第三人撤销之诉的主体资格。"[1]股东可以是公司对外诉讼的无独立请求权第三人,可是股东的利益和意见已经在诉讼过程中由公司所代表,因此,不应再追加股东作为第三人参加公司对外进行的诉讼。以此裁判要旨为分析依据,案例1中,M的亡夫、M作为股东,对于公司的对外诉讼,可以是无独立请求权第三人,但是,并无参加诉讼的必要,也没有可以主张的实体权益。如果这起案件发生在现在,法院是难以按照案外人申请再审案件对此案予以受理的。从股东是否是公司对外诉讼判决生效后的案外人救济程序的启动主体的判决界定差异看,案外人的界定呈现出不断收缩的趋势。

如果将案例1与案例2加以比较,不难发现,案例1中对于"对原判决、裁定、调解书确定的执行标的物主张权利"这一案外人申请再审条件并未深究。因为,在案例1中,引发M与D公司争议的是债务而非某种执行标的物上的权利。如果根据《审监解释》第5条第1款的规定,法院不能接受M的再审申请。在案例2中,L提供的证据只能证明其对B公司有债权,而不能证明其对讼争房产有物权。法院因此未受理L的再审申请。结合案例3以及同类案例看,法院不仅严格要求"对原判决、裁定、调解书确定的执行标的物主张权利",而且还要求能够排除执行。案外人申请再审条件趋严,这是司法实务中的普遍趋势。

案例3也给我们深刻启示,根据贷款抵押权提出的、就被作为执行标的的涉案房屋的优先受偿权异议究竟是否属于案外人异

---

[1] 中华人民共和国最高人民法院民事裁定书:(2017)最高法民终字第63号。

议?对此常见异议,最高人民法院法官依据法律、司法解释的规定作出了其属于执行行为异议的判断。但是,在最高人民法院法官看来,对其理解为处于"模糊地带"的异议比较好理解。可见,就目前的法律规定状况,只能说案外人救济程序间的关系正在走出"混沌"。最高人民法院对此案的裁定理由,没有清晰界定《民诉解释》第223条、《审监解释》第5条、《关于适用〈中华人民共和国民事诉讼法〉执行程序若干问题的解释》第15条的应用关系,而是直接援引《关于适用〈中华人民共和国民事诉讼法〉执行程序若干问题的解释》第15条确定,充分印证了前文对2015年解释与2008年解释形成的"重叠解释"状态的顾虑。同样具实践意义的是,此案明确地体现了案外人申请再审的主体范围十分狭窄的司法实务倾向。如果抵押权人都不属于"对执行标的享有足以排除强制执行的权益""对执行标的主张所有权或者有其他足以阻止执行标的转让、交付的实体权利"的案外人,只有所有权人(或者相当于所有权人的其他民事主体,如支付全部购房款的购房人)才能成为案外人。就原案而言,案外人的法律地位应当可以确定为有独立请求权第三人或者权利型无独立请求权第三人。第三人撤销之诉与案外人申请再审的主体仅存在包容重合关系,而没有其他关系。它们就是民事诉讼法给同类主体在不同诉讼时段设定的都具有案外第三方民事主体的权益维护功能的两类程序。这种功能重叠的制度创设方式的合理性值得深思。

(二)扩张中的另行起诉

【案例4】

L基于其与Z之间的协议,请求判令Y公司、K公司直接向L支付应向Z支付的款项,原审判决支持了L部分诉讼请求。Z的继承人ZZ、ZY主张L没有向Z支付对价,向最高人民法院申请再审。最高人民法院认为,ZZ、ZY并未从根本上否认Z将其权益转让给L这一事实,完全可以通过另案起诉获得相应的司法救济。事实上,ZZ、ZY已经向法院提起诉讼。最高人民法院依据《关于适用审判监督程序若干问题的解释》第5条的规定,驳回了ZZ、ZY的再审申请。①

【分析】

对于案外人申请再审案件,最高人民法院《关于适用审判监督程序若干问题的解释》第5条第1款规定,案外人申请再审的条件之一是其"无法提起新的诉讼解决争议"。本案裁判文书明确体现了案外人申请再审这一条件在实践中是严格适用的。在长葛市锦翔瓷业有限公司与佛山市盈立贸易有限公司、孙四平商标权转让合同纠纷一案中也体现了最高人民法院在这一问题上的立场。②案外人另行起诉的空间大小取决于重复诉讼界定标准的宽窄。《民诉解释》第247条规定,当事人就已经提起诉讼的事项在诉讼过程中或者裁判生效后再次起诉,同时符合下列条件的,构成重复起诉:(一)后诉与前诉的当事人相同;(二)后诉与前诉的诉讼标的相同;(三)后诉与前诉的诉讼请求相同,或者后诉的诉讼请求实质上否定前诉裁判结果。经此界定,目前我国重复诉讼范围极窄。这一侧面的起诉难问题应该能得到很大程度的缓解。就案外人救济而言,有独立请求权第三人的另行起诉,具备后诉与前诉的诉讼标的相同的条件,而不符合当事人相同、诉讼请求相同条件;无独

---

① 中华人民共和国最高人民法院民事裁定书:(2013)民申字第1257号。
② 中华人民共和国最高人民法院民事裁定书:(2012)民监字第1号。

立请求权第三人的另行起诉,则后诉与前诉的当事人相同、后诉与前诉的诉讼标的相同、后诉与前诉的诉讼请求相同这三个条件全不具备。两种第三人提起的后诉的诉讼请求通常会在实质上否定前诉裁判结果。这种否定可能是全部否定,也可能是部分否定。不过,因为不符合当事人、诉讼标的、诉讼请求相同的条件,不会因此构成重复诉讼。案外人申请再审制度中的案外人在原案中亦可还原为有独立请求权第三人和权利型无独立请求权第三人。其提起后诉是否构成重复起诉的情形,与第三人提起后诉的情形是相同的。

《民诉解释》颁行已逾三年,其第247条规定的应用面不断扩展,符合案外人申请再审条件的案件也同步减少。案外人另行起诉是案外人救济渠道中正在扩张的渠道。

第三节 案外人救济程序体系运行的诉讼策略与过程分析

一、阶梯型案外人救济程序运行体系

在诉讼实践中,案外人救济程序中涉及比较多的案件类型是"一房二卖"乃至"一房多卖"的情形。笔者就以这种案件类型为原型,以优先购买权人为寻求救济主体,绘制了案外人(优先购买权人)救济程序运行示意图(见图3)。笔者期望借此对案外人救济程序运行体系有全景式的理解与把握,并为案外人维权的策略选择与制度供给之间的互动关系提供分析基础。

图 3 案外人（优先购买权人）救济程序运行示意图

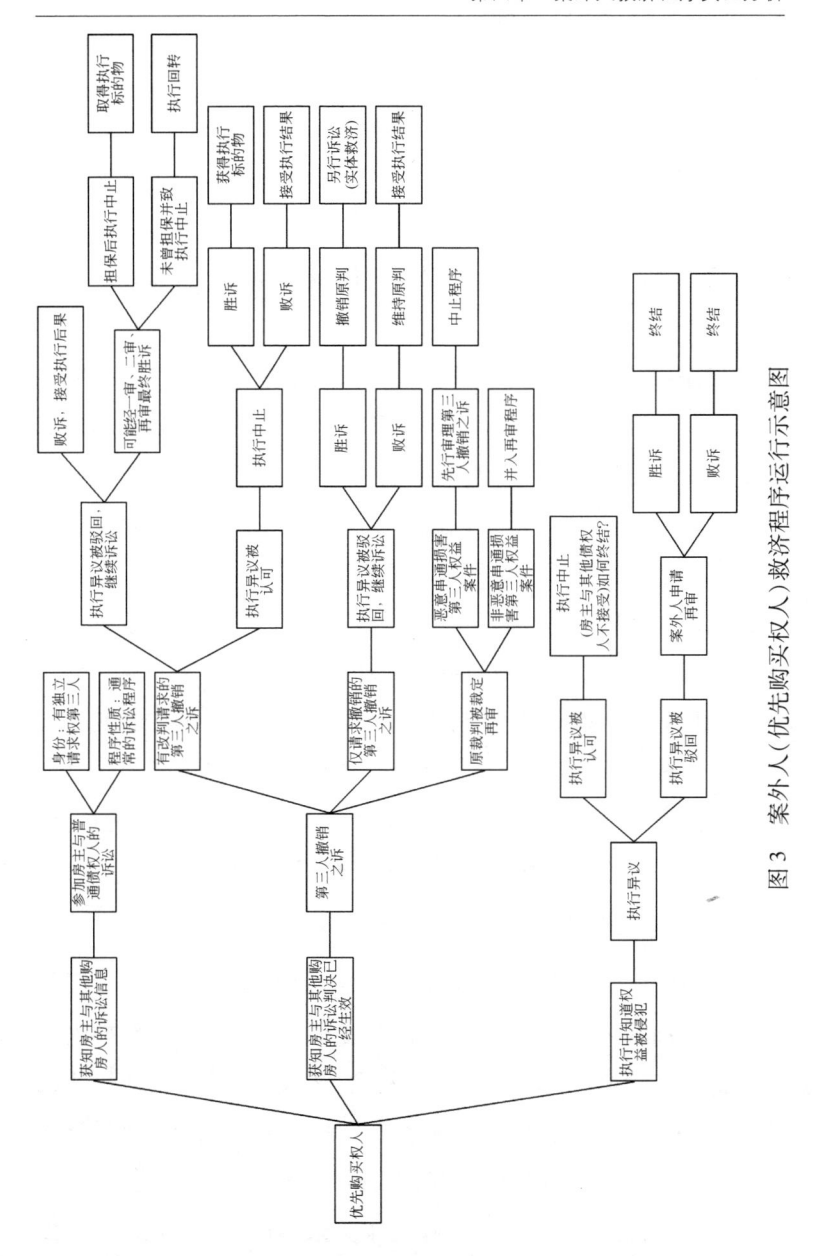

(一) 第一阶梯:第三人参加诉讼程序

如果某民事主体认为自己对诉争房产有优先购买权,在获知诉讼信息后,可以申请参加诉讼并获得有独立请求权第三人的诉讼主体地位。在此通常诉讼程序中,该民事主体可以提出自己的诉讼请求、事实主张与证据,参与法庭调查与辩论,从而使自己的合法权益及时得到保障。从案外人救济程序体系角度看,第三人参加程序具有预防功能,它可以避免利益相关方成为生效裁判的案外人。无论对于当事人,还是对于法院,第三人参加诉讼程序都是成本最低的程序。能及时利用这一程序,需要权利主张主体及时获知诉讼信息、主动参加以及法院受理。在我国实施立案登记制的背景下以及纠纷一次性解决的理念影响下,法院受理方面的障碍应该越来越少。权利主张主体能否及时获知信息,取决于主客观两方面的因素,有时存在权利主张主体客观上不能获知诉讼信息的情形。这种情形下,只能通过第三人撤销之诉或者案外人申请再审程序寻求权利保障的机会。如果当事人获知诉讼信息却不主动申请参加,不仅失去了通过参加诉讼维护自身权益的机会,也将丧失通过第三人撤销之诉维护自身权益的程序权利。

(二) 第二阶梯:第三人撤销之诉

我国的第三人撤销之诉规定在《民事诉讼法》第56条,它既是第三人参加诉讼程序的"补漏"程序,也是在判决生效后给非因自身原因未能参加诉讼的当事人的权利"补救"程序。从立法动机看,第三人撤销之诉是为了遏制串通型虚假诉讼,因为在这种诉讼中,当事人会刻意隐瞒诉讼信息,致使权利真实主体不能参加诉讼。第三人撤销之诉的最终法律文本并未将这种诉讼程序的前提限定于存在串通型虚假诉讼,而是使之成为救济权能更广的第三人参加诉讼程序的"补漏"程序。既然裁判已经生效,就有可能会涉及强制执行。如果不涉及强制执行,第三人撤销之诉在启动后会按照通常诉讼程序进行。如果引起争议的裁判文书已经被作为执行根据、执行程序已经启动,作为第三人撤销之诉原告的权利主张主体可以请求中止执行也可以提出执行异议。请求中止执行,需要提供担保。

通过"时段分置"法,第三人撤销之诉在《民诉解释》中被安排在执行异议之前。如果不愿意提供执行中止担保,权利主张主体可以通过提出执行异议来排除对执行标的物的强制执行,以避免执行后难以弥补的损失。

第三人撤销之诉案件审理期间,如果生效裁判文书被裁定再审,会产生两种审理方向:一是有证据证明原审当事人之间恶意串通损害第三人合法权益的,再审诉讼中止,法院先行审理第三人撤销之诉案件;二是无证据证明原审当事人之间恶意串通损害第三人合法权益的,第三人的诉讼请求会并入再审程序。

(三)第三阶梯:案外人申请再审

通过"时段分置"法,案外人申请再审程序在《民事诉讼法》《民诉解释》中被安排在执行异议之后。对于在执行中才知道生效裁判文书侵犯自己权益的权利主张主体,能够选择的救济途径就是案外人申请再审程序。

二、制度供给与案外人的诉讼策略

从民事诉讼制度供给角度看,在判决生效后给权利主张主体再提供救济途径,应该本着减少权利主张主体选择成本、实体利益最大化的角度来合理安排程序关系。因为,诉讼程序的利用者首先是希求自身利益最大化的经济人。

从前述第三人撤销之诉、案外人申请再审的案例实证分析及相关数据看,案外人申请再审程序的利用率低。从当前《民事诉讼法》以及《民诉解释》的制度供给看,权利主张主体的这种诉讼策略有其应然性。启动第三人撤销之诉所要求的证据材料,对于第三人而言,有一定难度。但是,对于意图申请再审的案外人而言,必须对执行标的物有权利、不能够通过其他诉讼解决争议这两个条件的限制性更强。如果涉及房产,对执行标的物有权利,通常要办理房屋登记过户或者已经交付全款且办理法定手续,这就将一般债权主张拒之门外。不能够通过其他诉讼解决争议的条件有其维护生效裁判文书既判力的合理性,但是,在第三人撤销之诉成为诉讼制度之后,是否意味着能通过第三人撤销之诉解决的争议,案外人就不可以申请再审呢?《民诉解释》对案外人申请再审条件进行了修订,以自己的民事权益被生效裁判文书侵害作为案外人申请再审的基本条件。但是,在诉讼实践中,民事权益被侵害还被限缩解释为自己对执行标的物的所有权或相当于所有权的权益被侵害。另一方面,案外人申请再审发生在执行异议被驳回之后,也就是说再审的同时执行仍在继续,这不同于通常的再审程序。因为通常的再审程序中,只要裁定再审就会中止执行,以避免执行行为与未来的再审改判结果相矛盾。案外人申请再审程序却很难避免这种结果。对于意欲主张权利的案外人而言,这样的结果会使可期待的程序利益明显减少。在这方面,第三人撤销之诉的比较优势就很明显,因为在法院受理第三人撤销之诉后,作为第三人撤销之诉的原告可以通过提供担保来请求中止执行。

通过对案外人救济程序构造的运行分析看,第三人撤销之诉的诉讼成本显然要远远高于案外人申请再审程序,毕竟前者再启动后作为通常程序运行会经历一审、二审、再审的漫长诉讼周期,第三人也会为之付出更多的参加诉讼的经济成本。案外人(优先购买权人)救济程序运行示意图(见图1)中,第三人撤销之诉的高度复杂性显现无疑,非专业律师代理,一般民事活动主体很难自行维权,这也必然会增加他们的律师费用成本。

当下的制度供给正在将可能受到生效裁判文书侵害的民事活动主体的维权之路引向高成本的程序。立案登记制实施后,民事案件数量增长幅度很大。这样的制度安排无论对于利益相关方还是法院都难称合理。

三、案外人救济程序构造中的异质性问题

依据现行民事诉讼法,案外人申请再审与第三人撤销之诉共同构成了民事诉讼中的判决生效后案外人救济程序构造。从其在《民诉解释》中的位序安排、可以上诉的通常救济程序设置、可以实现通常的权利救济目的诸方面看,第三人撤销之诉的确具备了通常救济程序的"外形"。但是,它与案外人申请再审程序同样是针对生效判决、裁定、调解书设定的救济程序,是存在审判公正性与程序终结性价值冲突的程序,是存在案外民事主体的权利与生效判决确定并保护的当事人的权利之间的权利冲突的程序,是存在诉权保障与既判力维护的诉讼宗旨间的冲突的程序。"足以排除执行的权利"目前能确定的是所有权或者相当于所有权的合法权

益(如交付全部购房款的购房人权益)。如前所述,案外人申请再审制度中的案外人在原案中亦可还原为有独立请求权第三人和权利型无独立请求权第三人。在诉讼主体条件上,案外人申请再审与第三人撤销之诉具有重叠性。它们都具有受理条件严格的程序准入特征,不过,案外人申请再审程序有"可以另行提起诉讼"的消极条件,而提起第三人撤销之诉没有这样的消极条件的限制。这就使得案外人申请再审程序具有补充救济性特征,而第三人撤销之诉不具有补充救济性特征。原案有独立请求权第三人、权利型无独立请求权第三人可否就原案判决中的原告与被告另行提起诉讼?除了具有绝对性判决效力的形成之诉(如公司决议撤销之诉)外,对于具有相对性判决效力的生效判决中确定的权利义务,案外人仍可提起诉讼。因为,具有相对性判决效力的生效判决只对判决中的当事人产生既判力。另行起诉与第三人撤销诉讼,一种是通常救济程序,另一种是特殊救济程序;这两者之间不应存在并列选择关系,不能另行起诉是第三人撤销之诉启动的必要条件。本可以另行起诉,却允许案外人提起第三人撤销之诉,这就使得案外人救济程序构造中的两种程序在法规范逻辑构造与诉讼实践中呈现出异质性的特征。尽管,对于另行提起诉讼的案外人而言,既决判决事实认定的预决效力的现实障碍直接影响到另诉中救济的有效性。笔者认为,如果既决判决事实认定的预决效力制度不合理,应该对其进行修改,不能因为迎合不合理的一项制度去创设另一项背离程序性质的程序。

鉴于第三人撤销之诉在判决生效后案外人救济程序构造中事实上的"主流"位置,判决生效后案外人救济程序整体上丧失补充性救济特质。这使得判决生效后救济程序构造中的当事人救济系统与案外人救济系统在补充性特质的体现上产生明显歧异。"同构异质"是程序构造的明显不正常状态。本章的实证分析结果显示,判决生效后救济系统的特质与申诉难的现实问题存在紧张关系,不过,不能因为解决申诉难的问题而"牺牲"判决生效后救济系统的特质,因为这样的选择显然是违背诉讼规律的。

第四节 小结

基于50例最高人民法院裁判文书的第三人撤销之诉的实证分析结论有:诉讼标的金额小的第三人撤销之诉案件也很可能终结于最高院、第三人撤销之诉受理条件的"门槛"在实践中是比较高的、相关程序间关系正在走出"混沌";基于13例最高人民法院裁判文书的案外人申请再审程序的实证分析结论有:案外人资格确定也需有法律上的依据、严格的可另行起诉不得申请再审条件、严格的"对执行标的物有权利"的申请再审条件。案外人救济程序体系运行的诉讼策略与过程分析结论是,案外人申请再审程序的利用率低。从当前《民事诉讼法》以及《民诉解释》的制度供给看,权利主张主体的这种诉讼策略有其应然性。当下的制度供给正在将可能受到生效裁判文书侵害的民事活动主体的维权之路引向高成本的程序。立案登记制实施后,民事案件数量增长幅度很大。这样的制度安排无论对于利益相关方还是法院都难称合理。《民诉解释》对第三人撤销之诉适用条件的限缩解释、对案外人申请再审程序适用条件的"重叠解释",直接或间接地使案外人救济程序结构的功能发挥受到严格限制。不具备补充救济性的第三人撤销之诉使得判决生效后救济系统成为"同构异质"的不协调系统。

第五章　民事诉讼判决生效后救济程序构造与调整策略

在我国再审制度的研究中,程序构造已经纳入研究者的研究视野。学者们通常从程序运行环节的视角来界定程序构造。有研究者认为,通过对德国、日本再审诉讼程序构造的比较和对我国再审诉讼程序构造的现实把握,我国应该建立"二阶段"的总体构造,即再审启动阶段和本案再审理阶段,但再审启动阶段内部仍然要区分为再审诉讼要件审理阶段和再审事由审理阶段。[①] 另有实务部门专家提出,根据再审程序"三阶构说",再审程序依次分为立案、审查和审理。[②] 从用语的明确性、具体性角度看,笔者认同再审程序的"三阶构说"。只是,这"三阶构"应为立案、审查、审判。不过,笔者认为再审程序的程序构造绝非再审程序运行环节这一单一构成要素。再审程序构造至少应包括运行环节、适用范围、审理方式、裁判方式四个要素。本章拟以再审诉讼的程序构造作为切入点,探讨民事诉讼判决生效后救济程序构造的特征、功能发挥状态、实践状态以及未来调整的策略。

[①] 闫宾:《论再审诉讼的程序构造——以德日为比较对象》,《兰州学刊》2011年第10期。

[②] 虞政平:《论我国审判监督程序的改革》,《暨南学报(哲学社会科学版)》2012年第8期。

第五章　民事诉讼判决生效后救济程序构造与调整策略

第一节　补充救济与通常救济混同的程序构造

在我国学界与实务界对再审程序的研究过程中,基本上形成的共识是本来是特殊救济程序的再审程序已经被通常化,再审程序应当保持其特殊性。① 另有学者、实务部门专家基于再审程序的特殊性质的判断将其界定为补充性救济程序,即相对于上诉审程序而言,审监程序是一种补充救济程序,也就是说,它是一种有限制的只适用于少数情形的救济程序。② 就目前我国再审程序构造而言,笔者认为其既非应然的补充救济程序构造,也非完全与通常救济程序同化,而是补充救济与通常救济混同的程序构造。

首先,"三阶构"的再审程序运行构造是再审程序独特的补充性救济程序的标志。立案、审查和审判的三阶段程序运行构造不同于一审的立案、审判的"二阶构"程序构造,也不同于我国二审单一的审判程序构造。在再审程序中,顺利通过立案阶段的法律文书是再审案件受理通知书;顺利通过审查阶段的法律文书是再审裁定书;经过再审审判之后,法院出具体现审判结果的判决书或者裁定书。"三阶构"的再审程序运行构造将能否启动再审的活动分

---

① 傅郁林:《审级制度的建构原理——从民事程序视角的比较分析》,《中国社会科学》2002年第4期;潘剑锋:《衔接与协调:民事诉讼法中相关制度的整合》,《河南社会科学》2011年第5期;韩静茹:《错位与回归:民事再审制度之反思——以民事程序体系的新发展为背景》,《现代法学》2013年第2期。

② 李浩:《再审的补充性与再审事由》,《法学家》2007年第6期;江必新:《论民事审判监督制度之完善》,《中国法学》2011年第5期。

解为立案(收取符合规定的申请材料)与审查(审查再审申请是否具备再审事由)两个程序环节来开展,以此确保符合法律规定的再审请求进入再审审判程序。这样相对严格的准入程序使再审程序与仅有形式意义上的起诉审查的一审程序、无上诉审查环节的二审程序存在明显差异。"三阶构"程序运行构造可视为再审程序独特的补充性救济程序的标志。

其次,就审理方式、裁判方式两个要素而言,在再审程序与二审程序之间有差异但亦存在混同之处。论及审理方式、裁判方式,不仅再审程序与二审程序的辨识难度大,再审程序与一审程序也难以区分。因为根据民事诉讼法的规定,对于一审生效裁判文书的再审,按照一审程序进行审理和裁判,再审判决书可以上诉;符合规定的裁定书也可以上诉。对于二审生效裁判文书的再审,按照二审程序进行审理和裁判。就其特殊的补充性救济程序的性质而言,再审程序适用范围应该有其独特的审理方式、裁判方式。通过对几起再审案件的参与观察,笔者认为再审程序审理方式、裁判方式的去个性化直接影响其程序定位的准确实现。再审审理的客体是原审裁判文书的合法性,具体而言,包括适用法律的合法性、事实认定过程的合法性、程序合法性。再审审理的争议焦点应该自上述三个方面提炼,然后围绕争议焦点展开法庭调查与法庭辩论。然而,在再审审判中,往往会按照一审程序的审理方式,从当事人有争议的请求与抗辩中归纳争议焦点,然后据此要求当事人完全按照与一审相同的方式乃至顺序举示证据、质证、辩论。

最后,再审程序构造的补充救济与通常救济混同特征,很大程度上在于宽松的再审程序启动方式。实务部门专家指出,只要再审申请书等文书符合形式要求,法院即会以"直通车"方式立案审查；凡是监督机关、人大代表来信来函关注的案件，甚至只是代转当事人的申诉、申请再审材料的，也都基本依职权启动复查。《诉讼费用交纳办法》规定，仅在有新证据和对一审生效裁判不服为由而申请再审时才须缴纳相关诉讼费用。实际情况是，申请再审和绝大多数再审案件几乎无须缴纳任何费用。受理条件过分宽松的直接后果是，再审程序作为生效裁判救济的例外程序实际上已成为经常性程序，以至于在我国申请再审权几乎成为普遍的、当然的权利，犹如再次行使"上诉权"一般。①

再审程序与二审程序在本质特性方面存在根本差异。再审最突出的特点在于突破了既判力制度和程序安定性原则的要求，而在案件审结并具有法律效力之后，为其提供一种获得再次审理的可能，因而属于"消防通道"性质的非通常救济路径。②

2007年《民事诉讼法》修改前，再审事由过于概括，再审审查程序也无明确的法律规定，"三阶构"程序运行构造尚未明显体现；再审次数限制的相关司法解释形同具文；当事人申请再审、法院依职权再审、检察院抗诉再审三种启动方式并行无序。再审程序构造的补充救济与通常救济混同特征非常明显。2007年《民事诉讼法》修改后，再审事由明确化、再审审查程序具体化，"三阶构"程序运行构造得以确立；"三加一"终结模式下，不仅再审次数得以限制，当事人申请再审与检察院抗诉再审的顺位问题也得以解决。不过，这种混同特征还没有完全去除，再审程序构造的补充救济与

---

① 虞政平：《论我国审判监督程序的改革》，《暨南学报（哲学社会科学版）》2012年第8期。

② 潘剑锋：《衔接与协调：民事诉讼法中相关制度的整合》，《河南社会科学》2011年第5期。

通常救济混同特征只是在一定程度上得以减弱。

民事诉讼判决生效后救济程序构造由当事人救济程序构造、案外人救济程序构造构成。从受案数量上看,再审程序是民事诉讼判决生效后救济程序的主干,案外人救济程序的作用范围相对小很多。即便如此,也不能以再审程序构造的特征来直接指称民事诉讼判决生效后救济程序构造的特征。如前所述,从第三人撤销之诉的当前法律规定看,这种程序也的确具有补充救济与通常救济混同特征。作为案外人救济程序构造主要部分的第三人撤销之诉没有另行起诉前置的补充性救济程序的必要条件,故此,也具有补充救济与通常救济混同特征。此外,当第三人撤销之诉与再审程序发生竞合时,只要不涉及恶意诉讼,再审程序要吸纳第三人撤销之诉。综上所述,就我国当下的民事诉讼判决生效后救济程序而言,补充救济与通常救济混同是其基本特征。如何进一步依照民事诉讼判决生效后救济程序在审判终结性与审判公正性之间寻求结合点的价值诉求来挖掘并体现民事诉讼判决生效后救济程序的独特性,是民事诉讼判决生效后救济程序走向完善的驱动力所在。

第二节　调适中的程序构造功能状态

从前文中的实证分析可以看出,我国民事诉讼判决生效后救济程序构造的应然功能与实际的功能发挥状态还存在较大差距。在这方面,已有研究成果中有一些很有见地的观点。如有学者认为,再审程序以事后刺破既判力的"外衣"并有限纠错作为其核心功能;而二审程序除了承载着纠错功能外,还发挥着监督下级法院审判案件的质量、吸收当事人的不满等功能。① 有实务部门专家认为,民事复审程序具有下列基本功能:(1)纠正或减少下级法院裁判中在认定事实和/或适用法律方面的错误;(2)维护法律适用和解释的统一;(3)吸纳当事人的不满情绪,以提高司法判决的正当性和可接受程度;(4)减轻下级法院法官因裁判案件而产生的责任和压力,促进司法独立;(5)确保当事人的审级利益。② 这些观点对于理解民事诉讼判决生效后救济程序的功能都是极富启发意义的。在笔者的民事诉讼功能的分析脉络中,民事诉讼功能分为内在功能、程序正当化功能与社会功能。任何一种诉讼程序,都可以从这三个侧面获得对其功能的全面认识。任何一种诉讼程序也不可能只有一种功能,而都是功能的聚合体。无论一审程序、二审程序,都应具有程序正当化功能,并通过内在功能与程序正当化功能的发挥来实现各自的社会功能。纠纷解决、权利保障、法秩序维护三种民事诉讼的社会功能在一审程序、二审程序、民事诉讼判决生效后救济程序中存在次序差异。如有学者所言,审级制度在配置上诉程序具体功能时,必须在服务于个案当事人的私人目的和服务于社会公共目的二者之间权衡和妥协。设计的一般原理是,越靠近塔顶的程序在制定政策和服务于公共目的方面的功能越强,越靠近塔基的程序在直接解决纠纷和服务于私人目的方面的功能越强。③ 参照这一原理,结合我国乃幅员辽阔的单一制国家、国民

---

① 潘剑锋:《程序系统视角下对民事再审制度的思考》,《清华法学》2013年第4期。
② 江必新:《民事复审程序类型化研究》,《法学家》2012年第2期。
③ 傅郁林:《审级制度的建构原理——从民事程序视角的比较分析》,《中国社会科学》2002年第4期。

的法治意识、法官的伦理与职业素质等实际情况看,一审程序的社会功能中,纠纷解决应为首位社会功能;二审程序的社会功能中,首位功能应为权利保障,而非统一法律适用;[①]民事诉讼判决生效后救济程序的首位社会功能则是法秩序维护。依法纠错是在判决生效后救济场域中民事诉讼内在功能、程序正当化功能的具体表达。

一、民事诉讼判决生效后救济程序构造在实务中的功能互补

在我国目前的民事诉讼法律制度框架内,通过适用范围的明确界定,民事诉讼判决生效后救济程序完成了分主体、分事项向对裁判文书生效后不服的民事活动主体提供救济的布局。一般再审程序向对生效裁判文书不服的当事人提供救济,案外人再审程序、第三人撤销之诉向实体利害关系人提供救济。民事诉讼判决生效后救济程序体系具备了应对通常利益争逐关系与复杂的利益交织关系的周延性。对本案当事人产生不当影响的裁判文书被依法纠错、被更新审理,为理顺本案当事人与利害关系人的利益关系提供了新的契机;对实体利害关系人产生不当影响的裁判文书被依法纠错、被更新审理,使生效裁判文书的公正性在更开阔的利益格局中回归到可接受的水准。

就程序运行要素而言,两种再审程序的"三阶构"构造与第三

---

① 这一点与作为联邦制的美国民事诉讼中上诉法院的统一法律适用功能有很大差异。在美国,通过上诉程序在一州之内实现法律适用统一性具有较大的可能性。

人撤销之诉的"二阶构"构造都通过启动环节的实体审查"过滤"不符合法定要求的程序启动请求。这既保持了民事诉讼判决生效后救济程序补充救济程序的独特本性,也为民事诉讼判决生效后救济程序的审理程序高效率、高质量展开创造了条件。

就审理方式要素而言,目前民事诉讼判决生效后救济程序都是由合议庭主持的庭审程序。这种当下能够提供的最佳程序空间,给诉讼参加人辩论权的保障创造了条件。逐步完善的送达制度也更真实地保障了诉讼参加人的程序参与机会。本案当事人、实体性利害关系人通过民事诉讼判决生效后救济程序在法院"会面",有助于从更全面的视角发现真实、有助于准确适用法律、有助于依法纠错或进行高质量的更新审理。充分的程序参与机会,尤其是自由表达的机会,能够在不利结果产生后化解诉讼参加人的不满。上述民事诉讼判决生效后救济程序构造所能产生的显功能相互补充、强化,推动程序构造的权利保障功能、制约功能的实在化。

判决方式构成两种再审程序与第三人撤销之诉功能指向的"焦点",它们都必须面对如何对待生效裁判文书的问题及新的利益分配问题。通过这两个问题的解决,前述功能的互补方能落到实处。

二、民事诉讼判决生效后救济程序构造在实务中的功能冲突

(一)民事诉讼判决生效后救济程序构造中,已经形成且仍须关注的功能冲突主要来自审理方式方面。这主要体现在两方面:一方面是行政化监督异化依法纠错功能。依据我国《宪法》的规

定,上下级法院之间是监督与指导的关系。这里的监督应当是符合审判规律的监督方式,应该是通过二审或者民事诉讼判决生效后救济程序依法纠错的方式进行的监督,而不应该是行政化监督。由于我国法院体制的行政化,行政化监督乃至行政化监管已经构成我国法院运行的根深蒂固的特征。在本次司法改革前,围绕绩效考核,法院系统分割为相对封闭的32个省级法院系统,每个省级法院系统内形成非常严密的考核与监管机制。这种运行机制在改革中已经被明令废止。在具体的审理方式上,行政化监督方式惯用的是非常类似于行政领域中"责令整改"方式的指令再审。本文的实证分析可以显示,这样的行政化监督方式可以是法秩序形成的另外路径,但是,它与民事诉讼判决生效后救济程序的依法纠错功能是存在功能冲突的。这种行政化的监督方式在诉讼实践中能否全部消除还有待观察。另一方面是解纷优先化排斥依法纠错功能。自2008年之后,我国法院推行"调判结合,案结事了"的司法政策,这体现的是解纷优先化的诉讼目的观。在解纷优先化的诉讼目的观的支配下,作为民事诉讼判决生效后救济程序的再审程序中也推崇调解。对此,实务部门的专家曾作出这样的概括:"在有的案件责任确实难以分清,或者牵涉社会稳定,以及改判社会效果不确定等情况下,法院为稳妥起见,往往更倾向于促成当事人和解,以求"案结事了"、化解矛盾。如此一来,相当一部分原本应当依法改判的案件,最终得以调解结案,而事实上大多有理的当事人原本并不愿意进行调解。"[①]这不免使依法纠错功能旁落,此类

---

① 虞政平:《论我国审判监督程序的改革》,《暨南学报(哲学社会科学版)》2012年第8期。

程序应有的统一法律适用的显功能,权利保障功能、制约功能等显功能不能充分发挥。

(二)案外人申请再审、第三人撤销之诉在适用范围上存在功能冲突。通过前文的实证分析可以得出案外人申请再审、第三人撤销之诉因为在主体、事项上处于重叠状态,它们的适用范围也处于重叠状态。以执行异议为界,分时段配置这两种程序,事实上是一种人为的安排。这种安排貌似合理,实际上会引起下文所述规范与资源的紧张关系。从长远看,会形成表现为功能内耗的功能冲突后果。

(三)程序运行中的竞合处理机制会引起功能冲突。从目前的法律规定与诉讼实践看,能够另行起诉,案外人不能够提起再审申请。如果能够提起的诉讼包括第三人撤销之诉,上述程序安排实际上是案外人申请再审后置的程序安排。《民诉解释》规定,如果第三人撤销之诉审理期间,此案被裁定再审,如非涉及恶意串通的诉讼,第三人撤销之诉应该纳入再审程序。如果这里的再审程序包含案外人申请启动的再审程序,又确定了一种再审优先的程序安排。显然,这种程序安排是相互矛盾的,至少是埋下了引致程序冲突的隐患。

第三节 规范与资源冲突的程序构造实践样态

民事诉讼是确定、再次分配民事权益的场域。积极的民事诉讼实践尊重场域的限定性,但总是在寻求突破限定性的可能。规范与资源是构成民事诉讼场域的基本要素。规范的建构与完善受到资源的限制,规范与资源的冲突会影响到规范意图的实现,并使实践路线发生变异。从程序构造的视角观察判决生效后救济的实践,不难发现这样的问题。

一、适用范围方面的体现

在适用范围上,我国民事诉讼判决生效后救济程序规范力尽周延与全面,不仅为当事人提供判决生效后救济途径,还要分时段给实体利害关系人提供判决生效后救济途径。尽管前文述及民事诉讼判决生效后救济程序是平衡程序终结性与审判公正性的现实需求的产物,还是需要认识到民事诉讼判决生效后救济程序的存在本身就需要法律职业资源与经济资源的消耗。进入民事诉讼判决生效后救济程序的案件越少,资源消耗度越低,民事诉讼判决生效后救济程序规范意图实现的概率越高。因为这一方面牵涉到法官的可投入工作量的问题、不同法院的审判成本承担能力问题,另一方面牵涉到民事活动参加者能否承受诉讼成本的问题。就适用范围这一要素而言,我国民事诉讼法的规定仍然存在再审渠道过多、再审事由泛化的问题。这种状况导致再审适用范围过于宽泛的后果。法院依职权启动再审的再审渠道的正当性在2007年修法后继续受到质疑。2007年修法之后,学界对再审事由的泛化问题进行了激烈论争,学者们从不同角度论证了应该进一步取消的再审事由。所谓"再审事由",就是启动本案再次审理的理由或根据,是原裁判中存在的重大瑕疵,正是因为这些瑕疵的存在,使得原裁判缺乏正当性根据,所以必须通过本案再审加以纠正或弥补。① 何谓使得原裁判缺乏正当性根据的事由？裁判遗漏诉讼请求的事由是否可纳入使得原裁判缺乏正当性根据的事由？"原判决、裁定认定的基本事实缺乏证据证明的"、实体性事由是否可纳入使得原裁判缺乏正当性根据的事由？复合性事由（绝对性与相对性复合的事由）是否可纳入使得原裁判缺乏正当性根据的事由？② 从这些争鸣、论证看，再审事由泛化问题的解决仍然是破解规范与资源冲突关系的重要路径。此外，相同功能的第三人撤销之诉与案外人申请再审程序同时存在，而且通过诉讼利益的配置将相关实体利害关系人导向成本更高的第三人撤销之诉，是存在规范与资源冲突关系的。

二、程序运行方面的体现

在程序运行构造方面，再审的"三阶构"程序运行构造、第三人撤销之诉的"二阶构"程序运行构造事实上设置了"双重复核机制"，意图通过事由审查与案件审理两次复核确保纠错功能的合法性与正当性。然而，在实践中，因为没有足够的再审审查法官、再

---

① 参见〔日〕上村明广：《再审事由》，载石川明、高桥宏志编集：《注释民事诉讼法(9)》，有斐阁1996年版，第18、19页。转引自张卫平：《再审事由规范的再调整》，《中国法学》2011年第3期。

② 胡夏冰：《"遗漏诉讼请求"能否作为再审事由》，《人民法院报》2009年6月16日；张卫平：《再审事由规范的再调整》，《中国法学》2011年第3期；郑金玉：《民事实体性再审事由与法院诉讼责任范围》，《河南大学学报（社会科学版）》2011年第3期；汤维建、韩香：《民事再审事由分层（类型化）理论研究》，《政治与法律》2012年第2期；朱金高：《再审事由的深度透析》，《法律科学（西北政法大学学报）》2013年第5期。

审审判法官来分别从事事由审查与案件审理两种性质的工作,有的法院"返聘"退休法官、借调下级法院法官来进行事由审查。即便如此,"人手"仍然不够。在高级人民法院、最高人民法院都出现了再审审查法官参加审判合议庭的情形。已经做出过审查意见的再审审查法官很难改变自己业已形成的先见,况且否定审查意见本身对再审审查法官具有不利影响。囿于审判资源的有限性,《民诉解释》将这种再审审查法官参与审判合议庭的做法合法化。这不仅极大削弱了"双重复核机制"的应有效能,还徒增审查、审判两环节分离的资源消耗。

三、审理方式方面的体现

在审理方式方面,再审依据做出生效裁判的审级分别按照一审程序或者二审程序来审理再审案件。按照一审程序审理要开庭审理,按照二审程序审理,尽管有径行裁判的规定,但是,《民事诉讼法》修法过程中已经严格限定了径行裁判的适用范围,只要当事人提出新的请求、新的事实主张,就必须开庭。开庭是必要的,但是,如果案件基数过大,"形合实独"的合议庭构成、"走过场"的开庭将成为无法逆转的常态。从前面的统计分析看,再审案件在全部民事案件的总量中占千分之三左右,但其总量依然是巨大的。特别是二审再审对比值还比较高,意味着再审压力还主要集中在高级人民法院与最高人民法院。这已经是修法过程中,经过再审受理规范重整后的有很大改观的结果。

此外,我国的民事诉讼判决生效后救济程序的审理对象不仅仅是法律适用问题,还包括事实认定以及程序适用问题。国外一些法治较发达的国家,上诉审大都是法律审,不再审查事实问题。两相比较,我国的民事诉讼判决生效后救济程序实属高资源消耗型救济程序。民事诉讼判决生效后救济程序的审理对象限缩到法律适用问题是有前提的,一方面,原审法院的事实认定能够严格依据证据规则进行;另一方面,辩论权能获得实质性保障,原审法院能够接受当事人诉讼请求与事实主张的约束,能够保障当事人对诉讼程序的实质性参与。就我国目前诉讼运行状况看,这两方面前提条件的满足,还需要相当长的时间。在这两方面前提条件不完全具备的情况下,还只能接受目前的高资源消耗状态。另一层面,国外对律师取证比较完善的制度保障、英美法系国家陪审团审判传统都构成其上诉审为法律审的正当性基础,而我国尚不具备这方面的条件。

此外,还需注意到国外的再审之诉的审理对象与上诉的审理对象是存在差异的。德国、日本、法国、俄罗斯在民事再审事由规定方面的共性主要有:(1)将再审事由区分为绝对性再审事由与相对性再审事由(法国除外);(2)共同的绝对性再审事由是程序事项,如审判组织不合法;(3)共同的相对性再审事由是证据事项,如伪造证据情形。[①] 证据事项启动再审自然会涉及事实问题的重新审理。综合国内外情况,目前还不能因为高资源消耗而将民事诉讼判决生效后救济程序的审理对象限缩到法律适用问题。但是,哪些涉及证据、证明、事实认定的事由不进入再审审理程序,还是

---

① 常怡主编:《比较民事诉讼法》,中国政法大学出版社2002年版,第665—666页;汤维建、韩香:《民事再审事由分层(类型化)理论研究》,《政治与法律》2012年第2期。

可以探讨的。

从长远看,通过民事诉讼判决生效后救济程序的规范审理,确保法律适用的正确性、法律适用的统一,进而对原审法院的审判产生真实的制约功能,规范原审法院的审判,减少再审案件,减少事实认定错误几率,减少程序不规范运作行为,才能从根本上缓减规范与资源之间的冲突关系。我国已经形成非常精密的判决生效后救济"程序网络"。程序与程序所涉及的复杂性、金额、社会影响应当保持一致的程序相称性原理已广受认同。在一个程序体系中,从程序相称性原理出发,可以推导出低成本程序用尽的规则。适用低成本程序用尽的规则是缓减规范与资源之间的冲突关系的现实选择。

第四节 民事诉讼判决生效后救济程序构造的调整策略

从人性视角观之,民事诉讼判决生效后救济程序有其现实必要性。民事诉讼判决生效后救济程序运行中产生的各种问题,也可以依循伦理、认知、经济的人性三维度探索其调整策略。

一、扬善抑恶的调整策略

审判监督程序是我国民事诉讼判决生效后救济程序中的主体程序。我国民事诉讼立法过程中曾经受苏联民事诉讼法的影响,但监督途径、监督事由方面有差异。在现行俄罗斯民事诉讼法中,与监督程序相应的第四编的编名为"对已经发生法律效力的法院裁判的再审",下设两章分别为"监督审法院程序""根据新发现的情节对已经发生法律效力的判决、裁定进行再审"。监督审程序中撤销生效裁判的根据是对实体法律规范或诉讼法规范的严重违反;"根据新发现的情节对已经发生法律效力的判决、裁定进行再审"的根据需要有新发现的情节而且是申请人不知道或者不可能知道的重大情节,或者有为生效刑事判决确认的伪证、诉讼参与人犯罪等情节,或者作出裁判所依据的判决或决议被撤销。[①] 总体上看,我国民事诉讼审判监督途径更多、监督事由更为宽泛。从监督二字可以读出制度设置中对法官不信任、倾向于人性恶的人性假设。

我国民事诉讼立法过程中的人性假设在判决生效后与裁判生效前是截然相反的。在裁判生效前的诉讼过程中,对于法官,更倾向于性善论的人性假设,给予非常大的信任;在规则方面体现为法官的审判权可以逾越当事人辩论权的制约,如《民诉解释》对自认效力的新规定。对于当事人,更倾向于性恶论的人性假设,对于恶意诉讼或虚假诉讼的担心压制了对当事人参与诉讼的善意的应有信任;在规则方面体现为当事人的辩论权受制于审判权,不能产生应有的约束力。这就很难确保审判权运行保持应有的中立性与对当事人主张回应的精确性。在判决生效后的救济过程中,对于法官,更倾向于性恶论的人性假设,从行为监督的视角质疑其审判的正当性;对于当事人,尤其是启动程序一方,更倾向于性善论的人性假设,从权利救济的视角授予其种类繁多的"诉讼武器"供其挑战生效裁判。我国判决生效后救济程序的治本之道是将制度设计

[①] 《俄罗斯联邦民事诉讼法典》,黄道秀译,中国人民公安大学出版社2003年版,第247、251—252页。

的人性假设统一到"可善可恶、善必制恶"的伦理人性,对法官、当事人设定合理的行为边界,营造扬善抑恶的行为空间。

(一) 规则层面的调整

1. 依职权启动再审制度的重整

依职权再审的启动途径有法院依职权再审与检察院通过检察监督启动再审两种途径。

十几年来,学者们慨然疾呼,要求取消法院依职权再审的启动途径。有实务部门专家也认为,从近年来的司法实践看,保留法院依职权再审,主要是给法院内外过问案件预留法律空间与渠道,实际上给法院审判工作带来了被动影响,而且撤销这一渠道对当事人申请再审的正当权利并不会产生任何实质的影响。另外,法院依职权再审的启动和审查也极不规范,并不符合正当审判程序的基本要求,在当事人申请再审权利获得强化与充分保障的新形势下,继续予以保留并无任何正面价值与意义。[①] 正在进行的"还权于法官"的司法改革也使这种再审启动方式的权力基础产生疑问,一方面法院院长作为行政管理权的行使者,还应当拥有再审启动提请权这样的审判职权吗?另一方面,职能转变后的审判委员会还可以行使再审决定权这样大的审判权吗?不过,笔者在调查访谈中,在不同法院了解到,法院依职权启动再审的启动途径在避免一些恶性信访事件发生方面,还有一些"残存"的现实意义。尽管这些年法院信访压力有所减轻,但是,2014年全国法院信访总数仍

---

① 虞政平:《论我国审判监督程序的改革》,《暨南学报(哲学社会科学版)》2012年第8期。

有 758386(件、人)。① 因此,立即"封闭"法院依职权启动再审的启动途径还难称慎重。结合目前实际,应该更为严格地限制法院依职权启动再审的条件。目前,法院依职权再审与当事人申请再审、案外人申请再审是并列的救济途径。基于对当事人处分权的尊重、审判中立性、生效裁判羁束力的全面考量,法院依职权再审应置于当事人申请再审并获得否定性结果之后。在目前已经确立的"三加一"诉讼终结模式下,检察院的检察监督是以当事人申请再审行为获否定性结果为前置条件的。这就使得法院依职权再审只能在"三加一"诉讼终结模式中保有狭小的运作空间。我国法院的依职权再审包括本院依职权再审与上级法院依职权再审两种途径。依这两种途径启动再审的事由都是"确有错误"。显然,"确有错误"这样的概括性规定,留下过大的主观裁量的空间。需要通过进一步的事由细化,使法院依职权再审程序成为当事人申请再审程序的补充程序。再有,本院依职权再审与上级法院依职权再审两种途径的功能相同,保留一种途径即可。

"三加一"诉讼终结模式的问题是法院、检察院的判断存在相互冲突之处。检察院监督事由与当事人申请再审事由一致化,可能激化这种冲突。职权监督的对象应为生效裁判文书的法律适用确有明显且严重的错误。这里的法律适用包括实体法律与诉讼程序法律。当事人申请再审的对象应为出现新的事实依据。这样,再审程序由法院启动与由检察院启动的两个层次功能就分界明确,将避免产生同一事由重复判断的情状。在此设想之下,法院依

---

① 《中国法律年鉴(2015)》,中国法律年鉴社 2015 年版,第 1016 页。

职权再审一旦启动,则不能再申请检察院监督。对两种职权再审方式择一保留,是当下推行"三加一"诉讼终结模式应确立的准则。在此设想下,"确有错误"事由应确定为生效裁判文书的法律适用确有明显且严重的错误,并为依职权再审的统一事由。这一设想意在削减当下民事诉讼判决生效后救济程序非理性的重复监督,使裁判生效前审判活动中的法官能够有足够的独立审判的自信力并顺应审判活动应有的规律,也避免判决生效后救济程序被缠诉者恶意利用。保留依职权再审是在法官总体素质尚不能完全以其自身的职业操守与审判业务素质获得生效裁判的正当性、涉诉信访的压力仍然存在的转型期"场域"中的现实选择。但必须注意,依职权再审制度过于强烈的监督思维,不仅使生效裁判陷入不安定状态,也会削弱审判法官的独立审判动机。对法官人性恶的人性预设还可能使救济程序异化为"跷跷板"游戏。为此,很有必要对依职权再审制度进行重整。

2. 申请再审事由的进一步限缩

(1) 取消关于"原判决、裁定认定的基本事实缺乏证据证明"的再审事由。有学者认为,因为没有证据并不意味着对基本事实认定的违法性,事实的认定有可能是通过推定进行认定的。[①] 笔者认为,这一事由从整体上严重影响到民事诉讼获得正当性有效路径的实现。从辩论权保障的法理看,当事人举证、质证、辩论是形成案件事实认定的基础,也是裁判获得正当性的基础。因为,一旦经过当事人的证明与辩论,案件事实仍然真伪不明,就需要通过证

---

① 张卫平:《再审事由规范的再调整》,《中国法学》2011年第3期。

明责任裁判机制来拟制案件事实的真伪,来分配败诉的不利后果。易言之,证明责任分配机制构成了当事人积极参与诉讼的"驱动器"。基本事实缺乏证据证明,很可能使案件事实进入真伪不明的状态。在这种状态下就需要通过证明责任分配机制确定事实、审结案件。如果将"原判决、裁定认定的基本事实缺乏证据证明"作为再审事由,实际上是否定了证明责任分配机制的正当性。尽管,即便在德国,法官在审理举证不能或不足的案件时,在适用结果意义上的举证责任来作出判决前,会利用自由证明、表见证明、简化证明、当事人释明,依申请讯问对方当事人,依申请令对方当事人承担证据开示义务,或会利用基于法定职权主义的法院委托鉴定、法院指令勘验、法院调取官方答复、依职权讯问对方当事人,甚或行使释明权引导当事人通过诉讼诉请案外人给付证据等一切手段来获取客观真实或接近客观真实的法律真实。[①] 但是,在包括德国在内的法治发达国家,驱动当事人积极参与诉讼并最终使裁判结果正当化的证明责任分配机制始终处在有效状态。如果将"原判决、裁定认定的基本事实缺乏证据证明"作为再审事由,就会令审判法官对证明责任分配机制的适用充满恐惧心理,转而求助于职权调查手段、削弱当事人参与的意义,最终使裁判结果难以正当化。

(2)取消遗漏诉讼请求的再审事由。2009年有实务界专家指出,裁判遗漏诉讼请求的,最为妥当的处理办法并不是再审,而是由当事人申请原审法院补充审理和裁判;如果法院拒绝补充审理

---

① 〔德〕罗森贝克、施瓦布、戈特瓦尔德:《德国民事诉讼法》,李大雪译,中国法制出版社2007年版,第849页。

和裁判,可提起上诉。① 另有学者认为,既然审理法院没有对当事人提出的诉讼请求作出裁判,那么,法院已作出的判决也就对该诉讼标的不发生既判力,当事人可以就该诉讼标的再行提起诉讼,不需要通过再审程序加以救济。② 根据《民诉解释》的最新规定,只要诉讼请求发生变化就不存在重复诉讼的问题。从当事人权益保障角度看,通过另行起诉可以保障当事人的合法权益。从审判权运行角度看,遗漏诉讼请求,应属"审判事故"。审理案件法官应当承担审判责任,当事人有权就审理案件法官进行投诉,使其受到惩戒。尽管当事人另行起诉增加了诉讼成本,但是,需要注意诉讼运行中审判权的公信力受损的道德成本是巨大的。上述方案符合司法最低成本付出的应然之道。通过《国家赔偿法》的修改,可以由国家赔偿当事人另行起诉增加的诉讼成本。

在我国民事诉讼中,监督性质的再审程序构造是职权再审与申请再审相互结合的复合构造。在此复合构造下,需要协调好两种性质的再审救济途径。如前所述,职权监督应指向被监督职权的核心功能。审判中的职权监督,应以法律适用的正确性为监督对象。如果将法律适用错误作为职权监督的启动事由,那么,在申请再审事由中就不应该保留法律适用错误的事由。

(二)法律职业资源配置层面的调整

我国司法改革正在进行中,其中最为基础的改革事项就是法律职业人员制度改革。就本文所分析的法律职业资源方面的问

---

① 胡夏冰:《"遗漏诉讼请求"能否作为再审事由》,《人民法院报》2009 年 6 月 16 日。

② 张卫平:《再审事由规范的再调整》,《中国法学》2011 年第 3 期。

题,笔者认为在法律职业人员制度改革过程中,以下四方面应需要注意。

1. 法官员额制改革应注重选任法官的职业操守

2010年最高人民法院重新修订并公布了《中华人民共和国法官职业道德基本准则》《法官行为规范》。这两部司法解释以规范法官在法院内外的行为、理顺法官关系网络为基点,全面、深刻地规定了法官应有的职业道德操守。当下的法官员额制改革更多地关注到以业务能力为选拔依据来选拔入额法官。好法官绝非仅仅业务能力高这样一项评价指标,好法官还应有高尚的职业操守。如果一个法官能以《中华人民共和国法官职业道德基本准则》《法官行为规范》作为行为准则严格规范自己法庭内外的行为,其裁判的案件仍需要再审的事件是可能性极低的低概率事件。如果将案件被再审作为一种"审判事故",这种"审判事故"往往是法官在行为操守上出现偏差或问题的结果。故此,在法官员额制改革中,至少需要法官签署承诺书,严格遵守《中华人民共和国法官职业道德基本准则》《法官行为规范》规定的行为准则,否则,自愿接受惩戒。

2. 再审法官应该是德才兼备的资深法官

国外的再审之诉,通常是向作出生效裁判的原审法院提出。根据我国民事诉讼法的规定,当事人申请再审通常是向上一级法院申请再审。对此差异,应考虑到,在转型期,法官素质均值化仍存在问题;同一法官判断事实与解释法律存在认知惯性;即便另行组成合议庭,同一法院法官间的"同事"关系不能排除"关照"原审法官的可能性。就当事人而言,找上级评理的观念根深蒂固。有鉴于此,维持向上一级法院申请再审的再审启动常态符合现实之需。不过,再审法官作为审查其他法官作出的生效裁判的终极审判者,应该是德才兼备的资深法官。在再审法官的配置上,应遴选有一审、二审审判经验,且审判职业操守与审判职业技能俱佳的资深法官担任再审法官。这里的再审法官既包括再审审查法官,也包括再审审理法官。

3. 提高法官助理的职业准入资格与职业保障

民事诉讼判决生效后救济程序运行的"双重复核机制"对审判资源有很高的要求,尤其是对法官有很高的要求。这种要求不仅是数量上的要求,更有素质方面的要求。正在开展的法官员额制改革事实上是削减拥有审判职权的法官的数量,通过法官助理等审判辅助人员的增补来充实审判职权的运行过程。法官助理在今后的审判过程中将发挥越来越大的作用,不少地区法院的判决已经将法官助理作为审判组织的重要构成列于裁判文书的尾部。毋庸置疑,在民事诉讼判决生效后救济程序的运行中,法官助理也将发挥很大的作用。民事诉讼判决生效后救济程序面对着对生效裁判文书的评判,对法官、法官助理的职业素质的要求更高。目前的法官助理招聘方案中对法官助理的职业素质要求很低,一般只要求全日制法学本科学历。笔者以为,总体上看,法官助理入职前也应有法官职业研修考核这样的实践性考核环节。目前法官助理的职业准入资格的低要求与其待遇以及职业保障、职业前途预设是相称的。既然要法官助理发挥审判过程中重要的补充作用,就要在待遇、职业保障、职业前途预设方面使之有安定感。在此前提下,逐步提高法官助理的职业准入资格。作为当前法律职业的重要组成部分,法官助理的职业道德操守也须在其入职之前有扎实、有效的培训、考核。即便在现有条件下,对于民事诉讼判决生效后救济程序运行中的法官助理岗位也应有高于通常程序中的法官助理的岗位要求。

4. 充实检察院民行检察监督工作人员

本书撰写过程中的调研活动凸显出检察监督启动再审路径中存在的一个比较大的问题是，在学历、法律专业素质等方面，检察院民行检察监督部门工作人员与同级人民法院民事审判部门的法官存在非对称现象。这一现象应当引起重视，否则，将影响到检察监督的实际效果。笔者认为，在正在推行的司法改革中，应当加强、充实检察院民行检察监督部门的检察人员配置，应选拔更多专业素养更高的检察官担当民行检察监督检察官。从专业性角度考虑，在条件允许时，民行检察监督检察官要逐步实现职能分离，即单设民事检察监督检察官、行政检察监督检察官。

（三）意识的转换

大多数法治国家的再审之诉，是基于法官可信任、倾向于人性善的人性假设。在监督程序制度设置的人性恶假设，很大程度上出于对我国法官职业群体总体素质的判断。但是，启动事由宽泛的监督程序，也可能被一些意在拖延、意图通过"缠诉"获益的当事人恶意利用。随着法官员额制改革的推进，法官职业群体的整体素质将有很大提升；随着立案登记制的推行，案件数量正在不断增长。在此前提与环境变量下，在"制恶"与"纵恶"间显失平衡的"法官不可信赖、申冤者总是有理"的人性假设需要转变。

在立法部门、法院系统对审判监督程序的通常论述话语中不难体会到以监督保公正的话语意识；在诉讼实践中，这种以监督保公正的意识又转化为以惩戒促公正的实践意识。2015年法官考核制被"叫停"。相当多的法院对考核指标进行适当调整后仍实施法官考评。目前的考评已经没有以往的"业绩奖励"作为配套,与之相伴而行的只剩下与负面指标相应的不利后果。这种以扣分、负面评价为内容的不利后果也是一种惩戒手段。这就使法院成为非常不利于法官树立起审判自信力与职业尊荣感的双重压力"场域"。一方面要面对法院内部的考评,另一方面要担心当事人的再审申请。法官的"向善"似乎是给"逼迫"出来的,而非主动、自然为之。在意识上,应该相信法官有"向善"的潜质与充分的动机,合理的法官、法官助理遴选机制与合理的诉讼机制是确保审判公正的根本,职业惩戒是职业操守的"矫正器具",而非审判公正与低再审率的原动力。

二、理性补全的调整策略

（一）规则层面的调整

1. 集约化审理构造的建构

集约化的基本含义是,保持高效的最优安排是不同事项配以不同资源。民事诉讼中集约化审理构造就是依据民事案件的类型与特点,由不同的审判组织来进行不同的审判事务。具体而言,需要进行四个方面的"分离",即家、财、知、劳案件分离;私益与公益案件分离;简单与复杂案件分离;调审分离。在简单与复杂案件分离方面,我国民事诉讼法已经对普通程序、简易程序、小额程序的适用范围以及特定案件类型作出了比较明确的规定。在调审分离方面,尽管立法上没有明确分割调解行为与审判行为,不过,在各地法院的改革实践中大多设立了"诉调对接中心"。"诉调对接中心"中的调解员大多是人民调解员,也有一部分调解员是法院工作人员（或为法院返聘的离退休法官，或为新入职的法院工作人员）。"诉调对接中心"的调解分流了大量能够调解也需要调解的案件，在很大程度上体现了调审分离的制度原理。在家、财、知、劳案件分离方面，在我国法院的改革实践中，一方面建立了相对独立的知识产权法院，另一方面进行了精细化的"团队作业"分工。精细化的"团队作业"分工虽对家事案件、财产争议案件、劳动争议案件进行了"团队"分工，但是，对不同团队的成员构成标准、独特的程序安排仍缺乏深入、系统的研究，尚未形成共识。如有的法院（北京市房山区法院）设置家事诉讼程序中的调查员，而其他法院并无这方面的考虑。从规则比较的角度看，家事案件与财产争议案件分离是趋势。域外很多国家、地区在设立家事法院、制定家事事件诉讼程序法。我国台湾地区在2012年制定了"家事事件程序法"（在台湾地区的"民事诉讼法"修改过程中删除了原来的人事事件程序编），完成了民事诉讼的家、财分离。从法理上讲，家事案件的情法融合度高、权利保障与解纷路径上需要吸纳道德规范、更需要尊重心理规律，家事案件与财产争议案件分离处置有合理性。结合我国司法改革实践中积累的行之有效的经验，参酌域外的立法例与法律实施效果，有必要制定满足我国家事争议解决实际需求的家事事件程序法。在私益与公益案件分离方面，未来仍有比较大的空间。从规则比较的角度看，消费权、环境权的司法保护是21世纪民事诉讼发展的重要生发点，各国家、地区为此做出了诸多努力。法国为了维护消费者权益，在其消费者权益保护的法律中引入了美国式的集团诉讼。在此挑战传统的大胆举措中可以看出西方国家努力保护消费权的力度。从法理上讲，个体私权、集体权益、一般性的社会权益（公共利益），所需要保护的路径与方式存在差异,区别对待有其合理性。我国奉行损害赔偿与行为规制并行的公益诉讼模式,可能带来公私交错、相互掣肘的非预期效果。为此,在私益与公益案件分离方面仍须进一步探索并形成可行方案。

集约化审理构造的基础是阶段式的争点整理程序,因为集约化审理构造在时序上意味着对集中审理模式的接纳。集中审理是指审理不被非必要的准备所打断的审理模式。要集中审理,就要对诉讼标的、诉讼请求、事实争点、法律争点在立案阶段、庭前会议阶段、法庭调查与评议阶段依序整理。简易程序案件没有庭前会议,但是,除能调解的案件外,也需要整理争点。在法庭调查结束后进行争点整理是比较恰当的时机点。

2. 辩论权保障构造的建构

理想的民事诉讼是当事人对自己主张的理性表达与法官对当事人之间的争点理性判断的结合。当事人理性表达的依据是当事人的辩论权,法官理性判断的方式是对审判权的行使。民事诉讼中的辩论主义理论主张的实质是意图通过辩论权对审判权的约束,保障辩论权并使审判权运行的理性程度最大化。辩论权保障构造是与裁判权主导构造相对的诉讼构造。在辩论权保障构造下,辩论权对审判权形成制约,要求审判权对当事人主张给予有针对性的、有理由的回应。这就要求法官审判权的行使不能逾越当事人主张的范围。这里的主张既包括当事人的请求与抗辩,也包括当事人的事实主张。在程序意义上,回应性的特质与审判权的中立性是相互贯通的。审判权的中立性是审判权回应性的必然要求,也是审判权回应性的程序前提。正是审判权的中立性使得审判回应行为的理性程度最大化。辩论权保障不足,辩论权的约束性不够,审判权的正当性来源就会让位于法院内外的权力监督,而法院内外的权力监督的"长尾效应"是削弱审判权的终极性并间接损害审判权的正当性的。辩论权的约束效力是辩论权保障构造的核心,辩论权的确立是辩论权保障构造的基础,辩论权的自身规约则是辩论权保障构造的运行机制。辩论权自身规约不足,其对审判权的制约的合理性与正当性就存在疑义。民事诉讼判决生效后争议的出现,很大程度上是由于裁判文书的说服力不足、理性程度不够或者审判过程中存在程序纰漏,说到底是由于辩论权保障构造未真正确立。减少判决生效后争议、减少再审案件与第三人撤销之诉案件,从根本上看,还是要确立辩论权保障构造。如前文分析中所述,我国民事诉讼在辩论权确立方面有很明显的进步,在《民事诉讼法》修改过程中也强化了当事人辩论权的规制,如增加当事人真实陈述义务的条款。在《民事诉讼法》修改以及《民诉解释》制定过程中,由于对涉及国家利益、社会利益以及他人权益案件的特殊考虑,使得辩论权约束审判权方面的制度设置出现"退却"。在此辩论权保障构造核心问题上的"退却"令人担心。为此,有必要明确国家利益、公共利益案件的范围。为避免一些当事人利用诉讼来侵害他人利益,刑事领域已经确立虚假诉讼罪。在民事诉讼领域,也有第三人参加诉讼、第三人撤销之诉及案外人申请再审程序来保障案外人合法权益。此外,从侵权法角度看,虚假诉讼侵害赔偿之诉也可以用于案外人权益保护。通过虚假诉讼侵害他人合法权益的事件即便是高概率事件,有上述刑事与民事方面的阻吓和刑罚、补救与赔偿的多方举措,应已足以遏制此等恶行。通过虚假诉讼侵害案外人权益事件的概率尚待观察。为此等事件扭曲民事诉讼理性运行的基本规律,实属"过激反应"。在诉讼实践中形成更为细致的诉讼操作指引时,应该克服这种倾向。

3. 审查——审理构造的优化

建立在再审的"三阶构"程序运行构造、第三人撤销之诉的"二阶构"程序运行构造上的"双重复核机制"对于维护民事诉讼判决生效后救济程序的补充性、非常程序的特质是有积极意义的。但限于审判资源的有限性,"双重复核机制"不能全面、有效发挥作用,事由审查法官可加入审判合议庭的新做法,突破了程序正义的底线。"任何人不可做自己的法官",这是源于裁判者中立理念的程序正义的底线。参加审判合议庭的事由审查法官,在审判过程中事实上是在审查自己的事由审查意见的正当性。因其审判前已经参加过事由审查阶段,对案件较为"熟悉",即便不是审判合议庭的审判长或者案件承办人,参加过审查事由阶段的法官在审判合议庭中具有较强势的发言权,往往可以左右合议庭的审判思路走向。因此,"双重复核机制"实施过程中,程序正义底线确实被突破了。如何进行改革?将事由审查阶段取消,直接将事由审查纳入审判阶段,这是一种改革思路。不过,这样的改革思路完全忽视了"双重复核机制"应有的制度优势,同时,也会因事由审查阶段"过滤"功能的消失而增加审判阶段的压力。为此,笔者认为可以采取折中的改革思路,即在事由审查阶段实施独任制,同时要求事由审查法官不得加入再审审判合议庭。

(二)法律职业资源配置层面的调整

结合我国民事诉讼法对代理人资格的规定(允许法律服务工作者和其他专业人士作为代理人)与律师资源分布地域不均衡、当事人经济承受能力不均衡等客观情况,对民事诉讼判决生效后争议要求由民事诉讼法授予代理人资格的专业人士代理即可,而无须强制律师代理。

从法理上分析,对民事诉讼判决生效后争议由专业人士代理既符合维护当事人合法权益的诉讼目的,也符合缓解法院压力的要求。民事诉讼判决生效后争议的审判对象具有复合性,既要审理生效裁判文书及其诉讼过程的合法性,也要审理原权利争议。审判对象的复合性使民事诉讼判决生效后救济程序具有法律适用性质审理与事实性审理的双重特征。这就要求民事诉讼判决生效后救济程序的诉讼参加人要有较高的诉讼理性程度。民事诉讼判决生效后救济程序的设置比较复杂,结合当事人的案件情况进行恰当的程序选择需要诉讼参加人有更高的诉讼理性程度。民事诉讼判决生效后救济程序的启动与推进需要更高理性程度的论证,否则,不仅不能改变生效裁判,甚至于连立案审查关也无法"通过"。为维护当事人合法权益计,有必要在判决生效后救济程序中实施强制专业性代理。从法院角度看,强制专业性代理可以减少缺乏理由的"挑战"生效裁判的案件,可以化解泄愤性申冤,可以使法院避免不便释明、难以释明的释明"困境"。

（三）意识的转换

诉讼意识是诉讼主体惯常行为倾向的主导因素。自 20 世纪 80 年代末以来,学界关于法律文化、诉讼文化、法治文化的研究,在诉讼意识层面积淀了极富启发意义的研究成果。"法律文化"既是一种用文化的眼光认识法律现象的思维方式和研究方法,也是一种具有实体内容和对象化的文化结构,并且,这两个方面是互相联系着的。[①]诉讼文化是法律文化的有机组成部分。有诉讼法学者认

---

① 刘作翔：《作为方法论意义的法律文化——关于"法律文化"的一个释义》,《法学》1998 年第 6 期。

为,在当代中国的诉讼文化中,观念性文化结构内仍夹杂着不少传统和落后的内容。中国几千年的封建等级观念、身份观念、上尊下卑观念和隶属服从心理等,仍在不少司法人员头脑中存在,有些司法人员办理案件不是以事实为根据、以法律为准绳,而是以当事人的身份、职务、地位和社会背景为依据。[①] 日本学者滋贺秀三通过对我国清朝州县自理的诉讼制度及实践分析,特别指出了我国传统诉讼文化中非常独特的申诉不停止、程序不终止的侧面。[②] 笔者认为,在滋贺秀三的分析路径下,这一典型特征与我国传统民事诉讼文化中的诉讼结果正当化机制是密切相关的。依据滋贺秀三《中国法文化的考察——以诉讼的形态为素材》一文的分析,在我国传统民事诉讼文化中,以情理而不是法律作为裁判依据、听讼在获得当事人心服才真正终结方面与调解无异。这是一种教谕——心服的诉讼结果正当化机制。在滋贺秀三的这篇论文中将情理界定为"常识性的正义衡平感觉"。据寺田浩明的解读,"情理"中的"理"指的是,只要是人,谁都必须遵从,谁都不得不遵从的道理。"情"包含情况、具体情形;世态人情(人世间的人之常情);培育人与人之间友好关系的情谊三重意义上的内涵。[③]滋贺秀三、寺田浩明所言的"理"与我国学者所言的伦理或义理是相通的。我国学者指明,古代中国诉讼运作的道德化必然导致或者说必然包括司法

---

① 谢佑平:《诉讼文化论——兼谈中国诉讼法制的现代化》,《学习与探索》1993年第1期。
② 〔日〕滋贺秀三:《中国法文化的考察——以诉讼的形态为素材》,《比较法研究》1988年第3辑。
③ 〔日〕寺田浩明:《滋贺秀三先生的学术人生》,《中国政法大学学报》2008年第6期。

判决的道德化,其突出表现是,判决常常主要依据伦理道德。这是中华"伦理法"的具体表征。所谓"经"即通常所言之原则的确定性,而"权"则是规则的适应性。在司法实践中将"权"之一道运用得如此普遍而出神入化,那实在是中华民族独有的人生智慧。只不过,中国的传统社会也真的"权宜"得太多、太滥,其负面后果,重则导致司法黑暗,轻则引发司法个别化和非逻辑化。这种司法个别化、非逻辑化传统下的中国古代的司法官们习惯于就事论事,只从个案的"公平"来思考和决断,只追求具体纠纷处理结果的"公正",而忽视"形式理性的法"(韦伯语),忽略法律的内在逻辑联系和整体关系,忽略法律乃是一种普遍化的原则和制度,从而也忽略总体上和制度上法律公正之实现,这样的司法传统和思维方式实在是现代"法治"之大敌。[1] 也有学者指明,由于道德规范的分散性,依据儒家思想所为的调解行为必然带有非规范化和非逻辑化的特点。即便法官必须作出判决,他所考虑的首先是如何在具体案件中弘扬伦理道德,作出更符合伦理的判处,而体现和保障当事人诉讼权利的程序规则却被完全忽略了。[2]传统诉讼文化具有强烈的宗法伦理色彩,引礼入法为历代所推崇。[3] 滋贺秀三、寺田浩明所言的三重语境下的"情",除了将情感维系作为裁判的价值依据,还包含了根据具体情况作出因应性裁判的裁判技艺方面的内涵。

---

[1] 胡旭晟:《试论中国传统诉讼文化的特质》,《南京大学法律评论》1999年春季号。

[2] 陈金钊、张其山:《法律全球化与中国诉讼法文化的构建》,《现代法学》2003年第4期。

[3] 牛振宇、张晓薇:《正视与反思:中国诉讼文化的现代化进路》,《当代法学》2003年第6期。

这种权变与援情以断的司法技艺、实体结果满意度优先的价值取向、态度与惯常行为倾向构成的文化空间中,在我国古代民事诉讼中当事人有不断申诉的可能与动机,裁判者也将重新审判以获得当事人心服效果视为自己的责任。在此文化空间中,缺乏形式正义范畴下的权利观念,权利用尽、程序终结的意识也极为模糊、淡薄。文化具有跨越时空的穿透力、影响力与控制力。在我国民事诉讼中,申诉不停止、程序不终止的传统文化要素的延续,使我们不得不承认文化的力量。我国民事诉讼受申诉不停止、程序不终止现象困扰已久。要破解这一现象,在制度改进的同时,也需要高度关注意识层面的转换。从根本上讲,实体结果满意度优先意识应让位于在程序规制中、在形式正义优先前提下寻求实质正义与形式正义间距最小化的整体正义意识。近年来,对"情理法""天理、国法、人情"等说法的认同似又略有回升。在建设法治国家的时代趋势以及民事诉讼合规律性运行趋势下,此种向传统诉讼文化"回车"的现象值得警惕。如学者所言:"中国法制建设的战略选择应是:在不断完善法律制度为核心的制度性文化的同时,重心应放在改造和重建中国人的法律文化心理和价值观,使其由传统型态向现代型态转变,使观念性法律文化与制度性法律文化相协调,实现文化整合。"①

上节所述集约化诉讼构造的规则优化路径要有所成效,需要两方面的意识支撑:一方面是认可诉讼是专门化程度很高的技艺的意识;另一方面是程序合理性意识。令人欣喜的是,近年来,诉讼专门化意识广泛传播,并且体现在设立专门性法院、法庭与保障

---

① 刘作翔:《当代中国法律文化的冲突与选择》,《政治与法律》1989年第1期。

律师权利的实践中。这对我国传统诉讼文化中司法行政化、非职业化要素产生了解构效果。不过,审前程序与审理程序区隔在规则与实践之间的脱节现象表明在程序合理性意识方面,尚存极大扩展空间。在再审审查与审理关系合理化方面,也同样需要包括规则制定者在内的各方参与者具有较强的程序合理性意识。

  判决生效后救济案件的自然衰减,是当代我国民事诉讼的一大理想。实现这一理想,最关键的就是辩论权保障构造的建构。除了规则的补全、完善之外,辩论权保障构造的"落地生根"也需要以诉讼意识为深层结构要素的文化土壤。在与欧陆的"竞技型诉讼"形成对极的"父母官诉讼"(滋贺秀三语)的传统诉讼文化类型下,审判者全能意识、当事人的子民意识的互动之下必然形成职权探知构造,必然消解民事诉讼中辩论权的地位与功能。审判者全能意识将审判者首先定位为诉讼中系争利益的支配者、争议事实真相的探知者、当事人中弱势方的保护者,其次是纠纷的解决者,最后才是争议的裁判者。这种审判者全能意识应该转换为审判人员的裁判者中心角色意识。当事人的子民意识也应该为当事人的公民意识、权利意识、法治意识、自我责任意识所取代。从官民关系角度看,我国诉讼文化的演进大体上经历了中华法系的训民诉讼文化;北洋政府与国民党政府时期军政统治下的惧民及愚民诉讼文化、中国共产党政权的革命法制下的靠民及便民诉讼文化;法治建设时代的尊民诉讼文化三个阶段。通过正当程序保障辩论权为核心的诉讼权利、规范审判权、增进人民群众对诉讼结果的满意度的程序正当化意识是法治建设时代尊民诉讼文化的应然要素,也是关键所在。在尊民诉讼文化之前的诉讼文化发展阶段,诉讼正当化意识是非常稀薄的。传统诉讼文化漠视程序的价值,非程序化成为立法与司法的主要特色。① 有学者认为我国传统诉讼文化在现代社会的变迁,主要反映在:第一,权利意识的复苏;第二,平等意识的增强;第三,正当性意识的转变;第四,非诉意识的退却。②此文中的正当性意识转变指的是实体结果正当性意识转向包括程序公正、效率、效益要素的程序正当性意识。客观地讲,在当前的诉讼实践中程序正当化意识仍然难称健全。比如,在一起交通事故人身损害赔偿案件的二审审理过程中,上诉人的代理人在一次开庭时因为堵车而迟到,二审法院无视民事诉讼法中关于作出按撤回上诉处理的裁定的"拒不到庭"的主观故意要件,仅以堵车不是正当事由的裁定理由作出按撤回上诉处理的裁定,最终导致上诉人认为问题重重的一审判决发生法律效力。当事人认为己方不当行为与裁判结果显失均衡,承办法官仅一句"可以申诉"打发了事。这位法官倘有健全的程序正当化意识,这种被"催生"的判决生效后救济程序案件本不应该发生。在对几位律师的访谈中,笔者发现此种事例并不罕见。可见,在我国培塑健全的程序正当化意识还任重而道远。

在上述诸层次意识发生明显改观且促生相关参与者新的惯常行为倾向时,服膺为止的程序终结意识方有望转变为权利用尽、程序终结的意识,有限、有效、充满理性力量的判决生效后救济构造方有望形成。

---

① 牛振宇、张晓薇:《正视与反思:中国诉讼文化的现代化进路》,《当代法学》2003 年第 6 期。

② 李蓉:《诉讼文化的现代变迁与我国民事审判制度变革》,《湖南省政法管理干部学院学报》2000 年第 1 期。

三、缩减诉讼成本的调整策略

（一）为第三人撤销之诉设置另行起诉的前置要件

案外人申请再审与第三人撤销之诉之间的选择。如前所述，第三人撤销之诉与案外人申请再审程序在功能上是非常接近的。这两种程序都具有针对生效裁判的纠错功能、更新审理功能，以及对已生效裁判解决争议的相关利害关系人的程序正当化功能。高层级法院的生效裁判也会发挥统一法律适用的功能。在社会功能方面，这两种程序也有权利保障的功能、促进纠纷一次性解决的制约功能。这两种程序并列最直接的理由应当是这两种程序的启动主体存在差异。可是根据笔者的分析，其实无论案外人还是第三人对于生效裁判当事人而言，都是实体性利害关系人。即便考虑到多重对立关系的复杂性与救济的周延性，这两种程序的功能重叠也是不争的事实。从程序运行成本的角度看，第三人撤销之诉的程序运行成本显然是更高的。第三人撤销之诉是一次全新的诉讼，它可以经由一审程序、二审程序再进入再审程序。案外人申请再审程序的运行成本相对比较低。即便在"三加一"终结模式下，案外人申请再审程序的审判程序发生次数要少很多，诉讼全程所消耗时间也要短很多。从程序保障程度看，第三人撤销之诉要略强于案外人申请再审程序，它保障了案外人从一审程序开始参与诉讼的权利。不过，如果确有必要，案外人申请再审程序中也可以采用发回重审的方式保障案外人的程序参与权。总体衡量，可考虑给案外人申请再审程序"解缚"，尽快摘下其执行救济程序的"帽子"，并将第三人撤销之诉设定为案外人申请再审程序的后置程序。

对于第三人撤销之诉这种补充性的特殊救济程序,很有必要给其设定"不能另行提起诉讼解决争议"的前置条件。如果在制度上,允许另行提起诉讼就不应采用撤销生效判决、损害判决既判力的特殊救济程序。从目前"重复诉讼"界定标准宽松化,以及有独立请求权第三人、无独立请求权第三人与本诉当事人之间相对独立的法律关系看,另行起诉的法规范障碍是不存在的。进而需要解决的是,判决预决效力规则的重构、矛盾判决问题的化解问题。

(二) 去"复审化"事实审理机制

因为证据事由的客观存在,民事诉讼判决生效后救济程序不可避免地要重新进行事实审理。不过,民事诉讼判决生效后救济程序中对事实的审理究竟应该是"复审"还是"更新审理",是值得讨论的。"复审"指对案件事实进行全面的重新审理,不限于启动民事诉讼判决生效后救济程序的新证据或者伪造的证据。"更新审理"指仅对启动民事诉讼判决生效后救济程序的新证据、伪造的证据所涉及的事实进行审理。从缓解规范与资源间冲突的角度看,"更新审理"显然更具有合理性。"更新审理"制的正当性基础是当事人有足够的理性来判断有争议的事实与无争议的事实,仅就有争议的事实进行审理,体现了当事人的诉讼主体地位,并进而使审判结果获得正当性。"复审"制的正当性前提是法官的理性、伦理层次都远远高于当事人,故此,法官可以超越当事人提出的事实"争议点"去发现真相。两相比较,"更新审理"制更有利于形成当事人自己责任的诉讼场域,它提供了更为现实的正当化机制。目前的民事诉讼判决生效后救济程序的审判实践存在"复审化"的倾向,当事人提出的事实"争议点"通常是不被重视的,更不具有对事实调查范围的确定意义。这是对辩论主义的扭曲,应当通过相应的规范予以调整。

与此同时,在再审审理中应当更加重视而不是淡化对原审诉讼程序运行的"监测",对于程序违法现象,应该从严处理。这是我国诉讼程序文化根基薄弱的现实决定的。

第五节 小结

本章对民事诉讼判决生效后救济程序构造的特征、功能发挥状态、实践状态以及未来调整策略的研究结论是:就目前我国再审程序构造而言,笔者认为其既非应然的补充救济程序构造,也非完全与通常救济程序同化,而是补充救济与通常救济混同的程序构造。从第三人撤销之诉的当前法律规定看,这种程序也的确具有补充救济与通常救济混同特征。它有不同于一般诉讼的案件受理实体审查标准,要进行起诉事由审查。尽管其挑战生效裁判文书的既判力,但其毕竟采用了通常诉讼程序的程序外观,故此,也具有补充救济与通常救济混同特征。就调适中的程序构造功能状态,本章分析认为分主体、分事项向对裁判文书生效后不服的民事活动主体提供救济的程序布局、再审程序的"三阶构"构造与第三人撤销之诉的"二阶构"构造的"过滤"效应、合议庭主持的庭审程序具有功能互补意义。民事诉讼判决生效后救济程序构造在实务中的功能冲突主要来自审理方式方面;案外人申请再审、第三人撤销之诉在适用范围上存在功能冲突;程序运行中的竞合处理机制会引起功能冲突。

　　就规范与资源冲突的程序构造实践样态,本章经分析认为在适用范围方面,再审事由泛化问题的解决仍然是破解规范与资源冲突关系的重要路径。此外,相同功能的第三人撤销之诉与案外人申请再审程序同时存在,而且通过诉讼利益的配置将相关实体利害关系人导向成本更高的第三人撤销之诉,是存在规范与资源冲突关系的。在程序运行方面,再审的"三阶构"程序运行构造、第三人撤销之诉的"二阶构"程序运行构造事实上设置了"双重复核机制",囿于审判资源的有限性,《民诉解释》将这种再审审查法官参与审判合议庭的做法合法化。这不仅极大削弱了"双重复核机制"的应有效能,还徒增审查、审判两环节分离的资源消耗。在审理方式方面,如果案件基数过大,"形合实独"的合议庭构成、"走过场"的开庭将成为无法逆转的常态。从长远看,通过民事诉讼判决生效后救济程序的规范审理,确保法律适用的正确性、法律适用的统一,进而对原审法院的审判产生真实的制约功能,规范原审法院的审判,减少再审案件,减少事实认定错误几率,减少程序不规范运作行为,才能从根本上缓减规范与资源之间的冲突关系。我国已经形成非常精密的判决生效后救济"程序网络"。程序与程序所涉及的复杂性、金额、社会影响应当保持一致的程序相称性原理已广受认同。在一个程序体系中,从程序相称性原理出发,可以推导出低成本程序用尽的规则。适用低成本程序用尽的规则是缓减规范与资源之间冲突关系的现实选择。

　　本章提出民事诉讼判决生效后救济程序构造的调整策略。在适用范围的限缩性调整方面,要严格限制法院依职权启动再审的启动途径、要进一步限缩再审事由、要给第三人撤销之诉设置不能另行提起诉讼的前置条件;"三阶构"程序运行结构要实在化;事实审理机制在可能条件下要"去复审化";在法律职业资源方面,一要提高法官助理的职业准入资格与职业保障,二要充实检察院民行检察监督工作人员。

参考文献

一、著作

1. 刘作翔:《权利冲突:案例、理论与解决机制》,社会科学文献出版社2014年版。
2. 刘作翔:《权利与规范理论——刘作翔法学文章与读书笔记选》,中国政法大学出版社2014年版。
3. 张卫平:《民事诉讼:回归原点的思考》,北京大学出版社2011年版。
4. 张卫平:《民事诉讼:关键词展开》,中国人民大学出版社2005年版。
5. 江伟主编:《民事诉讼法》,高等教育出版社2007年版。
6. 刘作翔:《法律文化理论》,商务印书馆1999年版。
7. 刘作翔:《法理学视野中的司法问题》,上海人民出版社2003年版。
8. 王亚新:《对抗与判定——日本民事诉讼的基本结构》,清华大学出版社2002年版。
9. 张卫平:《诉讼构架与程式——民事诉讼的法理分析》,清华大学出版社2000年版。
10. 李龙:《民事诉讼标的理论研究》,法律出版社2003年版。
11. 刘作翔:《法治的路径——项目研究报告(2001—2006)》,山东人民出版社2008年版。
12. 〔日〕高桥宏志:《重点讲义民事诉讼法》,张卫平等译,法律出版社2007年版。
13. 田平安主编:《民事诉讼法原理》,厦门大学出版社2005年版。
14. 肖建华:《民事诉讼立法研讨与理论探索》,法律出版社2008年版。
15. 刘作翔:《迈向民主与法治的国度》,山东人民出版社1999年版。
16. 杜闻:《民事再审程序研究》,中国法制出版社2006年版。
17. 虞政平:《再审程序》,法律出版社2007年版。
18. 吴杰:《民事再审原理及程序构造》,法律出版社2012年版。

19. 〔美〕昂格尔:《现代社会中的法律》,吴玉章、周汉华译,译林出版社 2001 年版。
20. 〔日〕小室直人:《上诉制度研究》,有斐阁 1961 年版。
21. 〔日〕铃木正裕、铃木重胜编集:《注释民事诉讼法》(8),有斐阁 1998 年版。
22. 〔日〕竹下守夫:《日本民事执行法理论与实务研究》,刘荣军、张卫平译,重庆大学出版社 1994 年版。
23. 〔日〕德田和幸:《法国民事诉讼法的基础理论》,信山社 1994 年版。
24. 〔日〕新堂幸司:《民事诉讼法》,林剑锋译,法律出版社 2008 年版。
25. 〔法〕让·文森、塞尔日·金沙尔:《法国民事诉讼法要义》(1999 年,第 25 版),罗结珍译,中国法制出版社 2001 年版。
26. 〔法〕洛伊克·卡迪耶:《法国民事司法法》,杨艺宁译,中国政法大学出版社 2010 年版。
27. 〔德〕穆泽拉克:《德国民事诉讼法基本教程》,周翠译,中国政法大学出版社 2005 年版。
28. 陈荣宗:《强制执行法》(修订新版),台北三民书局 1999 年版。
29. 谭秋贵:《民事执行原理研究》,中国法制出版社 2001 年版。
30. Stephen C. Yeazell, *Civil Procedure*, 8th Edition, Wolters Kluwer Law & Business, 2012.
31. M. D. Green, *Basic Civil Procedure*, 2nd Edition, The Foundation Press, Inc. 1979.

二、论文

1. 李林:《怎样以法治凝聚改革共识》,《北京日报》2013 年 3 月 11 日。
2. 周汉华:《从法治入手推进改革》,《经济参考报》2013 年 3 月 1 日。
3. 莫纪宏:《法治思维法治方式应用于所有领域》,《检察日报》2015 年 11 月 30 日。
4. 吴玉章:《陪审制度在中国的兴衰》,《读书》2002 年第 7 期。
5. 严存生:《法律的人性基础论纲》,《中国高校社会科学》2014 年第 5 期。
6. 刘作翔:《从"法治新十六字方针"看社会治理法治化》,《北京日报》2016 年 7 月 4 日。
7. 张卫平:《中国第三人撤销之诉的制度构成与适用》,《中外法学》2013 年第 1 期。
8. 张卫平:《再审制度修正解读》,《中国司法》2008 年第 1 期。

9. 张卫平:《再审事由构成再探讨》,《法学家》2007年第6期。
10. 张卫平:《民事再审事由研究》,《法学研究》2000年第5期。
11. 王亚新:《第三人撤销之诉原告适格的再考察》,《法学研究》2014年第6期。
12. 王亚新:《民事审判监督制度整体的程序设计——以〈民事诉讼法修正案〉为出发点》,《中国法学》2007年第3期。
13. 吴泽勇:《第三人撤销之诉的原告适格》,《法学研究》2014年第3期。
14. 肖建华、李美燕:《论第三人撤销诉讼之原告范围》,《内蒙古社会科学》2014年第2期。
15. 刘君博:《第三人撤销之诉原告适格问题研究——现行规范真的无法适用吗?》,《中外法学》2014年第1期。
16. 陈桂明:《再审事由应当如何确定——兼评2007年民事诉讼法修改之得失》,《法学家》2007年第3期。
17. 李浩:《管辖错误与再审事由》,《法学研究》2008年第4期。
18. 李浩:《程序公正与再审事由的修订》,《人民法院报》2007年11月20日。
19. 李浩:《构建再审之诉的三个程序设计》,《法商研究》2006年第4期。
20. 沈德咏:《关于再审之诉改革的几个问题》,《人民司法》2005年第9期。
21. 潘剑锋:《程序系统视角下对民事再审制度的思考》,《清华法学》2013年第4期。
22. 潘剑锋:《衔接与协调:民事诉讼法中相关制度的整合》,《河南社会科学》2011年第5期。
23. 于海生:《论再审之诉的诉讼标的》,《云南大学学报(法学版)》2004年第2期。
24. 韩静茹:《错位与回归:民事再审制度之反思——以民事程序体系的新发展为背景》,《现代法学》2013年第2期。
25. 陈杭平:《比较法视野中的中国民事审级制度改革》,《华东政法大学学报》2012年第4期。
26. 李杰:《博弈下的合作——民事二审发回重审与改判的实证研究》,《法律适用》2013年第11期。
27. 韩静茹:《错位与回归:民事再审制度之反思——以民事程序体系的新发展为背景》,《现代法学》2013年第2期。

28. 严仁群:《二审和解后的法理逻辑:评第一批指导案例之"吴梅案"》,《中国法学》2012 年第 4 期。
29. 赵小军、赵化宇:《关于实现我国高院跨区设置、法院垂直管理暨三审终审制度之构想》,《甘肃政法学院学报》1999 年第 3 期。
30. 傅郁林:《论民事上诉程序的功能与结构——比较法视野下的二审上诉模式》,《法学评论》2005 年第 4 期。
31. 傅郁林:《审级制度的构建原理——从民事程序视角的比较分析》,《中国社会科学》2002 年第 4 期。
32. 齐树洁:《论我国民事上诉制度之重构》,《法律适用》2004 年第 1 期。
33. 蔡虹:《民事再审程序立法的完善——以〈中华人民共和国民事诉讼法修正案(草案)〉为中心的考察》,《法商研究》2012 年第 2 期。
34. 江必新、程琥:《司法程序终结问题研究》,《法律适用》2013 年第 7 期。
35. 张榕:《司法能动性何以实现?——以最高人民法院司法解释为分析基础》,《法律科学》2007 年第 5 期。
36. 于明:《司法审级中的信息、组织与治理——从中国传统司法的"上控"与"审转"切入》,《法学家》2011 年第 2 期。
37. 何兵、潘剑锋:《司法之根本:最后的审判抑或最好的审判?——对我国再审制度的再审视》,《比较法研究》2000 年第 4 期。
38. 霍焰:《疑难案件移送上级法院管辖中的问题——以案件请示制度之诉讼化改造为背景》,《法律适用》2007 年第 8 期。
39. 曹也汝:《再审制度的关联性考察与理性重构》,《南京师大学报(社会科学版)》2012 年第 5 期。
40. 郑夏:《我国第三人撤销之诉制度的构建》,《郑州学刊》2012 年第 8 期。
41. 郑学林、刘小飞:《民事诉讼案外人救济制度立法模式及制度构建》,《人民法院报》2012 年 6 月 20 日。
42. 高明智:《关于案外人撤销之诉制度的理解与适用》,《人民法院报》2012 年 12 月 12 日。
43. 王亚新:《第三人撤销之诉的解释适用》,《人民法院报》2012 年 12 月 5 日。
44. 张卫平:《第三人撤销判决制度的分析与评估》,《比较法研究》2012 年第 5 期。
45. 王福华:《第三人撤销之诉适用研究》,《清华法学》2013 年第 4 期。

46. 吕太郎:《第三人撤销之诉——所谓有法律上利害关系之第三人》,《月旦法学杂志》2003年第99号。
47. 陈荣宗:《第三人撤销诉讼之原告当事人适格》,《月旦法学杂志》2004年第115号。
48. 黄国昌:《第三人撤销诉讼之原告适格——评最近出现之二个裁判实例》,《月旦法学杂志》2006年第139号。
49. 许士宦:《第三人诉讼参与与判决效主观范围——以民事诉讼上第三人之程序保障为中心(上)》,《月旦法学杂志》2010年第178号。
50. 许士宦:《第三人诉讼参与与判决效主观范围——以民事诉讼上第三人之程序保障为中心(下)》,《月旦法学杂志》2010年第179号。
51. 姜世明:《概介法国第三人撤销诉讼》,《月旦法学杂志》2004年第115号。
52. 吴明轩:《第三人撤销之诉程序》,《法官协会》2004年第6卷第1期。
53. 李浩:《论民事再审程序启动的诉权化改造——兼析〈关于修改(民事诉讼法)的决定〉第49条》,《法律科学(西北政法大学学报)》2012年第6期。
54. 黄良友:《论民事再审之诉的客体》,《河北法学》2005年第6期。
55. 熊跃敏:《民事再审之诉的构成要件——以再审诉权为视域的分析》,《沈阳师范大学学报(社会科学版)》2006年第6期。
56. 张艳丽、姜琨琨:《民事再审之诉及制度构建》,《北京理工大学学报(社会科学版)》2010年第3期。
57. 徐胜萍:《民事再审程序的法理审视》,《湖南大学学报(社会科学版)》2008年第6期。
58. 王信芳:《民事再审制度功能实现的路径思考》,《法学》2009年第10期。
59. 张丽霞:《日本民事再审程序中值得借鉴的几个方面》,《河南社会科学》2002年第1期。
60. 胡军辉、廖永安:《论案外第三人撤销之诉》,《政治与法律》2007年第5期。
61. 李洁:《论我国设立第三人撤销之诉的必要性》,《韶关学院学报》2008年第2期。
62. 胡军辉:《案外第三人撤销之诉的程序建构——以法国和我国台湾地区的经验为参照》,《政治与法律》2009年第1期。

后　　记

　　本书是在我的博士后研究报告基础上完成的。2013年我进入中国社会科学院法学研究所进行博士后研究,合作导师是在法理学界享有盛誉的刘作翔教授。博士后并不是一级学位,但是,对于一个有志于学术研究的人而言,博士后研究是开阔学术视野、提升学术能力、积淀学术涵养的重要方式。基于这种考虑,我对博士后研究工作颇为向往。为此,我在博士毕业多年、任教多年后积极申请到中国社会科学院法学研究所博士后研究工作站进行博士后研究。

　　选定研究选题、开题报告、研究并撰写研究报告、中期成果汇报、进一步研究并完成出站报告、专家评审,经过这样严格的研究流程,一篇博士后研究报告才能"出炉"。法学所博士后流动站提供的高端平台,使每一位经历了这个研究流程的博士后研究人员都受益匪浅。在我的博士后研究过程中,刘作翔教授给予了多方启发、耐心引导与悉心指导。韩延龙、刘兆兴、杨一凡、吴玉章研究员等著名学者在我的选题构思、写作思路形成、阅读范围扩展方面提出了中肯建议;李林、李明德、莫纪宏研究员在博士后特别资助申报评审会上就我的选题在研究视角、研究范围方面提出了中肯建议;周汉华、贺海仁研究员与傅郁林、喻中教授在报告评审会上指出了报告的不足之处并提出切实的改进建议。在此过程中,张卫平、宋朝武教授多有鼓励和学术研究思路上的提点。在此一并向各位老师致谢！也特别感谢孙秀升、缪树蕾老师在管理中给予的关怀与帮助。

自1982年试行民事诉讼法、1991年正式制定《民事诉讼法》以来，经过2007年、2012年两次修法，民事诉讼判决生效后救济程序已经形成构造复杂的程序系统。对民事诉讼判决生效后救济程序未来发展走势的研判，迫切需要清晰呈现这个程序系统的整体运行状况、这个程序系统与民事诉讼程序系统、法院体制及检察体制之间的关系状态、这个程序系统中各子程序间的整合度。在认真领会前辈学者、同辈学人的先期研究成果的基础上，我开始了这项将民事诉讼判决生效后救济程序作为相对独立的程序系统的研究。在本书即将面世之时，我很有些惴惴不安之感。细思量，在这本书的写作过程中，我运用了人性分析、场域分析、功能—规范分析这三种在民事诉讼领域颇有些新意的研究方法，努力将这三种研究方法与价值分析、法规范逻辑构造分析这两种研究方法进行"嫁接实验"；呈现了一套关于判决生效后救济程序构造运行的实证分析数据与分析结论，也提出了一套基于人性考量的建议方案。尽管仍有诸多不完善、不成熟之处，但也算在以往研究的基础上略有突破。

经价值分析、人性分析、功能与规范分析、实证分析、场域分析，对于民事诉讼判决生效后救济程序的现状及改进路径，本书形成以下结论：

第一，保障并促进当事人有效程序参与是民事诉讼判决生效后救济程序在程序终结性与审判公正性之间可能寻找到的最佳结合点。程序终结性与审判公正性可在实践中实现平衡。判决生效后争议解决的场域中,需要从规范、资源、习性的互动中寻求价值平衡的契机与路径。通过辩论权对审判权的制约是程序完善的关键路径。

第二,在辩论权保障方面,民事诉讼判决生效后救济程序规范有很大进步,为其内在功能、社会功能、程序正当化功能的充分发挥创造了条件,但是,辩论权对审判权制约方面仍有改进空间。若不充分注意,程序正当化功能可能失效、纠错功能可能失灵、权利保障功能可能被"屏蔽"。最高人民法院对第三人撤销之诉的限缩解释、对案外人申请再审程序的扩张解释,有可能改变二者的功能发挥状态。

第三,在我国民事诉讼中,再审通常救济程序化问题不仅存在而且非常明显。2002年至2014年再审通常救济程序化的问题有所缓减,但再审的案件中反映出诉讼内在功能失灵的问题还很严重,需要通过再审制约功能规范一审、二审的法律程序及事实认定行为,也需要法律职业化建设的进一步推进。经济资源、社会解纷资源的进一步支撑也很有必要。

第四,案外人救济程序间的关系正在走出"混沌",但是,目前第三人撤销之诉与案外人申请再审程序救济有效性方面存在一定问题,案外人申请再审程序的利用率低。当下的制度供给正在将案外人的维权之路引向高成本的程序。案外人申请再审程序"重叠解释"法规范的实施效果仍有待观察。

第五,民事诉讼判决生效后救济程序构造是补充救济与通常救济混同的程序构造。此程序构造仍会引起实务中的功能冲突,实践中还存在规范与资源冲突的问题。在规范层面,本书提出严格限制法院依职权启动再审的启动途径、要进一步限缩再审事由、要给第三人撤销之诉设置不能另行提起诉讼的前置条件、"三阶构"程序运行结构要实在化、事实审理机制在可能条件下要"去复审化";在法律职业资源方面,本书建议要提高法官助理的职业准入资格与职业保障,要充实检察院民行检察监督工作人员。

同行专家对这本书给予了较高的评价,我也自感已尽所能,但作为阶段性研究成果的这本书与实践需求还有很大差距。对判决生效后救济程序构造这一具有鲜明本土特色的"中国问题"的研究仍须投入更多的时间与精力。

最后的致谢留给商务印书馆的王兰萍、金莹莹两位老师。感谢她们以宽广的学术包容心接纳了这本在结构与外形上有点儿"怪异"的民事诉讼法学著作;感谢她们在本书修改过程中的耐心等待;感谢她们细致、专业的编辑工作!

韩 波

2018 年 9 月 30 日